영재교육필독시리즈 특별호

한국영재교육의 새로운 지평

송인섭 · 한기순 공저

학지사

영재교육필독시리즈 번역을 통한 새로운 지평을 열며

한국영재교육학회 회장 송인섭

한국에서 영재교육에 대한 관심의 역사와 뿌리는 수십여 년에 걸쳐 많은 영재교육학자들과 다양한 영역의 학자들이 이론적 대화와 논쟁을 통해 발전시키고 이를 교육 현장에 접목시키려는 노력에서 찾을 수 있다. 학문의 수월성 추구라는 측면과 한 인간이 가진 학습력의 다양성에 적절성을 제공한다는 의미에서 영재교육은 항상 우리의 관심 안에서 생명력을 키워 왔다. 그런 가운데 1995년 5월 30일 교육개혁안의 발표로 교육에서 영재교육이 차지하는 비중이 점차 강조되고 크게 다루어짐으로써, 영재교육의 새로운 지평을 여는 계기가 되었다. 이에 대한 실천 방안으로 2001년 1월 21일에 공포된 '영재교육진흥법'은 영재교육을 이론과 실제에서 구체적으로 한국사회에 정착하게 만든 중요한 전환점으로 기억된다.

> 이 법은 교육기본법 제12조, 제19조 규정에 따라 재능이 뛰어난 사람을 조기에 발굴하여 타고난 잠재력을 개발할 수 있도록 능력과 소질에 맞는 교육을 실시함으로써 개인의 자아실현을 도모하고 국가사회발전에 기여함을 목적으로 한다(영재교육진흥법 제1조 목적).

'영재교육진흥법 제1조 목적'을 보면, 이제 한국에서도 영재교육을 구체적으로 시행하려는 의도를 엿볼 수 있다. 자아실현을 통한 개인의 성장을 도모함과 국가사회발전에 기여함을 목적으로 설정한 점은 영재교육의 기본 전제와 차이가 없다. 이제 국가적인 차원에서 영재교육의 가능성이 열린 것이다.

3

그러나 영재교육은 이상과 의지만으로 되는 것이 아니고 합리적이고 타당한 실제가 있어야만 한다. 따라서 앞으로 단순히 법적인 차원에서의 목적 제시가 아닌, 한 개인이 자아실현을 이루고 그 자아실현을 통하여 한국사회에 봉사하는 영재를 교육하는 실제가 이루어지는 구체적인 노력이 필요하다.

이를 계기로 영재의 판별, 독립적인 영재교육과정의 개발, 정규 공교육과정 내에 영재교육의 실제적인 도입, 영재교육을 활성화하기 위한 다양한 영재교육기관의 설립, 그리고 영재교육을 위한 전문 연구소 또는 대학 부설 영재교육센터의 설치와 운영의 문제 등이 현실화되면서, 영재교육은 교육현장에서 중요한 부분을 차지하게 되었다.

영재교육은 통합학문적인 특성과 종합적인 사고속에서 이론과 실제가 연계될 때만이 신뢰성과 타당성을 갖출 수 있다는 특성이 있어 다양한 분야 전공 학자들이 이 문제에 대하여 큰 관심을 가질 필요가 있다. 교육학 자체가 이론과 실제의 조화를 요구하듯이, 영재교육에 대한 접근도 다양하고 종합적인 사고가 요구된다는 것을 우리는 잘 인식하고 있다. 영재교육은 영재교육에 대한 철학과 인간에 대한 가정으로부터 출발하여 인간의 특성에 대한 합리적이고 충분한 근거 위에서 논의해야 할 것이다. 이러한 이유로 현재 한국의 영재교육은 인문, 사회, 과학 분야를 망라하는 다양한 학자들의 손을 거쳐 점차적으로 이론과 실제라는 측면에서 발전하는 과정에 있다고 볼 수 있다.

이러한 발전과정의 하나로, 2002년 영재교육에 관심 있는 학자들이 뜻을 모아 현재의 '한국영재교육학회'를 창립하였다. 창립 이후에 각종 학술대회 개최, 세미나 실시, 그리고 매월 영재교육에 대한 콜로키움 등의 다양한 모임의 진행을 통하여 영재교육에 대한 문제를 토론하고 연구하며 현장에 적용하려는 노력을 지속하고 이를 『영재와 영재교육』이라는 학술지로 출판하고 있다. 특히, 영재교육학회의 콜로키움은 전국에서 20~30명 내외의 학자가 매월 1회씩 만나 영재교육과 관련된 논문 및 다양한 주제에 대해 토론하고 있다. 이를 통하여 영재에 관한 우리의 사고를 발전시킬 뿐만 아니라, 한

국 사회에 어떻게 영재교육을 정착시킬 것인가의 문제를 가지고 논의하여
왔다. 이러한 노력으로 본 학회의 연구결과를 공표하는 학술지인 『영재와
영재교육』이 한국학술진흥재단의 등재후보학술지로 인정받았다.

이에 더하여 본 학회는 2006년도에 콜로키움의 주제를 미국영재교육학
회에서 펴낸 지난 50년간의 영재교육의 연구결과물인 『영재교육필독시리
즈(essential readings in gifted education, 2004)』를 선택하여 연구하였다. 매
월 콜로키움을 통해 본 시리즈를 공부하고 논의하면서, 쉽지 않은 작업이지
만 한국 영재교육의 발전을 위하여 시리즈를 번역하기로 합의하였다. 본서
는 한국의 영재교육 상황을 설명하기 위하여 한국의 영재교육을 '특별호'로
첨가시켰으며 이 작업은 송인섭과 한기순이 하였다. 본 번역 작업은 1년 반
의 기간이 소요되었으며, 공사다망한 가운데 번역 작업에 자발적으로 참여
한 영재교육학자들은 강갑원, 강영심, 강현석, 고진영, 김미숙, 김정휘, 김정
희, 김혜숙, 문은식, 박명순, 박은영, 박창언, 박춘성, 성은현, 성희진, 송의
열, 송영명, 유효현, 이경화, 이민희, 이신동, 이정규, 이행은, 임웅, 전명남,
전미란, 정정희, 최병연, 최지영, 최호성, 한순미, 황윤세다.

물론 공동 작업은 쉽지 않은 일이었다. 그러나 많은 연구자들이 바쁜 와
중에도 본 시리즈를 번역하는 일에 시간을 집중 할애함으로써 기간 내에 완
성하였다는 점은 우리 모두로 하여금 학문적 성취감을 갖게 하기에 충분하
였다. '번역은 제2의 창조'라는 말이 있듯이 새로운 지식 창출은 쉽지 않은
작업이었으나, 번역자들은 정기적인 회의를 통해 용어를 통일하였으며 내
용의 일관성과 상호 검증과정을 통해 가능한 한 원저자의 의도를 반영하도
록 노력하였다. 마지막으로 번역자들은 전체 회의를 통해 시리즈의 용어 통
일을 위한 활동을 하면서, 시리즈 출판 후의 작업으로 '영재교육용어사전
(가칭)'을 편찬하기로 합의하는 등 뜨거운 관심과 학문적 노력으로 본 시리
즈의 번역물이 세상에 그 탄생을 알리게 되었다.

본 시리즈에 대해서는 원문의 편저자가 자세히 제시하였듯이, 영재교육
에서 다루어야 할 대부분의 문제를 다루고 있다. 영재성의 정의, 판별, 교육

과정, 영재의 정서적인 문제, 그리고 영재교육의 공공정책에 이르기까지 다양한 영역을 다루고 있다는 측면을 보더라도 본 시리즈가 갖는 학문적 포괄성과 깊이를 충분히 이해할 수 있다. 나아가 결론 부분에서 '영재교육이 지속적으로 성장하기 위해서는 새로운 목소리가 들려야 하고 새로운 참여자가 있어야 할 것이며 위대한 기회가 우리 분야에 활용될 것'이라는 주장은 영재교육의 미래에 대한 도전의 가치를 시사하고 있다.

본 시리즈에 포함된 주옥같은 논문들은 영재교육 분야의 『Gifted Child Quarterly』같은 중요한 저널에서 가장 많이 인용된 논문들로, 엄선되어 소개된 것이 특징이다. 본 시리즈가 영재교육의 역사와 현재 영재교육에 대한 논의를 통해 영재를 위한 최상의 교육적 경험들을 찾는 것처럼, 한국의 영재교육 연구자에게도 바람직한 정보를 제공할 것이다. 또한 본 번역진들은 영재교육필독시리즈가 영재교육을 공부하는 학도들의 관심을 불러일으킬 만한 논문들로 구성되었다는 점을 확인할 수 있었다. 다소 그 대답을 찾지 못한 영역을 기술한 학자들은 도입 부분에서 아직 남아 있는 질문들을 이해하는 데 출발점이 될 수 있을 것이다. 우리는 그러한 대답들을 여전히 찾고 있으며, 현재 계속되는 발전적인 질문을 하기 위해 좀 더 나은 준비를 할 필요가 있다. 이번 시리즈의 독창적인 논문들은 우리가 어떤 이슈들을 해결하는 데 도움을 주면서 쉽게 답이 나오지 않는 다른 의문들도 강조한다. 결국 이 논문들은 끊임없이 제기되는 의문에 대하여 새롭게 도전하도록 도와준다고 볼 수 있다.

영재교육과 관련하여 그 성격과 내용, 방법, 교사연수, 교육과정 개발, 국가의 지원 문제 등에 대한 연구가 부족한 시점에서, 본 시리즈의 출판으로 많은 문제가 나름대로 정리되고 한국의 영재교육에 새로운 방향을 제시하기를 바라는 마음이 깊다. 영재교육에 관심 있는 영재 학도들의 토론의 출발점이 되는 번역서의 역할을 기대한다. 작업에 참여한 역자들은 영재교육 문제를 이론적 · 실제적으로 생각하고 논의하는 과정에서 마침내 본 시리즈를 한국 사회에 내놓게 되었다.

한편, 이 시리즈의 출판은 좀 더 큰 다른 결실로 나아가기 위한 과정이라고 볼 수 있다. 우리는 영재교육의 순기능을 극대화하는 방향을 모색하는 연구를 계속하고자 한다. 또한 영재교육에 관한 논의를 한국적 상황에 적용할 수 있는 한국적 영재교육을 생각하고자 한다. 교육과 연구를 병행함으로써 이론 발전을 통하여 현장에서의 영재교육 활동과 접목하여 발전시켜 나갈 것이다. 지금까지의 영재교육은 이론적·실제적 측면보다는 무작위적인 활동을 통한 교육으로 많은 시간을 소모하고 있는 듯하다. 이 시리즈의 논문에서 대답되고 제기된 문제들은 우리가 영재교육 분야에서 진일보할 수 있도록 도움을 줄 것이다.

우리는 '이 시리즈를 읽는 사람들이 영재교육의 흥미로운 여행에 동참해 주기를 희망한다'는 본 시리즈 소개의 결론에 동의하면서, 한국 사회에서 관심 있는 많은 사람들이 본 시리즈를 통하여 영재교육에 대한 관심과 새로운 도전에 참여하기를 기대한다. 역자들은 이 분야에 관련된 이론 발전을 위해 계속 연구할 것을 약속하고자 한다.

본 작업이 완료되기까지는 학지사의 김진환 사장의 출판에 대한 철학과 기획 시리즈의 사회적 기능을 고려한 적극적 지원의 힘을 얻었다. 뿐만 아니라 학지사의 편집부 직원 모두에게 깊은 감사를 드린다.

2007년 12월
청파골 연구실에서

서 문

　국민의 관심과 기대 속에 발표된 1997년 5·31 교육개혁과 2000년 1월 28일 공포된 영재교육진흥법은 한국의 영재교육에 새로운 지평을 여는 계기가 되었다. 이는 영재의 특성, 영재 판별 검사도구의 개발, 영재성의 조기 발견, 정규 공교육과정 내에 영재교육과정 도입, 다양한 영재교육기관을 통한 영재교육의 활성화 또는 대학에 영재교육센터를 설치·운영·지원하는 문제 등을 포함하고 있다. 이는 한국의 영재교육에 하나의 가능성을 열어 준다는 의미가 되며, 한국 사회에서 영재교육이 현실화되는 길을 열어 놓았다고 볼 수 있다.

　이러한 영재교육의 실제는 모든 제도에서와 마찬가지로 순기능과 역기능을 가진다. 우선 순기능은 두뇌의 척도가 국력을 대변하게 될 미래의 정보사회에서 뛰어난 두뇌 개발의 가능성을 마련하였다는 점이다. 이런 배경에서 나온 것이 교육의 수월성이다. 수월성은 평준화의 반대 개념으로 파악되기도 하나, 이보다는 다양성을 중시하는 교육방법이라고 볼 수 있다. 이에 따른 역기능은 자유시장의 경쟁 논리를 교육에 적용시킴으로써 학생들을 지나친 경쟁 속에서 키우게 된다는 것이다. 그러나 경쟁을 통해 교육의 수월성을 확보하고 영재를 발굴·육성하는 것만이 세계화 시대의 국가 간 경쟁에서 살아남을 수 있는 유일한 길이다.

　21세기는 고차원적인 사고력과 창의력이 요구되는 사회다. 지금까지의 사회가 제도와 자본을 최우선으로 중시하였다면 이제는 무엇보다 우수한 두뇌를 가진 생산적이고 창조적인 인간을 요구하는 시대가 도래하고 있다. 역사의 흐름에서 인간의 역할이 그 어느 때보다 강조되는 지금, '역사는 스스로 진보하지 않는다. 오직 인간만이 진보시킬 수 있을 뿐'이라는 역사의 필연, 그 결정론에 반기를 든 이 시대의 사상가 칼 포퍼의 사색처럼, 영재교육에 대한 논의는 이 변화의 시대를 사는 우리의 관심을 모으고 있다. 이와 같이 이 시대에 필요한 우수 인력을 생산해 낼 수 있는 가능한 접근방법 중 하나가 바로 영재교육이다.

대학부설 과학영재교육원은 1998년부터 지금까지 공교육 영재교육기관으로서 영재교육의 불모지인 우리나라에서 과학영재교육을 이끌어 왔다고 해도 과언이 아니다. 시·도마다 차이가 있으나 2003년부터 본격적으로 설립된 시·도 교육청 산하의 영재교육원은 보다 많은 영재학생들을 선발하여 교육하는 발판 역할을 성실히 수행하고 있다. 그러나 대학부설 과학영재교육원을 비롯한 지금의 영재교육기관들이 영재교육의 시범적 운영이라는 한계 속에서 영재교육의 질적 수준 제고에 매진하기보다는 당장 시급한 양적 팽창에 더 주안점을 두어 왔던 것도 사실이다.

이제 우리의 영재교육이 초창기를 지나 과도기로 접어들면서, 그동안의 역할과 기능에서 변화된 환경에 걸맞게 좀 더 발전되고 성숙된 모습으로 변화시키려는 다각적인 노력이 필요하며, 영재아동들이 최적의 교육환경을 경험하고 최상의 교육 결과를 도출할 수 있도록 가능한 모든 지원을 아끼지 말아야 할 것이다.

현재 영재교육의 순기능은 극대화시키고 역기능은 극소화시키기 위한 논의가 활발히 전개되고 있다. 관심 있는 학회원들이 한국영재교육학회의 이러한 논의를 우리 사회에 뿌리내리도록 영재교육필독시리즈를 1년 반여 동안 번역 작업을 하였다.

이 책은 그 번역서의 특별호로 우리나라에서 이루어지는 다양한 영재교육에 초점을 맞추어 한국영재교육의 개관과 한국영재교육의 현황과 방향, 그리고 한국영재교육의 평가와 전망을 다루고자 기획한 것이다. 특히, 저자들이 그동안 학회지나 학회에 발표한 연구들 중 특별호의 기획 의도에 적합한 내용을 엄선하여 수정 작업을 거친 내용을 묶은 것으로, 이는 각각의 발표 논문으로 구성된 영재교육필독시리즈와 체제 면에서 균형을 맞추기 위한 것이기도 하다. 제1부에서는 한국영재교육의 다양한 측면을 논의하는 과정에서 영재교육의 역사와 현재 우리가 살고 있는 정보화사회 속에서의 영재교육 문제를 논의하였다. 제2부에서는 한국영재교육의 다양한 현황과 그 방향을 논의하였다. 구체적으로 영재아의 판별과 선발의 현황과 과제, 프로그램의 현황과 과제, 영재 교원의 연수와 지원 방안 등을 다루었다. 제3부에서는 한국영재교육에 대한 연구의 흐름과 경향, 과학영재교육원을 통한 한국영재교육의 가능성과 한계, 그리고 한국영재교육의 전망과 과제를 다루고 있다.

이 책이 영재교육을 전공하는 영재교육 학도들과 현장에 있는 영재교육 교사가 참고할 수 있는 자료로서의 역할을 하기를 기대한다. 어려운 출판 사정에도 불구하고 하나의 작품을 만들기 위해 노력해 주신 학지사 사장과 임직원께 감사를 드린다.

2007년 12월
송인섭, 한기순

목 차

 제1부 한국영재교육의 개관

 제2부 한국영재교육의 현황과 방향

제3부 한국영재교육의 평가와 전망

영재교육필독시리즈 소개

Sally M. Reis

　영재교육에 대한 지난 50년간의 연구 업적은 과소평가할 수 없을 만큼 수행되었다. 영재교육 분야는 더욱 강력하고 가시적으로 나타나고 있다. 미국의 많은 주의 교육위원회 정책이나 입장은 영재교육에 더욱 많이 지원하는 방향으로 수립되고 있으며, 영재교육에 대한 특별한 요구를 특별 법안으로 지원하고 있다. 영재에 대한 연구 분야의 성장은 일정하지 않았지만, 연구자들은 영재를 교육하는 데 국가 이익에 대한 다양한 관점과 영재교육의 책임에 대하여 논의하였다(Gallagher, 1979; Renzulli, 1980; Tannenbaum, 1983). Gallagher는 역사적인 전통 속에서 영재를 위한 특별 프로그램의 지원과 냉담의 논쟁을 평등주의에서 수반된 신념과 귀족적 엘리트의 싸움으로 묘사하였다. Tannenbaum은 영재에 대한 관심이 최고조였던 두 시점을 1957년 스푸트니크 충격[1] 이후의 5년과 1970년대 후반의 5년이라고 제시하면서, 혜택받지 못한 장애인에 대한 교육에 여론의 집중이 최고조였던 시기의 중간 지점에서 영재교육은 오히려 도태되었다고 하였다. "영재에 대한 관심의 순환적 특징은 미국 교육사에서 특이한 것이다. 그 어떤 특별한 아동 집단도 교육자와 아마추어에게 그처럼 강하게 환영받고 또 거부당하는 것을 반복한 적이 없었다." (Tannenbaum, 1983, p. 16) 최근 미국 정부에서 영

---

1) 역자 주: 옛 소련이 세계 최초로 인공위성인 스푸트니크(1957년 10월 4일 발사)를 발사하자, 과학을 비롯하여 우월주의에 빠져 있던 미국은 이를 'Sputnik Shock'라 하면서, 교육과 과학을 포함한 모든 분야에서 국가 부흥운동을 대대적으로 전개함.

재교육 분야를 주도한 결과, 교육과정의 실험화와 표준화에 대한 우려가 증가하면서 영재교육이 다시 후퇴하는 것으로 나타난 것처럼, Tannenbaum의 말대로 영재교육의 순환적 본질이 어느 정도 맞아떨어지는 것이 우려된다. 영재교육의 태만한 상태에 대한 그의 묘사는 최근의 영재교육 상황을 잘 설명하고 있다. 영재교육에 대한 관심이 최고조였던 1980년대 말에는 영재교육 프로그램이 융성하였고, 초·중등 영재교육 프로그램을 위한 시스템과 15가지 모형이 개발되어 책으로 소개되었다(Renzulli, 1986). 1998년 Jacob Javits의 영재학생 교육법(Gifted and Talented Students Education Act)이 통과된 후 국립영재연구소가 설립되었다. 그리고 12개 프로그램이 '과소대표(underrepresentation)' 집단과 성공적인 실험에 관련된 영역에서 통합적인 지식으로 추가되었다. 그러나 1990년대에는 영재를 위한 프로그램이 축소되거나 삭제되기 시작하였고, 1990년대 후반에는 미국의 절반이 넘는 주가 경기침체와 악화된 예산 압박으로 영재교육을 더욱 축소하였다.

심지어 영재교육의 필요성이 더욱 증가하고 있음에도 불구하고, 제한적 서비스 제공에 대한 우려는 계속 제기되었다. 미국에서 가장 재능이 뛰어난 학생의 교육에 대한 두 번째 연방보고서(Ross, 1933)인 『국가 수월성―발전하는 미국의 재능에 대한 사례(National Excellence: A Case for Developing America's Talent)』는 영재에 대한 관심의 부재를 '심각한 위기(a quiet crisis)'라고 지적하였다. "수년간 영특한 학생의 요구에 단발적인 관심이 있었으나, 영재 중 대부분은 학교에서 자신의 능력 이하의 공부를 하며 지내고 있다. 학교의 신념은 경제적이고 문화적인 배경에서 탁월한 영재보다 모든 학생의 잠재력을 계발해야 한다는 쪽으로 바뀌었다. 따라서 영재는 덜 도전적이고 덜 성취적인 학생이 되었다."(p. 5) 또한 보고서는 미국의 영재가 엄격하지 않은 교육과정에서 별로 읽고 싶지 않은 책을 읽으며, 직업이나 중등 교육 졸업 이후를 위한 진로 준비가 다른 많은 선진 국가의 재능이 뛰어난 학생보다 덜 되고 있다는 사실을 지적하였다. 특히 경제적으로 취약하거나 소수집단의 영재는 무시되고, 대부분이 어떠한 개입 없이는 그들의 탁월한

한국영재교육의 새로운 지평

잠재력을 알아차리지 못할 것이라고 보고서는 지적하였다.

영재교육 분야의 진보를 축하하는 이 기념비적인 영재교육필독시리즈는 학자들이 『Gifted Child Quarterly』와 같은 영재교육 분야의 주요 저널에서 가장 많이 언급한 주옥 같은 논문들을 소개하고 있다. 우리는 영재교육의 과거를 존중하고 현재 우리가 직면한 도전을 인정하며, 영재를 위해 최상의 교육 경험을 찾는 것같이 미래사회를 위한 희망적인 안내문을 제공해 주는 사색적이고 흥미를 불러일으킬 만한 논문으로 영재교육필독시리즈를 구성하였다. 엄격한 검토 후 출판된 영향력 있는 논문들은 영재교육 분야에서 자주 인용되고 중요하게 여겨지기 때문에 선택되었다. 시리즈의 논문들은 우리가 영재교육에 대해 중요한 내용을 배우고 있다는 것을 보여 주고 있다. 우리의 지식은 여러 분야에 걸쳐 확장되고 진보된 것이 무엇인지에 대해 합의를 이끌어 내고 있다. 다소 분리된 영역을 기술한 학자들은 도입 부분에서 아직 남아 있는 질문을 이해하는 데 도움이 된다고 설명하였다. 그러한 대답을 여전히 찾으면서도, 현재 우리는 발전적인 질문을 계속하기 위해 좀 더 나은 준비를 하고 있다. 이번 시리즈의 독창적인 논문들은 어떤 쟁점을 해결하는 데 도움을 주며, 쉽게 답이 나오지 않는 다른 질문도 강조한다. 결국 이 논문은 끊임없이 제기되는 질문에 새롭게 도전하도록 도와준다. 예를 들면, Carol Tomlinson은 영재교육 분야의 상이한 교육과정은 영재교육 분야에서 계속 파생되는 문제라고 하였다.

초기 영재교육 분야의 문제들은 시간이 지남에 따라 해결되어 점차 체계적 지식의 일부로 포함되었다. 예를 들면, 학교와 가정 모두 높은 잠재력을 지닌 개인의 영재성을 육성하는 데 도움이 될 수 있다는 점과, 학교 내부와 외부의 교육 서비스의 연계는 영재성이 발달할 가장 훌륭한 학창시절을 제공해 줄 수 있다는 것이 널리 인정되고 있다. Linda Brody가 도입부에서 지적한 것처럼, 이미 30년 전에 제기된 집단편성과 속진 문제에 대해 논쟁을 벌이는 것은 현재로서는 불필요하다. 예를 들면, 영재학생들에게 적절한 교육 기회를 제공하기 위해 집단편성, 심화, 속진 모두 필요하다는 사실에 일반적으로 동의하고 있다. 이러한 과거의 논쟁들은 영재교육 분야를 발전시키는 데 도움은 되었으나, 사변적이고 상호 관련되는 작업이 아직 남아 있다. 이번 시리즈는 각 장의 편저자가 배워야 할 것을 모으고, 미래에 대해 흥미를 불러일으키는 질문을 끄집어냈다. 이러한 질문은 영재교육 분야에 고민할 기회를 많이 주고, 다음 세대의 학자들에게 연구할 기회를 충분히 제공한다. 서론에는 이번 시리즈에서 강조하는 내용을 간략하게 소개하고자 한다.

제1권 영재성의 정의와 개념

제1권에서는 Robert Sternberg가 영재성의 정의, 아동기와 청소년기에 보이는 재능의 종류에 대한 독창적인 논문들을 소개하고 있다. 일반적으로 가장 널리 사용되는 영재성의 정의는 교육학자들이 제안한 정의가 담긴 미국 연방법의 정의다. 예를 들면, Marland 보고서(Marland, 1972)는 미국의 많은 주나 학회에서 채택되었다.

주나 지역의 수준에 따라 영재성의 정의에 대한 선택은 주요 정책의 결정 사항이었고 지금도 여전히 그러하다. 정책결정이 종종 실제적 절차나 혹은 영재성 정의나 판별에 관한 연구결과와 무관하거나 부분적으로만 관련이 있다는 점은 흥미롭다. 정책과 실제에서 차이가 발생하는 것은 아마도 많은 변인이 있기 때문일 것이다. 불행하게도, 연방법에 따른 영재성의 정의는 포괄적이지만 모호하여 이 정의로 인해 발생하는 문제들이 해당 분야의 전문가들에 의해 밝혀졌다. 최근 영재 프로그램의 현황에 대한 연방정부 보고서인『국가 수월성』(Ross, 1993)에서는 신경과학과 인지심리학에서의 새로운 통찰력에 토대를 두고 새로운 연방법에 따른 정의를 제안하고 있다. '천부적으로 타고난다(gifted)' 라는 조건은 발달하는 능력보다 성숙을 내포하고 있다. 그 결과 재능 발달을 강조한 새로운 정의인 "현재의 지식과 사고를 반영한다." (p. 26)라고 한 아동에 대한 최근 연구결과와는 논쟁이 되고 있다. 영재에 대한 기술은 다음과 같다.

한국영재교육의 새로운 지평

영재는 일반 아이들과 그들의 나이, 경험 또는 환경과 비교했을 때 뛰어난 탁월한 재능수행을 지니거나 매우 높은 수준의 성취를 할 수 있는 잠재력을 보여 주는 아동이다. 이런 아동은 지적, 창의적 분야, 그리고 예술 분야에서 높은 성취력을 나타내고, 비범한 리더십을 지니며, 특정 학문 영역에서 탁월하다. 그들은 학교에서 일반적으로 제공되지 않는 서비스나 활동을 필요로 한다. 우수한 재능은 모든 문화적 집단, 모든 경제 계층, 그리고 인간 노력의 모든 분야에서 아동기나 청소년기에 나타난다(p. 26).

공정한 판별 시스템은 각 학생의 차이점을 인정하고 다른 조건에서 성장한 학생들에 대해서도 드러나는 재능뿐만 아니라 잠재력을 확인시켜 줄 수 있는 다양하고 복잡한 평가방법을 사용한다. Sternberg는 책의 서두에서, 사람이 나쁜 습관을 가지고 있듯이 학문 분야도 나쁜 습관이 있다는 것을 인정하며, "많은 영재 분야의 나쁜 습관은 영재가 무엇인지에 대한 정확한 개념도 없이 영재성에 관한 연구를 하거나, 더 심한 경우는 아동이 영재인지 아닌지 판별하는 것이다."라고 설명하였다. Sternberg는 영재성과 재능의 본질, 영재성 연구방법, 영재성의 전통적 개념을 확장한다면 얼마나 달성할 수 있을까? 다시 말해, 영재성과 재능 사이에 차이점이 존재하는가? 유용한 평가방법의 타당성은 어떠한가, 그리고 아마도 가장 중요한 것으로 우리가 얼마나 영재성과 재능을 계발할 수 있는지에 대해 의문을 가져 봄으로써 영재성의 정의에 대한 중요 논문에서 주요 주제를 요약할 수 있었다. Sternberg는 논문을 기고한 많은 학자가 폭넓게 동의한 요점을 간결하게 정리하였다. 영재성은 단순히 높은 지능(IQ)보다 더 많은 것을 포함하고, 인지적 · 비인지적 요소를 포함하며, 뛰어난 성과를 실현할 잠재력을 계발할 환경이 있어야 하고, 영재성은 한 가지가 아니라고 하였다. 나아가 우리가 영재성을 개념화하는 방법은 재능을 계발할 기회가 있는 사람에게 큰 영향을 미치고, 독자에게 교육자로서의 책임을 상기시켜 준다고 경고하였다. 또한 영재교육 분야에서 가장 비판적 질문 중 하나는 천부적으로 뛰어난 사람은 그들의 지식을 세상에 이롭게 사용하는가, 아니면 해롭게 사용하는가다.

제2권 영재판별의 동향

　　제2권에서는 Renzulli가 영재교육 분야의 연구자가 현재 직면한 가장 비판적인 질문인 어떻게, 언제, 왜 영재를 판별해야 하는지에 대하여 기술하고 있다. 그는 영재성의 개념이 매우 보수적이고 제한된 관점에서 좀 더 융통성 있고 다차원적인 접근까지의 연속된 범위를 따라서 존재한다고 생각한다. 따라서 판별의 첫 단계부터 의문을 가져야 한다. 무엇을 위한 판별인가? 왜 보다 어릴 때 판별해야 하는가? 예를 들어, 미술 프로그램이 재능 있는 예술가를 위해 개발되었다면, 그 결과로써의 판별 시스템은 반드시 미술 영역에서 증명되거나 잠재적인 재능을 가진 아동을 판별할 수 있는 구조여야 한다는 것이다.

　　Renzulli는 도입 부분에서 판별에 대한 중요한 논문들과 최근의 합의를 요약하였다. 예를 들면, 대부분의 연구자들이 언급하였듯이 지능검사나 다른 인지능력검사들은 대부분 언어적이고 분석적인 기술을 통해 아동의 잠재력의 범위에 대한 정보를 제공한다. 그러나 그것은 우리가 누구를 판별해야 하는지 알아야 할 필요가 있는 모든 정보를 다 설명해 주지는 않는다. 그런데 연구자는 판별 과정에서 인지능력검사를 빼야 한다고 주장하지 않는다. 오히려 대부분의 연구자 (a) 다른 잠재력의 척도들이 판별에 사용되어야 하고, (b) 이러한 척도들은 특별 서비스를 받을 학생을 최종 결정할 때 똑같이 고려해야 하며, (c) 마지막 분석 단계에서 신중한 결정을 내리려면 점수를 매기거나 도구를 사용할 것이 아니라 식견이 있는 전문가의 사려 깊은 판단을 믿어야 한다고 생각한다.

　　판별에 대한 중요한 논문들의 저자들이 제시한 또 다른 쟁점은 다음과 같다. (a) 수렴적이고 확산적인 사고(Guilford, 1967; Torrance, 1984), (b) 침해주의(entrenchment)와 비침해주의(non-entrenchment)(Sternberg, 1982), (c) 학교 중심의 영재성 대 창의적이고 생산적인 영재성의 차이(Renzuilli, 1982; Renzulli & Delcourt, 1986)다. 학교 중심의 영재성을 정의하는 것은 창

한국영재교육의 새로운 지평

의적이고 생산적인 영재성의 잠재력을 가진 아동을 정의하는 것보다 더 쉽다. Renzulli는 영재학생 판별에 대한 발전은 계속되어 왔으며, 특히 지난 25년 동안 인간의 잠재력과 영재성의 개념에 대한 새로운 이론을 고려한 평준화의 문제, 정책, 그리고 실제에 대한 새로운 접근법이 연구되고 있다고 믿는다. 그러나 그는 판별 기법에 대한 끊임없는 연구가 여전히 필요하고, 역사적으로 재능 있는 영재가 다른 이들처럼 항상 측정되지 않는 어떤 특성이 있다는 것을 마음속에 지니는 것이 중요하다고 하였다. 우리는 지금까지 설명하기 어려운 것을 위한 연구를 계속해야 할 필요가 있다. 영재성은 문화적으로나 상황적으로 모든 인간 행동에 고착된다는 것을 깨달아야 하며, 무엇보다 우리가 아직 설명하지 못하는 것의 가치를 매겨야 할 필요가 있다.

제3권 영재교육에서 집단편성과 속진
제4권 영재 교육과정 연구
제5권 영재를 위한 차별화 교육과정

제3, 4, 5권에는 영재 프로그램의 교육과정과 집단편성에 대한 쟁점에 대해 설명하였다. 아마도 이 영역에서 가장 유망한 기법의 일부가 영재에게 실시되고 있을 것이다. 집단편성의 다양한 유형은 영재에게 진보된 교육과정에서 다른 영재와 함께 공부할 기회를 주는 것처럼, 집단편성과 교육과정은 서로 상호작용한다. 수업상의 집단편성과 능력별 집단편성에 대해서 일반적으로 알려진 것처럼 학생을 집단편성하는 방법을 다루는 것이 아니라, 가장 큰 차이를 만드는 집단 내에서 무엇이 일어나는지를 다루는 것이다.

너무도 많은 학교에서, 영재를 위한 교육과정과 수업이 학교에 있는 동안 약간만 다르게 이루어지며 최소한의 기회를 주고 있다. 때때로 방과 후 심화 프로그램 또는 토요일 프로그램이 종합적인 학교 프로그램을 운영하고 있는 박물관, 과학 센터 또는 현지 대학을 통해 제공된다. 또한 학업적으로 매우 재능 있는 학생은 나라를 불문하고 수업을 지루해하고 비동기적, 비도

전적으로 수업에 참여한다. 미국에서 빈번하게 사용된 교육방법인 속진은 종종 교사나 행정관료에 따라 시간적인 문제, 월반에 대한 사회적 영향, 그리고 기타 부분에 대한 염려를 포함한 다양한 이유를 들어 부적절한 방법으로 저지되었다. 속진의 다양한 형태―유치원이나 초등학교를 1년 먼저 들어가는 조숙한 아이, 월반, 대학 조기입학 등―는 대부분의 학교에서 일반적으로 사용하지 않는다.

불행하게도, 대안적인 집단편성 전략은 학교 구조의 개편을 의미한다. 그리고 일정, 재정 문제, 근본적으로 변화를 지연시키는 학교 때문에 교육적 변화를 일으키는 데 어려움이 있어서 아마도 매우 늦게 이루어질 것이다. 이렇게 지연되면서, 영재학생은 그들 연령의 동료보다 훨씬 앞서서 더 빠르게 배울 수 있고 더 복잡한 사물을 살필 수 있는 기본적인 기능과 언어 능력에 기초한 특별한 교육을 받지 못하는 것이다. 뛰어난 학생에게는 적절한 페이스, 풍부하고 도전적인 수업, 일반 학급에서 가르치는 것보다 상당히 다양한 교육과정이 필요하지만, 학업적으로 뛰어난 학생이 학교에서 오히려 종종 뒤처져 있다.

Linda Brody는 교육 목적에 맞게 학생을 집단편성하는 가장 좋은 방법을 소개하였다. 연령에 맞춘 전형적인 교육 프로그램이 그 교육과정을 이미 성취하고 인지능력을 지닌 영재의 욕구를 충족시켜 줄 수 있는가에 대하여 염려하였다. 집단편성에 대한 논문은 첫째, 개인의 학습 욕구를 충족시키는 데 교육과정이 갖추어야 할 융통성의 중요성, 둘째, 교육 집단으로 학생을 선정할 때 융통성 있는 교육자의 필요성, 셋째, 필요하다면 집단을 변경해야 할 필요성을 강조한다. 서론에는 영재를 일반학생과 같이 집단편성시키는 것에 대한 논쟁을 싣고 있다. 그리고 소수의 사람이 다른 학습 욕구를 지닌 학생을 위해 차별화된 교육을 허용하는 도구로 속진학습과 집단편성을 이용하고자 하는 요구에 찬성하지 않는다. 좀 더 진보된 교육 프로그램이 발달된 인지능력과 성취 수준을 다르게 하기 위한 방법으로써 이용될 때, 그러한 방법은 모든 학생에게 적절한 교육의 목표를 달성하도록 도와줄 수 있다.

VanTassel-Baska는 영재를 위한 교육과정의 가치와 타당한 요인을 강조하는 중요한 아이디어와 교육과정의 발달, 영재를 위한 교육과정의 구분, 그러한 교육과정의 연구에 기초한 효과와 관련된 교육법을 설명함으로써 영재교육과정에 대한 중요한 논문을 소개하고 있다. 또한 독자에게 교육과정의 균형에 대하여 Harry Passow의 염려와 불균형이 존재한다고 암시하였다. 연구결과를 보면, 영재의 정의적 발달은 특별한 교육과정을 통해서 일어난다고 암시하기 때문이다. 게다가 교육과정을 내면화하려는 노력은 예술 및 외국어 분야에서는 일어나지 않는다. 교육과정의 균형 있는 적용과 인정을 통해서 우리는 Passow가 생각했던 인문학의 개인 유형을 만들 수 있다. VanTassel-Baska는 균형을 맞추기 위해 교육과정의 선택뿐 아니라 다양한 영재의 사회정서적 발달을 위한 요구를 제시하였다.

Carol Tomlinson은 지난 13년 동안 유일하게 영재교육 분야의 차별에 대한 비판적인 논문을 소개하면서, 최근 논문이 '영재교육 분야에서 파생된 쟁점, 그리고 계속되어 재경험되는 쟁점'이라고 하였다. 그녀는 영재교육에서 중요한 것 중의 하나가 교육과정의 차별화를 다룬 주제라고 하였다. 인류학에서 유추한 대로, Tomlinson은 '통합파(lumpers)'는 문화가 공통적으로 무엇을 공유하는지에 대해 더 큰 관심을 가지는 것에 비해, '분열파(splitters)'는 문화 사이의 차이점에 초점을 맞춘다고 말하였다. 통합파는 혼합 능력 구조 안에서 다양한 집단에게 어떤 공통된 문제와 해결방법이 존재하는지를 질문한다. 반면, 분열파는 혼합 능력 구조 안에서 능력이 높은 학생에게 어떤 일이 일어나는지에 대해 물어본다. Tomlinson의 논문에서 주목할 만한 특징은 일반교육과 영재교육의 교육방법을 잘 설명하면서 두 교육과정의 결합을 제시하고 있다는 것이다.

제6권 문화적으로 다양하고 소외된 영재학생
제7권 장애영재와 특수영재
제8권 사회적 · 정서적 문제, 미성취, 상담

영재 프로그램에 참여하는 아동의 대부분은 우리 사회에서 다수 문화를 대표하는 학생이다. 그러나 경제적으로 어렵고 장애가 있으며 다른 문화적 배경을 지닌 소수의 학생은 영재 프로그램에 실제보다 적게 참여하는데, 이에 대하여 약간의 의혹이 존재한다. 의혹이 드는 첫 번째 이유는 영재의 판별에 사용되는 쓸모없고 부적절한 판별과 선발 절차가 이들의 추천 및 최종 배치를 제한할지도 모른다는 점이다. 이 시리즈에 요약된 연구는 영재 프로그램에서 전통적으로 혜택을 적게 받은 집단에 대해 다음의 몇 가지 요소가 고려된다면 좀 더 많은 영재가 출현할 수 있을 것이라고 지적한다. 고려될 요소란 영재성의 새로운 구인, 문화적이고 상황적인 가변성, 더욱 다양하고 확실한 평가방법 사용, 성취에 기초한 판별, 더욱 풍부하고 다양한 학습기회를 통한 판별의 기회다.

Alexinia Baldwin은 『Gifted Child Quarterly』에서 지난 50년간 영재교육에 대한 대화와 토론을 진행시켜 온 주요 관심사로, 영재 프로그램에서 문화적으로 다양하면서 영재교육의 혜택이 부족했던 집단에 대해 논의하였다. 이에 대한 3개의 주요 주제는 판별과 선발, 프로그래밍, 위원의 임무와 개발이다. 판별과 선발이라는 첫 번째 주제에서, 영재성은 광범위하면서 많은 판별기법을 통해 표현될 수 있다는 것을 확실하게 하기 위한 교육자의 노력은 아킬레스건과 같음을 지적하고 있다. Baldwin은 판별을 위한 선택을 확장한 Renzulli와 Hartman(1971), Baldwin(1977)의 호의적인 초기 연구를 인용하면서, 해야 할 것이 아직도 많이 남아 있다고 경고하였다. 두 번째 주제인 프로그래밍은 다양한 문화를 가진 학생의 능력을 알아보지만, 그들을 일괄적으로 설계된 프로그램 안에 있으라고 종종 강요한다. 세 번째 주제에서 그녀는 영재교육 프로그램을 담당하는 교사의 다양성뿐만 아니라, 이론을 만들고 그런 관심을 설명하며 조사하는 연구자의 태도나 마음가짐에 대해 관심을 표명하였다.

Susan Baum은 "영재는 일반 사람에 비해 더욱 건강하고 대중적이고 순응적이다."라고 제안한 Terman의 초기 연구를 요약하면서, 영재의 개별적인 특별한 요구에 대해 역사적 근원을 밝히고 있다. 더 중요한 것은 영재가 별다른 도움 없이 모든 영역에서 높은 수준의 성과를 낼 수 있을 것이라고 간주되어 왔다는 것이다. Baum은 영재에 대한 고정관념의 특징에 따라 특별한 요구를 지닌 영재가 특정 집단이 될 수 있는 가능성을 감소시켰다고 하였다. Baum은 이번 시리즈의 중요한 논문에서 영재가 위기에 직면하고 있으며 그들의 가능성을 실현하는 데 방해되는 장애물을 극복하기 위한 전략을 제안하였다. 논문은 세 개의 학생 집단에 초점을 맞추었다. (1) 학습장애와 주의력장애로 위기에 처한 중복-장애(twice-exceptional), (2) 계발되고 성취할 수 있는 능력을 사회적으로나 감정적으로 억제하는 성(gender) 문제에 직면한 영재, (3) 경제적으로 빈곤하고 학교에서 탈락할 위기에 놓인 학생이다. Baum은 이러한 아동 집단이 발달하는 데 하나 또는 그 이상의 장애의 영향을 받는다는 것을 연구하였다. 가장 큰 장애는 판별방법, 프로그램 설계의 결함, 적절한 사회적, 정서적 지원의 부족 등이다. 그녀는 이러한 비판을 통해 미래의 영재교육이 나아갈 방향에 대해 사려 깊은 질문을 던지고 있다.

Sidney Moon은 사회적, 정서적인 쟁점을 설명해 주는 영재학회의 프로젝트 팀이 기고한 영재의 사회적, 정서적 발달과 영재 상담에 대하여 중요한 논문을 소개하였다. 첫 번째 프로젝트는 2000년도에 '사회적, 정서적 문제를 위한 특별연구회(Social and Emotional Issues Task Force)'가 연구하였으며, 2002년에 연구결과를 『영재아동의 사회적, 정서적 발달: 우리는 무엇을 아는가?(The Social and Emotional Development of Gifted Children: What do we know?)』를 출판함으로써 마무리되었다. 이 부분에서는 영재의 사회적, 정서적 발달에 관한 문헌연구를 하였다(Neihart, Reis, Robinson, & Moon,

2002). Moon은 사회적, 정서적 발달과 상담 분야의 중요한 연구가 최근 영재교육 분야의 사회적, 정서적인 쟁점에 대한 연구의 장단점을 잘 설명해 준다고 믿는다. 논문은 영재의 잠재력을 계발하는 데 실패한 미성취 영재 집단 등의 특수영재 집단에 대하여 연구자의 관심을 증대시켰다. 또한 방해 전략과 좀 더 철저한 개입에 따라서, 이러한 학생에 대해 좀 더 경험적 연구를 요구하였다. 그녀는 비록 좋은 영재 상담 모형이 발전되어 왔지만, 아시아계 미국인, 아프리카계 미국인, 특수 아동과 같이 특수한 경우의 영재에 대하여 상담의 중재와 효과를 결정하기 위해 정확하게 평가될 필요가 있다고 하였다. 또한 Moon은 영재교육 분야의 연구자는 사회심리학, 상담심리학, 가족치료학, 정신의학과 같은 정서 분야의 연구자와 협력해야 한다고 주장한다. 이는 해당 분야의 전문가 집단에게 영재를 가장 효과적으로 중재하는 것을 배우기 위해서이며, 모든 영재가 최상의 사회적, 정서적, 개인적 발달을 할 수 있도록 도와줄 수 있는 좀 더 나은 방법을 배우기 위해서다.

제9권 예술·음악 영재학생
제10권 창의성과 영재성

Enid Zimmerman은 음악, 무용, 시각예술, 공간적·신체적 표현 예술 분야의 재능이 있는 학생에 대한 논문을 고찰하고, 시각과 행위 예술 분야의 재능 발달에 관한 책을 소개하고 있다. 논문에 나타난 주제는 (1) 예술 재능 발달에서 천성 대 양육에 관련된 문제에 관심을 보이는 부모, 학생, 교사의 인식, (2) 예술 재능이 있는 학생의 결정 경험에 관한 연구, (3) 다양한 환경 속에서 예술 재능이 있는 학생을 판별하는 학교와 공동체 구성원 간의 협동, (4) 교사가 예술 재능이 있는 학생을 격려하는 것에 관련된 리더십에 관한 쟁점이다. 이는 모두 어느 정도 예술 재능이 있는 학생의 교육에 관한 교사, 학부모, 학생과 관계되어 있다. 그리고 도시, 교외, 시골 등 다양한 환경에 놓여 있는 예술 재능 학생의 판별에 관한 논의도 포함되어 있다. Zimmerman

은 이러한 특별한 분야에서 교육 기회, 교육환경의 영향, 예술 재능이 있는 학생의 발달에 영향을 미치는 교사의 역할에 대한 연구가 필요하다고 하였다. 판별 기준과 검사도구의 영향, 시각과 행위 예술에 재능이 있는 학생의 교육 관계는 앞으로 연구가 매우 필요한 분야다. 예술 재능이 있는 학생의 교육에 관한 세계적이고 대중적인 문화의 영향과 비교 문화적 관계뿐만 아니라 학생의 환경, 성격, 성 지향성, 기법 개발, 그리고 인지적·정의적 능력에 관한 연구도 필요하다. 이 책에서 그녀가 소개하고 있는 사례연구는 이러한 관점에 대한 연구의 필요성을 제기하고 있다.

Donald Treffinger는 창의성과 관련된 개념적이며 이론적인 연구를 살펴보려는 연구자들이 공통적인 관심과 노력을 기울이고 있는 다음의 5가지 주요 주제, (1) **정의**(어떻게 영재성, 재능, 창의성을 정의하는가?), (2) **특성**(영재성과 창의성의 특성), (3) **정당성**(왜 창의성이 교육에서 중요한가?), (4) 창의성의 **평가**, (5) 창의성의 **계발**에 대해 논의하였다. 창의성 연구의 초창기에 Treffinger는 훈련이나 교육에 따라 창의성이 계발되는 것이 가능한지에 대해서 상당한 논의가 있어 왔다고 하였다. 그는 지난 50년 동안 교육자들이 창의성의 계발이 가능하다(Torrance, 1987)는 것을 배워 왔으며, '어떤 방법이 가장 최선이며, 누구를 위하여, 어떤 환경에서?'와 같은 질문을 통해 이러한 연구 분야를 확장시켜 왔다고 언급하였다. Treffinger는 효과적인 교수법을 통해 창의성을 발달시키고, 어떤 방법이 가장 큰 영향을 줄 수 있는지 탐구하려고 노력한 교육자의 연구를 요약하였다.

제11권 영재교육 프로그램 평가
제12권 영재교육의 공공정책

Carolyn Callahan은 적어도 지난 30년간 영재교육 분야의 전문가가 간과하였던 중요한 요소가 평가자와 참여자 간에 큰 역할을 한다는 평가에 대하여 비중 있는 논문을 소개하고 있다. 그녀는 평가에 관한 연구를 구분하였는데, 그중에서도 영재교육 프로그램의 평가에 관한 연구는 다음의 4가지 범주로 구분하였다. (1) 이론과 실제적인 지침 제공, (2) 평가의 구체적인 프로그램, (3) 평가 과정을 둘러싼 쟁점, (4) 평가 과정에 관한 새로운 연구 제안이다. Callahan은 연구자에 따라 평가 작업이 이미 수행되고 있으며, 재능아를 위한 프로그램의 효율성 증가에 평가가 중요한 공헌을 한다고 하였다.

James Gallagher는 가장 도전적인 질문이 증가하고 있는 공공정책을 소개하면서 전투 준비를 해야 한다고 하였다. Gallagher는 영재교육의 한 분야로, 영재교육의 강력한 개입을 통해 합의를 이끌어 내고, 우리가 어떻게 엘리트주의라는 비난에 대응할 것인지를 생각해야 한다고 제안하였다. 그는 영재교육 분야가 일반교사와 재능 교육 전문가의 개발을 지원하는 추가적인 목표에 노력을 더 기울여야 한다고 하였다. 그리고 부족한 자원을 획득하기 위한 공공의 싸움에 실패한 것은 이미 20년 전에 1990년을 전망하며 Renzulli(1980)가 던진 질문인 "영재아동의 연구동향이 2010년에도 계속 이어질 것인가?"를 다시금 생각하게 한다고 하였다.

결 론

영재교육 분야에 대한 고찰과 최근 수십 년 동안의 독창적인 논문에서 우리는 무엇을 배울 수 있는가? 첫째, 앞으로 영재교육을 계속하여 발전시켜야 하는 우리는 논문이 쓰였던 시기와 과거를 존중해야 한다. 우물에서 물을 마실 때 우물을 판 사람에게 감사해야 한다는 속담처럼, 선행연구가 영재교육 분야를 성장시키는 씨앗임을 알아야 한다. 둘째, 우리의 시리즈 연구가 영재교육 분야에서 매우 신나는 연구이며 새로운 방향 제시와 공통된 핵심 주제임을 알아야 한다. 마지막으로, 우리는 영재에 대한 연구에서 완전히 마무리된 연구결과물이란 없으며, 논문마다 제기한 독특한 요구를 어떻게 최선을 다해 만족시킬 수 있는지를 연구함으로써 미래를 포용해야 한다. 이

한국영재교육의 새로운 지평

시리즈에서 보고된 논문은 앞으로 연구할 기회가 풍부하다는 것을 의미한다. 그러나 아직도 많은 질문이 남아 있다. 미래의 연구는 종단연구뿐만 아니라 양적, 질적인 연구에 기초해야 하고, 단지 수박 겉핥기만 해 온 연구를 탐구할 필요가 있는 쟁점과 많은 변수를 고려하여 완성시켜야 한다. 다양한 학생 중 영재를 판별해 내는 보다 포괄적인 프로그램을 개발하는 연구가 더욱 필요하다. 이것이 이루어질 때, 미래의 영재교육의 교사와 연구원은 교육자, 공동체, 가정에서 포용할 수 있는 답변을 찾을 것이고, 훈련된 교사는 학급에서 영재의 영재성을 보다 효과적으로 발달시킬 수 있을 것이다.

또한 우리는 일반적인 교육 분야가 어떻게 연구되고 있는지를 주의 깊게 고려해 볼 필요가 있다. 연구기법이 발전하고 새로운 기회가 우리에게 유용하게 찾아올 것이다. 이제 모든 학생이 새로운 교육과정을 시작하기 전에 교과과정을 먼저 평가할 수 있게 될 것이다. 그리고 이제는 학생이 많은 학점을 선취득했을 때, 그들을 자신의 학년 수준에 유지시키려는 문제는 사라질 것이다. 왜냐하면 우리는 새로운 기법으로 학생의 능력을 정확히 판별할 수 있기 때문이다. 새로운 기법으로 학생이 이미 알고 있는 것이 무엇인지를 더 잘 판별하게 되면, 학생의 강점과 흥미에 기초한 핵심적인 교육과정뿐만 아니라 다양한 기회에 도전하도록 격려하는 것이 꼭 필요하다. 이러한 특별한 영재 집단에 관심을 갖는 부모, 교육자, 전문가는 영재의 독특한 요구를 충족시켜 주기 위하여 정치적으로 적극적일 필요가 있으며, 연구자는 영재의 건강한 사회적, 정서적 성장을 위한 기회뿐만 아니라 재능 계발의 효과를 증명할 수 있는 실험연구를 수행해야 한다.

어떤 분야가 지속적으로 성장하려면 새로운 주장이 나타나야 하며 새로운 참여자가 있어야 한다. 위대한 기회는 우리 분야에서 활용될 수 있다. 우리가 지속적으로 영재를 위한 주장을 할 때, 우리는 변화하는 교육개혁의 움직임에서 중요한 역할을 해낼 수 있는 것이다. 우리는 영재와 심화 프로그램을 유지하기 위해 싸우는 한편, 모든 학생을 위해 그들이 더 도전적인 기회를 성취할 수 있도록 계속 연구할 것이다. 우리는 지속적으로 선행학습을 통한 차별화, 개별 교육과정의 기회, 발전된 교육과정과 개인별 지원 기회를 지지할 것이다. 이 시리즈의 논문에서 대답하고 제기한 질문은 우리가 영재교육 분야에서 진일보할 수 있도록 도움을 줄 것이다. 우리는 이 시리즈의 독자가 영재교육의 흥미로운 여행에 동참해 주기를 희망한다.

📐 참고문헌

Baldwin, A. Y. (1977). Tests do underpredict: A case study. *Phi Delta Kappan*, *58*, 620-621.

Gallagher, J. J. (1979). Issues in education for the gifted. In A. H. Passow (Ed.), *The gifted and the talented: Their education and development* (pp. 28-44). Chicago: University of Chicago Press.

Guilford, J. E. (1967). *The nature of human intelligence*. New York: McGraw-Hill.

Marland, S. P., Jr. (1972). *Education of the gifted and talented: Vol. 1. Report to the Congress of the United States by the U.S. Commissioner of Education*. Washington, DC: U.S. Government Printing Office.

Neihart, M., Reis, S., Robinson, N., & Moon, S. M. (Eds.). (2002). *The social and emotional development of gifted children: What do we know?* Waco, TX: Prufrock.

Renzulli, J. S. (1978). What makes giftedness? Reexamining a definition. *Phi Delta Kappan*, *60*(5), 180-184.

Renzulli, J. S. (1980). Will the gifted child movement be alive and well in 1990? *Gifted Child Quarterly*, *24*(1), 3-9. **[See Vol. 12.]**

Renzulli, J. S. (1982). Dear Mr. and Mrs. Copernicus: We regret to inform you... *Gifted Child Quarterly*, *26*(1), 11-14. **[See Vol. 2.]**

Renzulli, J. S. (Ed.). (1986). *Systems and models for developing programs for the gifted and talented*. Mansfield Center, CT: Creative Learning Press.

Renzulli, J. S., & Delcourt, M. A. B. (1986). The legacy and logic of research on the identification of gifted persons. *Gifted Child Quarterly, 30*(1), 20-23. [See Vol. 2.]

Renzulli, J. S., & Hartman, R. (1971). Scale for rating behavioral characteristics of superior students. *Exceptional Children, 38,* 243-248.

Ross, P. (1993). *National excellence: A case for developing America's talent.* Washington, DC: U.S. Department of Education, Government Printing Office.

Sternberg, R. J. (1982). Nonentrenchment in the assessment of intellectual giftedness. *Gifted Child Quarterly, 26*(2), 63-67. [See Vol. 2.]

Tannenbaum, A. J. (1983). *Gifted children: Psychological and educational perspectives.* New York: Macmillan.

Torrance, E. P. (1984). The role of creativity in identification of the gifted and talented. *Gifted Child Quarterly, 28*(4), 153-156. [See Vols. 2 and 10.]

Torrance, E. P. (1987). Recent trends in teaching children and adults to think creatively. In S. G. Isaksen, (Ed.), *Frontiers of creativity research: Beyond the basics* (pp. 204-215). Buffalo, NY: Bearly Limited.

제 1 부

한국영재교육의 개관

01

영재교육의 序[1]

한 꼬마의 삶

10세에 대학에 입학해 9년 동안 학부와 석·박사 과정을 마친 19세 소년이 올해 아칸소 대학에서 물리학 박사학위를 취득했다. 화제의 주인공은 존 카터로 4세 때 이미 읽고 쓰는 것을 익혔으며, 9세 때 대학 기초수학과정을 모두 이수했다. 카터의 부모는 카터가 10세 되던 해에 핵물리학자 그레그 베일에게 보내 배우도록 했고, 초등학교 4학년 나이에 대학생이 되어 학교 당국으로부터 일반학생에 비해 훨씬 더 우수한 학생으로 인정받았다. 카터는 미주리 주 네오쇼에 있는 크라우더 칼리지에서 올 여름학기부터 교수로 일할 예정이다.

존 카터의 성장 과정을 보고 우리는 무엇을 생각하는가? '10세에 대학입학' '19세에 물리학 박사 취득', 일반적인 학습과정과 비교할 때 이는 가능한 것인가? 19세에 박사학위라니? 여기에서 조숙한 존의 모습을 볼 수 있고, 또 존의 삶을 통하여 영재교육의 한 모습을 볼 수 있다. '9세 때 대학 기초수학과정을 모두 이수'라는 것이 일반교육 현장에서 볼 수 있는 일인가? 쉽게 접하는 일련의 교육과정이기보다는 조숙성과 자생성의 특징을 볼 수 있다.

---

[1] 송인섭(2002), 영재교육의 새 지평, 영재와 영재교육 1(1)의 내용을 일부 수정하여 수록하였음.

'10세 되던 해에 핵물리학자 그레그 베일에게 보내 배우도록' 한 것은 특별한 교육환경 제공을 의미한다. '19세에 대학교수 임용 계획'은 자신의 자아실현과 자기가 속한 집단에 대한 기여가 아닌가?

한 꼬마의 학습과 성장 과정은 우리에게 많은 생각을 하게 한다. 스스로에게 질문을 던져 보자. 특별한 능력이 있다는 영재의 출현을 여러 번 들은 경험은 있지만, 잠깐의 관심을 보이다가 금세 우리의 뇌리에서 사라져 가는 다른 많은 사건과 비교해 볼 필요가 있다.

지금까지 우리나라의 많은 영재교육 관계자는 다양한 보도를 통해 영재교육의 현실적 필요를 보았지만, 영재들에게 특별한 관심이나 지속적인 도움을 줄 생각은 아무도 하지 않았다. 많은 영재아 대부분이 과거에 신동이었다는 사실 외에 특별한 점이 없는 평재아로 성장하는 결과를 낳고 있는 것이 우리의 현실이라고 생각한다. 기본적인 영재교육마저 받지 못한 아동도 적지 않다.

영재성은 유전적 특성도 있지만, 교육환경에 따라 지속적으로 변한다. Terman은 1920년경에 지능지수 135 이상의 11세 영재 1,500명을 35년간 추적 연구하였다. 그 결과 지능은 한 사람의 성공도 보장하지 못하였고, 교육환경에 따라 성취하거나 실패할 수 있음을 보여 주었다. 러시아 학자 바바에바는 타고난 영재의 25%는 아예 발굴되지도 못한 채 사라진다고 주장하였다. 영재는 또래의 보통 아동과는 학습 특성이 매우 다르다. 따라서 보편적인 교육 내용과 교육방법으로는 학교생활에 잘 적응할 수 없다.

미국에서는 우리가 평준화를 시작하던 1970년대 후반부터 이미 영재교육에 큰 관심을 갖기 시작했다. 이스라엘은 초등학교 1, 2학년 때 심화학습을 투입하고 모든 3학년 학생을 대상으로 영재 판별검사를 실시한다. 영재로 판별된 학생은 다양한 방법을 통하여 영재교육을 받는다. 미국은 상위 3~5%의 영재는 물론 경제적으로 어려운 영재를 위해 1988년에 연방정부법을 제정해 매년 1,000만 달러를 특별 지원한다.

사반세기 동안 이루어진 평준화 교육에 대한 우리의 반성은 일반 학부모

한국영재교육의 새로운 지평

부터 관계 기관까지 이루어지고 있으며 다양한 방안이 논의되고 있다. 교육의 평준화만을 지나치게 강조한 나머지 학력의 하향 평준화를 초래하였고, 사교육비 부담을 늘렸다는 주장이다. 전문가들은 이제 평준화의 큰 틀은 유지하되, 적극적 보완책이 필요하다는 주장을 펴고 있다. 학생의 수준과 능력에 따른 맞춤교육이 필요하고, 이를 위해서는 현재의 단선적인 교육과정 대신 소질과 적성을 키워 주는 복선형 교육과정을 도입해야 한다는 것이다. 또한 학생에게 학교 선택권을 늘려 주고, 교육환경도 획기적으로 개선해야 한다고 입을 모은다.

영재교육에는 재정투자 확대가 필수적이다. 2007년 OECD 통계연보에 따르면, 우리나라의 국내총생산 대비 공교육비 지출(2003년 기준)은 4.6%로 회원국 중 하위권 수준에 머물고 있다.

특히 21세기는 국민의 지식정보 창출 능력이 국가의 존립까지 결정하는 정보화시대다. 영재의 가능성을 사장시키지만 않아도 우리의 정보 창출 능력은 수십 배로 증가할 수 있다. 영재교육에 대한 보다 적극적이고 전략적인 국가 차원의 투자가 필요한 시점이다.

한국에서의 영재교육 태동

이 법은 교육기본법 제12조 및 제19조의 규정에 따라 재능이 뛰어난 사람을 조기에 발굴하여 타고난 잠재력을 계발할 수 있도록 능력과 소질에 맞는 교육을 실시함으로써 개인의 자아실현을 도모하고 국가 · 사회의 발전에 기여하게 함을 목적으로 한다(영재교육진흥법 제1조 목적).

'영재교육진흥법 제1조 목적'을 보면 이제 한국에서도 영재교육을 구체적으로 시행하려는 의도를 엿볼 수 있다. 개인의 자아실현을 통해 성장을 도모하고 국가와 사회의 발전에 기여함을 목적으로 한다는 점은 영재교육의 기본 전제와 큰 차이가 없어 환영할 만한 출발점이라고 볼 수 있다. 그러나 영재교육은 생각이나 이상, 의지만으로 되는 것이 아니므로, 합리적이고 타당한 실제가 있어야만 한다. 앞으로 단순히 법적인 차원에서의 목적 제시가 아니라 한 개인의 자아실현을 이루고 이를 통하여 사회에 봉사하는 영재를 교육하는 실제를 갖추게 하려는 구체적인 노력이 필요하다.

1. '영재' 라 함은 재능이 뛰어난 사람으로서 타고난 잠재력을 계발하기 위하여 특별한 교육을 필요로 하는 자를 말한다.
2. '영재교육' 이라 함은 영재를 대상으로 각 개인의 능력과 소질에 맞는 교육 내용과 방법으로 실시하는 교육을 말한다(영재교육진흥법 제 2조 정의).

고등학교과정 이하의 각급 학교에 취학한 자 중에서 다음 각 호의 1의 사항에 대하여 뛰어나거나 잠재력이 우수한 사람 중 영재 판별 기준에 의하여 판별된 사람을 영재교육 대상자로 선정한다. 1. 일반 지능, 2. 특수학문 적성, 3. 창의적 사고능력, 4. 예술적 재능, 5. 신체적 재능, 6. 기타 특별한 재능(영재교육진흥법 제5조 영재교육대상자의 선정)

영재교육의 출발은 영재에 대한 개념화에 있다. 영재교육진흥법에 나타난 영재교육 대상자는 '지도력' 등의 개념이 빠지기는 하였으나, 미국 교육부가 정한 영재의 개념과 큰 차이가 없고 최근의 영재교육에 관한 논의에서 일반적으로 받아들여지는 개념에 상당히 접근하였다고 볼 수 있다. 특히, 신체적 재능, 기타 특별한 재능의 항목을 영재의 개념에 포함시킨 것은 단선적인 개념에서 복합적인 특성화 개념으로 한 걸음 더 나아간 것이라고 할 수 있다. 일반 지능, 특수학문 적성, 창의적 사고력 등의 단순한 나열보다는 제시된 개념이 어떤 내적 타당성을 갖는지에 대한 논의는 아직 과제로 남아 있다. 개념이 좀 더 구체적으로 명료화될 때 한국에서의 영재교육의 방향은 좀 더 분명해질 것으로 보인다.

영재교육 대상자의 판별 · 심사 · 선정의 기준 및 절차와 선정, 통보 등에 관하여 필요한 사항은 대통령령으로 정한다(영재교육진흥법 영재교육대상자의 선정 제5조 ③).

영재교육에서 정의만큼 중요한 것은 영재아를 어떻게 선별하느냐 하는 판별 과정의 문제다. 영재교육진흥법의 시행령에 따르면, '영재교육기관의 장은 영재교육 대상자의 판별·심사·선정·배치 등을 위해 당 기관의 영재 판별기관을 설치하여야 한다'는 등 행정적인 절차와 방법에 대해 다양한 내용과 판별방법이 제시되어 있다. 한 예로, 위원회의 구성은 7인 이상 15인 이하의 위원으로 구성하되, 영재교육기관의 소속 교원, 교과 전문가, 영재교육 전문가, 교육평가 전문가, 교육심리 전문가 등으로 구성되어 있다. 이렇게 행정 절차와 기본적인 외적 구조는 마련되어 있는 듯하다. 그러나 아직 소프트웨어라 볼 수 있는 구체적인 접근방법과 필요한 도구 등에 관한 문제는 숙제로 남아 있다.

영재학교, 영재학급, 영재교육원의 설립, 설치기준 및 운영 방법 등에 관한 사항은 대통령령으로 한다(영재교육진흥법 제9조 영재교육기관의 설립, 설치기준 등).

영재교육기관은 영재학교, 영재학급, 영재교육원 등으로 구분하고 있다. 우선 주목해야 할 것은 영재학교와 영재학급의 개념이다. 영재만을 위한 영재학교의 형태와 일반학교에서 운영하는 영재학급의 형태로 해석할 수 있다. 즉, 인간 특성의 영역에 따라 영재학교를 통한 교육과 특별한 영재학급 운영을 통한 영재교육을 할 수 있다.

예체능 같은 특수한 분야는 영재학교를 통해서 교육이 가능하고, 인문사회 분야는 일반학교에서 교육을 받으며 각 개인의 적성에 따라 특별한 영재학급을 통하여 교육을 받는 형태로 영재교육을 실시하는 것이 바람직한 방향이라고 볼 수 있다. 그러나 자칫 영재학급은 형식적이고 명목적인 의미에서 영재학급화할 수 있다. 따라서 일선 학교에서 영재학급을 운영하려면 시행 계획을 구체적으로 세우고, 전체 수업시간 중에 영재교육과 관련된 학점 배정을 어떻게 할지를 영재이론과 관련하여 구체화할 필요가 있다. 현재 진행 중인 한국영재교육의 문제점 중 하나는 영재교육이 주로 과학 분야에 치중하고 여타 영역은 거의 관심 밖으로 밀려나 있는 것이다.

> 영재학교에는 초, 중등교육법 제26조 제1항의 규정에 의해 학년제를 적용하지 아니하고 학칙 등이 정하는 바에 따라 무학년제를 정할 수 있다(영재교육진흥법 시행령(안) 제45조 무학년제의 채택).
> 영재학교의 학기는 학칙이 정한 바에 따라 2학기 내지 4학기로 운영할 수 있다(영재교육진흥법 시행령(안) 제47조 학기).

시행령 제45조와 제47조는 무학년제의 채택과 학기의 유연성을 제시하고 있다. 이는 영재교육 성공에 매우 필요한 부분이다. 특히 무학년제는 영재아동의 조숙성 정도와 개인의 특성에 따라 틀에 짜인 학년를 초월한 제도로 영재교육에서는 권장해야 할 사항이고, 학기제의 유연성은 영재 교과의 특성에 따라 교과 이수시간을 개방적으로 한다는 의미에서 가치가 있다고 볼 수 있다. 이 두 가지 시행령은 실제 영재교육이 시행될 때 이론이 아닌 학교 현장에서 구체적이고 실제적인 준거에 따라서 시행될 필요가 있다.

이를 구체화하기 위해서는 교육과정의 유연한 대처가 필요하다. 즉, 영재교육을 위한 교수-학습의 하위 개념이 필요한 것이다. 영재학생의 필요에 대응하기 위한 교육 내용의 조절 방법으로는 속진, 심화, 정교화 그리고 신기성 등이 있는데, 이 중 특히 강조되는 방법은 속진학습과 심화학습이다.

영재교육에 관련된 다양한 집단의 요구와 국가적인 차원의 필요성에 따라 우리나라에서 영재교육이 정착되는 계기가 된 '영재교육진흥법'이 일단 법제화된 것은, 영재교육에 관심 있는 학자, 교사, 학부모 그리고 한국 사회에 큰 의미를 부여하는 일대 전환이라고 볼 수 있다. 법이 마련되어 현실화되려면 많은 시간이 필요한 것이 일반적 관례다. 특히, 교육에 관련된 법이 학급-현장, 실제 교수-학습에 적용되고 실제화되기까지는 오랜 시간이 필요하다. 그러나 우리는 긍정적인 생각으로 영재교육진흥법에 언급된 각각의 사항이 우리 교육의 새로운 패러다임 형성으로 작용하기를 기대할 필요가 있다.

영재교육으로의 모습

현재 세계는 영재교육이라는 교육개혁이 이루어지고 있다. 그 개혁은 평준화된 학교교육에서 각 개인의 우수성을 극대화하기 위한 영재교육으로의 전환이다. 세계 여러 나라의 교육 전문가는 학생의 수준과 능력에 따른 영재교육이 필요하고, 이를 위해서는 현 교육제도가 변화되어야 하며, 아울러 학생의 능력에 따라 학교 선택권을 늘려 주고, 교육환경도 획기적으로 개선해야 한다고 주장하고 있다. 기본적인 몇 가지 예를 아래에 제시한다(구체적 내용은 세계의 영재교육이라는 제목으로 별도로 다룰 예정임).

호주 정부는 1991년 발표한 영재교육 정부 전략안을 통해 공립학교에 영재교육 전문교사를 한 명 이상 배치하도록 하는 한편, 각 교육기관 운영자에게 영재아 판별 및 교육에 대한 책임을 강화해 지속적인 영재교육을 추진하고 있다. "앞으로 초등학교에 영재교육이 가능한 영재반을 편성하는 등 다양한 교육환경을 마련할 방침이며, 영재아는 물론 모든 학생이 골고루 자신에게 맞는 교육 기회를 얻을 수 있도록 하는 것이 우리의 목표다."(뉴 사우스 웨일즈 주 교육부의 영재교육 담당관 캐빈 브래드 번)

싱가포르에는 초등학교가 200곳, 중학교는 160곳이 있다. 이 가운데 영재학급을 운영하는 학교는 초등학교 9곳과 중학교 7곳으로 총 16곳이다. "싱가포르의 교육정책으로 미루어 볼 때 영재학교가 있을 법하지만, 영재학생의 정서 함양을 위해 일반학생과 어울리는 것이 필요하다고 판단하여 영재학교를 따로 만들지 않았다. 싱가포르의 영재교육은 공식적으로 중학교를 졸업하는 10학년까지만 이루어진다."(영재교육담당관 루포겡)

이스라엘의 영재교육의 핵심요소는 단연 학제간 접근이다. 영재는 이스라엘의 미래를 짊어지고 갈 지도자이며, 지도자는 단순한 기술자나 과학자가 아니라 전체적인 그림을 그릴 줄 알아야 정확한 판단을 내릴 수 있다. 영재반 학생은 10세가 되면 소설 속에 수학문제가 적절히 들어 있는 이야기 수학을 배운다(이스라엘 에리카 란다우 박사).

교육학적인 함의

역사적 관점

원래 교육은 영재교육에서 시작되었다고 할 수 있다. 일찍이 맹자는 그의 진심장 3편에서 '득천하지영재이교육지(得天下之英才而敎育之)'라는 말을 해서 동양에서는 처음으로 교육이라는 용어를 썼다. 이 말은 처음부터 뛰어난 영재를 선발해서 가르침으로써 지도자적인 인물을 양성하는 일이 본인을 위해서도 보람 있는 일이라는 것을 암시한다.

서양에서도 호머(Homer)가 교육의 목적을 슬기로운 사람과 실천하는 사람을 키우는 것이라고 하였는데 여기에도 영재교육적인 취지가 들어 있다. 또한 이른바 스파르타식 교육도 별로 쓸모없는 자는 아예 가르칠 가치조차 없다는 것을 뜻한다고 볼 때, 오늘날의 민주주의적 사고와 기회균등적 사고와는 거리가 있다. 이렇게 보면 고대뿐만 아니라 중세에도 동서양을 가릴 것 없이 그와 같은 사상과 방법이 있었다는 것은 짐작으로도 이해가 가며 실제로도 알 수가 있다.

그러다가 인도주의와 인간주의가 일어나 세계와 인간을 객관적으로 대하고 탐구하고 정복하면서, 한편으로 평화와 박애와 자유가 모든 개인에게 보급되어야 한다는 주장과 투쟁과 실천이 수세기에 걸쳐서 계속되었다.

그러면서 반대로 남보다 뛰어난 바탕과 소질을 가진 자에게는 일찍부터

한국영재교육의 새로운 지평

개성과 소질을 신장할 수 있는 기회를 제공하고, 그 방법을 제도와 기술 면으로도 강구하는 것이야말로 진정한 기회균등의 이념을 실현하는 양심의 실현이라고 생각하기에 이르렀다. 저마다의 개성과 소질을 살피고 발휘할 수 있게 해야 한다는 대전제와 아울러 어차피 모든 인간의 능력과 취지는 각각 개인에 따라 차이가 있는 것이 사실이며 당연하기 때문이다(박준희, 1995).

교육학적 관점

교육에 대한 개념은 각 개인의 철학과 관점에 따라 다양하여서 때로는 상충된 논의가 가능하다. 그러나 교육의 핵심적 대상이 '인간'이라는 점에서는 큰 이의가 없는 것 같다. 또 하나는 그 인간의 '변화'에 대한 관심이다. 이 둘의 통합을 통한 교육의 개념은 '인간 자아의 형성 과정'이라 할 수 있다.

황정규(1998)는 "교육 및 교사가 가져야 할 신념은 비록 과학적 증거가 99%는 유전적으로 결정되고, 환경으로 결정될 가능성은 1%밖에 없다고 하는 경우에도, 이 1% 환경의 힘으로 99%의 불가능을 극복하려는 인간의 프로메테우스적 노력이라는 것을 수락한다면 철저한 변화관에 대한 신념이 과학적 증거 이전에 택해야 할 의사결정이라는 것을 알 수 있을 것이다."라고 하였다.

'인간 자아의 형성'에서 교육학이 영재교육에 관심을 가져야 하는 첫 번째 이유는, 교육학이 인간을 보는 관점에서 찾을 수 있다. 교육학은 인간 특성을 정상분포로 설명한다. 교육학자는 인간에 대한 본질적 질문 중 하나를 개인차에 관한 영역으로 본다. 개인차에 관한 연구는 하버드 대학교의 성장 연구, 버클리 성장 연구 등과 같은 장기간의 지속적인 연구가 뒷받침하고 있다. 좋건 싫건 개인차는 어떤 행동 특성에 존재하는 것이며, 유전적인 변인이건 환경에 따라 형성된 변인이건 관계없이 보편적으로 관찰할 수 있는 현상이다. 이 같은 학생의 개인차의 수준 특성에 맞는 개별화 교육이 바로 영재교육이다(송인섭, 1996).

따라서 영재교육은 한 개인의 특성에 맞춰 교육 목적 및 학습경험을 세워야 한다는 일반적인 법칙에 따라 영재는 어떠한 학생인가, 영재의 특수한 요구는 무엇인가, 교과목에 관련된 특수한 요구는 무엇인가, 영재의 현재 및 미래의 요구에 응하기 위해서는 어떠한 이론을 내놓아야 하는가, 현재 영재가 가지는 특수한 문제는 무엇이며 미래의 문제는 무엇인가와 같은 질문에 답을 해야 할 것이다.

두 번째 이유는 영재교육이 기회균등과 교육에서의 정의의 원칙 속에서 의미를 찾아야 하기 때문이다. 경쟁과 관련하여 기회균등 원칙의 하나는 교육 기회가 학생의 필요에 따라 주어져야 한다는 것이고, 또 하나는 각 학생에게 맞는 보상적인 대우가 따라야 한다는 것이다. 개인의 성장 조장성은 선택 과정을 통해서 이익을 얻고 성장할 수 있어야 함을 요구한다. 이러한 근거로 볼 때, 영재교육의 타당성은 정상분포상에서 개인의 위치에 맞는 교육을 받을 수 있는 학습자의 권리라는 교육적 의미를 가질 수 있다.

세 번째 이유는 개인이 지닌 흥미와 장점을 찾아 자연스럽게 계발시켜 주자는 입장에서 찾을 수 있다. 이것은 저학년일수록 강조되는데, 유치원 수준에서의 영재교육은 다양한 교육환경을 마련하여 주고 그 개인의 흥미와 적성에 따라 잠재된 가능성을 극대화시키는 것을 볼 수 있다. 이때 이들은 다양한 특성의 계발 가능성을 부여받는다.

그동안 우리나라에서는 영재아 교육과 교사교육을 위한 법적·제도적인 장치가 마련되지 않았다. '특수교육 특별법'이 제정되어 있지만 영재아 교육에 관한 어떠한 내용도 포함되어 있지 않다. 그러나 최근에 통과된 영재교육진흥법으로 이와 관련된 영재교육이 새로운 전환기를 맞이할 것이다.

1999년 12월 29일 법안이 통과되어 2003년에는 우리나라의 첫 영재학교인 한국과학영재학교가 부산에 설립되었다. 이 법안에 따르면, 각 지역별로 영재학교나 영재학급 설치를 자유화하고, 입학 연령 제한도 없다. 그리고 능력만 되면 누구나 수업을 들을 수 있으며, 영재교육을 받으면 정규 교육을 이수한 것으로 인정하고, 대학 조기입학 특례를 할 수 있다고 정하였다. 즉, 이

한국영재교육의 새로운 지평

법안은 철저한 능력 중심, 수요자 중심의 교육제도로, 능력만 되면 제도권 안에서 자신의 영재성을 보호받고 성장할 수 있는 기회를 준다.

　그동안 야기된 다양한 문제는 과학고등학교와 같은 문제도 제대로 해결하지 못하고, 영재가 아닌 평재에게 무리한 영재교육을 시키려는 부모의 과욕으로 보고 있다. 영재교육이 성공을 거두기 위한 3요소는 교사교육 담당 교원, 프로그램 개발, 과학적인 영재 판별에 따른 영재 선정이다. 그러나 이 세 가지 필수요소가 다 갖춰지고, 법적 제도가 뒷받침되어도 영재교육에 대한 부모의 잘못된 정서가 워낙 커서 영재교육의 정착이 어려울 수도 있다. 그러므로 영재교육이 이루어지려면 '대다수 부모의 인식 대전환'이 우선이다. 특히 과학, 수학, 예술 분야에서만 영재성을 고집하는 시대착오적인 생각에서 벗어나, 다양한 영역에서 영재성을 발견하여 영재교육의 대중화를 꾀한다면 많은 문제가 해결될 것이라고 생각한다.

　시상 차원으로 볼 때 교육학의 기본적인 법칙과 원칙은 일관성을 갖는다. 그래서 인간의 기본적인 특성이 시간적·상황적으로 일관성이 있다는 전제를 이미 받아들이고 있다. 그러나 인간의 행동 특성에 대한 강조점은 시간적·상황적으로 달라질 수 있다. 인간의 기본 특성은 일관성이 있으나 언제 어떠한 모습으로 강조되느냐는 다를 수도 있는 것이다. 인간 특성의 시간적·상황적 일관성을 너무 강하게 전제하면 인간의 여러 특성에 대해 너무 정태적인 생각에 빠지기 쉽다. 우리가 앞으로 살아갈 시대는 정보화사회다. 이 정보화사회가 요구하는 인간의 특성은 창의성이다. 이 창의성은 영재교육에서 중요한 특성으로 다루어지고 강조된다(3장에서 자세히 논의할 것임).

우리에게 주어진 문제

　앞으로 우리는 영재교육의 산적한 문제를 하나하나 다루며 정리할 필요가 있다. 이 문제들을 이론적 연구뿐만 아니라 영재교육과 관련된 실제 활동에서 어떻게 다루어야 하는지가 우리에게 주어진 과제다(Winner, 1996).

영재성의 일반성 대 특수성

지금까지의 신화 '학문적 영재아는 학교의 모든 과목에서 영재성을 나타내는 일반 지적 능력 요인에서 우수한 아동을 말한다'는 주장은 영재교육에 대한 하나의 신화일 뿐이다. 이는 Terman의 전통적 개념으로, '영재'라는 탐구 대상에 포함시켰던 인식의 영역과 범위가 지나치게 일반성에 의거하므로 다양성이 결여되어 있다. 학생의 종합적 학업성취 및 지적 능력에 관한 수준과 질을 파악하고, 그 기초를 토대로 교육한다는 '영재교육'의 시각은 개인이 가진 다양한 특성에 대한 변별적 접근의 가능성을 차단한 것이다. 예를 들면, 단일 지수화된 지능지수를 중요한 준거로 보는 것을 꼽을 수 있다.

앞으로의 모형 영재성은 영역 특수성으로 정의될 수 있다. 인간의 특성을 나타내는 지표는 균일특성지표(even profiles)라기보다 비균일특성지표(uneven profiles)다.

모든 학문 영역에서 골고루 영재성을 나타내는 아이는 비교적 드물다. 그러므로 영재성은 차라리 영역 특수성으로 개념화될 필요가 있다. 비균일특성지표는 균일특성지표보다 인간의 특성을 나타내는 조금 더 일반적인 지표다. 수학과 언어능력이 모두 우수한 학생보다는 그중 하나가 우수한 학생이 더 많은 것으로 밝혀지고 있다. 두 가지 능력이 모두 우수한 학생이 종종 발견되기도 하는데, 이는 높은 언어능력의 전략을 수학에서 사용하기 때문인 것으로 보인다. 한 영역에서 우수한 어린이는 종종 다른 영역에서 지진아인 것으로 나타나는 경우가 더 많다(Winner, 1996).

인간의 특성은 환경과의 상호작용을 통해서 계발되고 분화된다. 특히 21세기의 환경은 우리의 예측이 불가능할 정도로 급변하고 있다. 현재의 인간 특성에 대한 가정과 연구결과는 좀 더 다양한 특성으로 재개념화될 것이다.

그리고 개인이 갖는 특성도 강약의 변별적 의미를 갖게 될 것이다.

즉, 이간은 모든 면에서 영재성을 발휘하기보다는 하나의 분야에서 영재성을 보일 수 있다. 그러나 이에 관련된 이론적 연구가 아직 미흡하며, 실제에서는 더욱 적용이 안 되고 있다. 이 문제는 앞으로 계속 논의해야 할 부분이다.

영재아와 재능아 간의 개념 차이

지금까지의 신화 일반적으로 학문 영역에서 높은 능력을 가진 어린이는 영재아라고 불려지고, 음악이나 미술에서 높은 능력을 가진 어린이는 영재아보다는 재능아라고 불린다.

앞으로의 모형 그러나 실질적으로 영재아와 재능아를 구분하는 합리적인 근거는 없다. 왜냐하면, 영재아나 재능아 모두 조숙성(precocity), 최소한의 교육적 도움 필요(minimum scaffolding), 그리고 하는 일에 대한 집착력(a rage to master)이라는 세 가지 특성을 가지고 있기 때문이다. 따라서 학문적 우수아를 영재아라고 하고, 예술적 우수아를 재능아라고 명명할 합당할 근거는 없다.

어느 분야에서 뛰어난가의 영역 차이는 있지만, 이들은 조숙성, 자생성 그리고 집착력이라는 인간 특성 측면에서는 전혀 차이를 찾아 볼 수 없기 때문에, 만약 두 단어의 개념을 분류한다면 여타의 다른 특성도 다른 명칭을 부여하여야 한다. 두 개념으로 분류된 아동은 일반적으로 각 분야에서 능력이 우수하다는 동일한 측면이 있고, 그들의 뛰어난 능력은 타고난 것이며 가족과 학교의 다양한 교육환경의 영향을 필요로 한다.

영재아는 보통 아이보다 어떠한 특성이 빨리 성장하는 것뿐만이 아니라 최소한의 도움과 어떤 현상을 보는 방법이 독특하며, 일에 대한 집착력이 있기 때문에 단순히 열심히 하는 아동과는 차이가 있다. 소위 조숙성을 갖고 태어난 영재아는 노력하는 아동이라기보다는 태생적인 우수아다. 우리는 영재아의 뇌가 일반 사람의 뇌와 어떤 차이가 있는지에 계속 관심을 두고 있다. 우리는 지속적인 뇌 연구를 통해서 영재아동의 뇌의 본질에 대한 분명한 대답에 점점 접근하고 있다. 또한 영재아동들은 정의적 측면에서도 내성적이기 때문에 사회적 고립이라는 어려움에 직면하는 동일한 특성을 가진다.

그러므로 어떤 아동은 영재아(gifted), 또 다른 아동은 재능아(talented)라 분류하는 것은 잘못된 구별일 가능성이 있다. 종종 의미 없는 개념의 분화는 과학적 진실을 벗어날 가능성이 있다. 모든 개념화는 실제에 근거한 의미를 부여하여야 한다. 영재아와 재능아의 개념 분화는 그에 따른 판별과 교육방법의 차이를 필요로 하기 때문에 심도 있는 논의가 필요하다.

뛰어난 IQ

지금까지의 신화　영재성은 주로 IQ 지표의 높고 낮은 지수에만 의존해 왔다.

앞으로의 모형　뛰어난 IQ는 아니지만 음악, 미술 등의 분야에서도 영재아를 찾을 수 있다. 미술영재아의 IQ는 79~133이고 평균 107이다. 음악영재아의 IQ는 95~139이며 평균 121이다.

음악과 미술에서는 지능지수가 뛰어나지 않은 영재를 무수히 볼 수 있다. 지능지수는 높지 않으나 영재의 고유한 특성을 갖고 있는 것이다. 즉, 영재다. 지능지수가 극단적으로 낮더라도 뛰어난 피아노 연주, 뛰어난 그림 그리기, 계산하기 등의 특별한 재능을 가지고 있다.

20세기는 Binet식 지능지수(IQ) 시대라고 볼 수 있다. 20세기를 지배하던 사회구조는 우수한 지능지수를 가진 사람을 필요로 했다. 그러나 지능지수가 갖는 한계성은 이미 인간능력의 측정학에서 밝혀지고 있다. 지능지수는 인간 특성에 대한 망라성의 부족으로 인간에 대해 정확한 설명을 하지 못한다. 특히 영재 판별의 준거로 단순한 지능지수를 고집하는 것은 영재에 대한 패러다임의 변화를 막는 결과를 낳는다. 영재의 개념과 판별은 Binet

식 지능지수로부터 해방되어야 한다.

지능을 영재 판별의 한 부분으로 보더라도, 지금까지의 전통적 준거에 따라 지능지수(IQ) 정상분포에서의 5% 내외로 볼 것이냐, 혹은 생산성을 준거로 한 다양한 지적·정의적 특성을 포함하는 종합적 판별 기준으로 판정을할 것이냐 등의 무수한 논의를 필요로 하기 때문에 영재의 개념과 판별은 여전히 우리의 과제로 남아 있다.

이러한 문제는 영재 판별방법에서도 문제점으로 제기될 수 있다. 위에서논의한 것처럼 다원적 의미의 영재의 개념은 영재 판별 과정으로 연결될 필요가 있다. 특히 실제 판별에서 양화·질화하는 과정에서 판별을 위한 타당한 자료의 수집 방법을 도출할 필요가 있다. 더 나아가 개념화와 측정 간의이론과 실제에서 그 차이가 크다는 생각을 해 볼 수 있다.

생태학 대 환경

지금까지의 신화 영재성은 전적으로 생태적이다.

심리학자의 신화 영재성은 전적으로 노력의 결과다.

앞으로의 모형 영재아는 열심히 일할 수 있는 특성을 가지고 태어난 우수한 능력자다. 영재아는 특이한 뇌의 구조를 가지고 있고 최소한의 교수와도움을 필요로 한다. 더 나아가 자신만의 학습방법을 가지고 있으며 문제해결을 위해 독특한 접근을 시도한다.

아무리 일찍 시작하고 열심히 노력한다고 하더라도 영재성이 없는 대부분의 아동은 특별한 영재성을 지닌 아동에 비해 영재성의 기반이 되는 조숙성, 창의성, 집착성이 상대적으로 적다. 그러나 이러한 특성을 열심히 일하고 훈련하는 것이 영재성의 발달에 무관하다는 것을 의미하지는 않는다.

영재아는 열심히 일하고 훈련하여 이루어지는 것이 아니라 그들이 그렇게 열심히 일할 집착력을 가지고 태어난 우수한 능력자다. 영재아는 특이한 내적 구조를 가지고 태어나며, 영재성은 어느 정도 유전인자의 결과이며, 임신 동안 미친 호르몬 영향의 결과라는 주장에 상당한 증거가 있다(Winner, 1996 참조). Feldhusen(1992)은 영재성이 조기에 나타나는 유전적으로 결정된 능력임을 가정하였다.

드물기는 하지만 극단적인 노력의 결과로 높은 성취를 이루는 일반아동이 있다. 그러나 이들은 성인의 지속적인 도움과 교육이 없이는 성취할 수 없고, 특별한 능력을 가진 영재만큼 결코 성장할 수 없다. 영재아는 어떤 영역을 집중적으로 해결하려고 노력하여 조기에 꼭 성취하는 조숙성을 갖고 있다. 영재아는 최소의 교육환경과 도움을 필요로 하며 자신의 법칙을 스스로 찾고 영재성이 있는 영역에 특별한 방법으로 접근하여 문제를 해결하는 독특한 방법을 발견한다.

영재성의 생태적 특성은 많은 연구에서 이미 밝혀졌다. 태내적인 유전적 특성을 강조할 때 영재교육이 갖는 교육적 한계는 분명히 있다. 그러나 분명 영재교육이라는 명칭하에 우리 교육학자들은 단선적인 시각보다는 다원적인 생각을 할 필요가 있다. 영재성은 분명 생태적인 특성이 강조되지만 영재교육이 도달할 수 있는 부분은 교육환경의 타당한 투입을 통하여 영재교육이 이루어질 수 있다는 가능성을 열어 둘 필요가 있다.

심리적인 건강 정도

지금까지의 신화　영재아는 일반아동보다 적응을 좀 더 잘하고 인기가 있으며 행복해한다. Terman은 연구대상이었던 표본 집단의 심리적인 정서 상태가 긍정적이고 건강하였다는 연구결과를 제시하였다. 이때의 IQ 평균은 135 정도였다.

앞으로의 모형　여기에서 Terman이 연구 집단으로 선택한 결과를 얼마나 일반화시킬 수 있느냐가 문제로 제기될 수 있다. Hollingworth는 영재의 개념을 상(IQ 150 이상) · 중(IQ 135~150) · 하(IQ 120~135)로 개념화하면서, 상에 속하는 영재아는 정신적으로 건강하지 않다고 지적하였다. 이 극단적인 영재아는 친구의 공통 관심사에 흥미가 없고 외톨이가 된다.

극단적인 영재아는 또래와의 공통적인 관심이 비교적 적어서 학급에서 외톨이인 경우가 있다. 극단적 영재아는 극도로 긴장하고 내성적이며 외로운 고독을 즐긴다. 홀로 시간을 보내는 것은 지식 획득과 기능의 발달을 낳기 때문에 고독의 보상은 크다. 잘 적응한다는 것이 다른 사람과의 조화를 의미한다면 이 영재는 분명히 적응하지 못한다고 볼 수 있다. 이 영재들은 자신이 다른 사람과 다르다는 점을 안다. 그리고 학습과 성취에 대한 노력과 집착을 함께할 만한 사람을 발견하지 못하면, 고독해하고 외로워하며 절망한다. 또한 오만해지고 다른 사람을 경멸할 위험성이 있는 반면에, 자아존중감이 없는 미성취아가 될 수도 있다.

모든 어린이는 영재아다

지금까지의 신화　모든 아동은 영재성이 있으므로 학교에서 심화와 속진을 필요로 하는 특별 집단에 대해 교육할 필요는 없다.

앞으로의 모형　모든 아동이 상대적인 의미에서 장단점이 있는 반면에, 어떤 극단적인 아동은 한두 영역에서 극단적인 특징을 가지고 있다. 이러한 극단적인 영재성을 가진 아동은 지진아 교육에서와 마찬가지로 특별한 교육환경이 필요하다.

전형적으로 음악에 영재성을 가진 어린이는 수준에 맞는 특별한 음악교육을 받는다. 그러나 학문적 영재아동은 교육기관이 갖춰지지 않아서 학교 밖에서 교육을 받지 못하고 있다. 미술에 영재성을 가진 아동은 학교 미술시간에 충분한 환경을 제공받지 못한다. 그래서 미술영재아는 보통 멘터를 통해 교육을 받거나 자율학습을 한다. 미술영재도 음악영재와 마찬가지로 특별한 교육을 필요로 하기 때문이다. 체육영재는 학교 밖에서 훈련을 받는데, 스케이팅, 수영, 테니스, 발레 등을 특별한 코치로부터 특별한 교육을 받고 있다.

그러나 학문적 영재아는 일반아동이 받는 교육을 받는다. 특별교육을 받는다 하더라도 보통은 창의적이고 사고적인 교육을 위한 심화 학급에 일주일에 한 번 참석할 뿐이며, 영재성과 관련된 특별한 학습은 하지 않는다. 구별하기 쉬운 지수인 지능지수로 보더라도 이들은 보통 지능지수가 130 정도다. 그래서 이들은 보통 정도의 영재를 위한 교육을 받는다.

그러나 우리는 5~6년 정도 조숙성을 나타내는 우수한 영재가 있다는 사실을 알 필요가 있다. 이들을 위한 가장 좋은 프로그램, 학급, 학교라고 해도 오늘날 주어지는 각종 프로그램은 그 한계점을 나타내고 있다. 한 예로, IQ 180과 IQ 130 간에는 분명한 차이가 있다. 우리는 그들을 동일 집단으로 취급해서는 안 된다. 극단적인 영재아에 부여하는 각종 교육환경은 그들에게 맞추어 조정되어야 한다. 그래야만 그들의 잠재된 가능성을 좀 더 발달시킬 수 있고 그들이 교육환경에 만족할 수 있다.

극단적으로 우수한 언어능력이나 수리력을 가진 아동은 극단적으로 우수한 미술영재 혹은 음악영재와 같은 교육을 필요로 한다. 그들은 자극과 도전에 굶주려 있다. 이러한 영재아들에게 많은 관심을 두면 둘수록 이들의 잠재된 가능성은 더 많이 계발될 것이다.

물론 현재 영재성에 대한 정의는 각 아동의 장점 계발에 관심을 두고 있다. 그러나 5년 이상 조숙성을 보이는 영재아를 위한 영재교육의 개념화는 또 하나의 숙제다. 가능한 한 가지 대안은 영재의 개념을 상·중·하로 재개념화하여 그에 따른 판별과 교육과정을 개발하는 데 있다.

부모의 성화

지금까지의 신화 높은 성취 기대가 영재성을 만든다.

앞으로의 모형 부모의 도움과 노력 없이는 영재성이 계발될 수 없음은 사실이다. 그러나 부모의 강한 지적 압력과 높은 성취 기대가 영재성을 만드는 것은 아니다. 그런데 부모는 종종 영재성을 파괴하며, 특히 정서적인 문제를 일으킨다.

영재아동은 자신에게 성취를 강력히 요구하는 부모를 통해 영재성이 강화된다. 그러나 부모의 너무 강한 요구 때문에 영재아들은 탈진해 버린다. 물론 용기와 자극을 주는 부모가 없다면 영재성은 계발되기 어렵겠지만, 부모의 노력만으로 영재성을 만들어 낼 수는 없다. 다른 한편, 아동이 자신에게 필요한 외적 환경을 마련해 달라는 신호를 부모에게 보냄으로써 부모를 자극하면, 그때 부모는 그 자극을 충족시키려고 노력한다.

여하튼 많은 경우 부모는 영재성을 파괴할 수 있다. 특히 아동의 정서적인 삶보다도 지적 성취에만 관심을 두거나, 자녀의 영재성을 통하여 대리만족을 얻고자 할 때 자녀는 비통한 실패자가 된다.

영재교육에서 부모의 도움과 자극은 분명 필요하지만, 그것이 적절하지 못하다면 영재는 큰 어려움을 겪는다. 특히 자녀가 보이는 영재성의 특성을 모르고 무조건 부모가 바라는 방향으로 욕구를 채우는 교육은 많은 영재아를 불행하게 할 뿐이다.

영재아동은 저명한 어른으로 성장한다

지금까지의 신화 영재아동은 일반적으로 저명하고 창조적인 어른으로 성장한다.

앞으로의 모형 많은 영재아는 저명한 어른으로 성장하는 것이 아니며, 또한 많은 저명한 어른이 어린 시절에 반드시 조숙성을 보이는 것도 아니다. 그러나 많은 영재아들이 전문가로 성장하여 창의적인 일을 한다.

네 가지로 정리할 수 있는데, 첫째, 어려서부터 뛰어난 성취를 하는 영재, 둘째, 어려서는 영재였으나 성장하면서 기억에서 사라지는 영재, 셋째, 어려서는 평범했으나 후에 성취 면에서 영재성을 나타내는 대기만성형 영재, 넷째, 발굴도 개발도 되지 않는 영재다.

많은 연구결과에 따르면, 영재아동은 자신의 삶에서 창의적인 활동과 결과물을 만들고, 특이한 방법으로 문제를 해결한다.

대부분의 영재아동은 성인이 되어도 관심 영역을 바꾸지 않고 자신의 특별한 기술이나 특성을 탈피하지 않아, 이미 성취된 영역에서 전문적인 업적을 남긴다.

어떤 사람은 자신의 흥미를 다른 영역으로 옮겨서, 결국 뛰어난 성취를 이루지 못한다. 부모의 노력 덕분에 부모의 자랑거리로 성장한 영재아동은 어린 시절의 영재성과 관계를 갖는 것을 원하지 않는다.

영재아가 저명한 전문가로 성장하느냐의 문제는 성장 과정에서 어떤 환경이 주어졌느냐와 관련이 있기 때문에 한마디로 정리하기는 어렵다. 그러나 어린 시절의 영재성을 유지한 사람은 그렇지 않은 사람보다 그 분야의 전문가로 활동하는 것이 일반적이다. 이와 관련된 연구결과는 Terman을 중심으로 현재 연구 중인 것으로 알고 있다. 이 문제는 앞으로 우리가 계속해서 탐구 대상으로 삼아야 할 영역이다.

이 문제와 관련한 종단적·횡단적 연구가 필요하다고 생각한다. 이러한 연구가 갖는 의미는 과연 우리나라가 어떠한 사회인가라는 사회의 교육환경 분석과 영재의 발달 성향은 어떠한가에 대한 분석을 통해 영재의 발달 경향을 해석하게 한다는 점에 있다.

영재교육에 대한 새로운 인식의 필요

역기능과 순기능

영재교육은 모든 제도가 그렇듯이 순기능과 역기능을 가진다. 우선 순기능은 두뇌의 척도가 국력을 대변할 미래 정보사회에서의 뛰어난 두뇌 개발의 가능성을 열어 놓았다는 점이다. 이런 배경에서 나온 것이 교육의 수월성이다. 수월성은 평준화의 반대 개념으로 여기기도 하지만, 이보다는 다양성을 중시하는 교육방법이라고 할 수 있다. 이런 시각에서 볼 때 영재교육은 국가 경쟁력을 기르기 위한 방법으로 학생 개개인의 능력을 최대한 발휘할 수 있는 기회를 주었다.

그러나 그에 따른 역기능이 크게 우려된다. 자유시장의 경쟁 논리를 교육에 적용시킴으로써 학생들이 지나친 경쟁 속에서 성장하게 된다는 점이다. 또한 사교육이 공교육 이상으로 비대한 뒤틀린 교육 현실에서 극소수 영재만을 배려하는 교육정책은 자칫 과외라는 광풍을 가져올 가능성이 높다.

따라서 역기능은 극소화하고 순기능을 극대화하는 방향으로 영재교육의 발전 모형을 정립해야만 한다. 경쟁을 통해 교육의 수월성을 확보하고 영재를 발굴, 육성하는 것만이 국가 간 경쟁에서 살아남는 유일한 길이기 때문이다. 그러나 현재의 영재교육은 여러 가지 측면에서 문제점을 안고 있다. 이러한 문제를 해결하기 위해 다음과 같은 논의가 선행되어야 한다.

넓게 생각하면 영재교육에만 국한된 내용이라기보다 한국 사회가 미래 사회에 대처하기 위한 교육활동이라고도 볼 수 있다.

첫째, 인간의 사고력에 관심을 두어야 한다. 인간이 무엇을 어떠한 방식으로 생각하느냐 하는 것은 인간의 가장 중요한 행동 특성 영역이다. 어려서부터 사고력을 계발하는 것은 중요한 교육활동이다. 과거, 현재, 미래를 보며 통찰력을 갖도록 하는 사고력에 대한 관심도 중요하다. 이것은 과거의 자료 분석을 통해 새로운 사고를 할 수 있는 능력을 발전시키려는 데 목적이 있다. 구체적 내용으로, 고차원 사고력, 가치 교육, 사회 드라마 같은 활동을 통해서 미래의 변화를 판단할 수 있는 교육활동을 포함한다.

둘째, 정의적 행동 특성, 좁게는 '자아'에 대한 관심을 확대해야 한다. '나는 누구인가'는 자신의 개념을 정립하는 과정에서 반드시 물어야 될 기본적 질문이다. 영재교육이라고 이름 붙인 지금까지의 활동을 보면 지적 능력에는 관심을 두었으나 정의적 영역은 거의 도외시하였다.

여기에 문제의 한 면이 있다. 인간 발달의 형성은 종합적이고 다원적인 모습일 필요가 있다. 여기서 활동은 자아개념의 형성, 가치명료화, 역할 작용, 가치 방향 등을 포함하는 다양한 특성을 내포한다.

셋째, 창의적 특성에 대한 관심으로 현재의 틀을 뛰어넘는 새로운 시각과 자신만의 고유한 도전적이며 다원적인 사고에 주목해야 한다. 미래사회는 정보사회 혹은 기호사회라고 한다. 정보와 기호를 처리하려면 고도의 창의력이 필요하다. 여기서 다루어질 내용은 브레인스토밍, 창의적 문제해결력, 고차적 사고력 등을 포함한다.

끝으로, 영재교육을 위한 다양한 논의는 우리나라 상황에 적용할 수 있는 한국적 교육활동부터 출발해야 한다. 또한 교육과 연구를 병행함으로써 이론 발전을 통하여 교육활동을 발전시켜 나갈 필요가 있다. 지금까지의 영재교육을 보면, 이론적이고 경험적인 연구보다는 상황에 따른 활동을 통한 교육에 보다 많은 시간이 소요되는 듯하다. 이러한 문제점을 직시하면서 이 분야에 관련된 이론 발전을 위해 지속적으로 연구해야 할 것이다.

영재교육에 관한 제안

첫째, 영재교육은 다양한 전공의 통합적이고 종합적인 사고에서 이론과 실제가 나올 때 그 신뢰성과 타당성을 가진다. 영재교육에 관심을 두고 통합적 사고를 할 수 있는 협의체 구성이 필요하다. 교육학 자체가 이론과 실제를 요구하듯이 영재교육에 대한 접근도 다양하고 종합적인 사고가 요구된다고 생각한다. 한 예로, 영재교육에 대한 출발점은 교육에 대한 철학과 인간에 대한 가정부터 시작된다. 그래서 인간에 대한 특성과 다양성에 대한 합리적이고 충분한 근거가 필요하다. 특히 영재교육에서 그 무엇보다 중요한 출발점이라 볼 수 있는 영재의 판별 과정을 몇몇 잣대로 자르는 의미 없는 접근은 영재교육 자체를 무용지물로 만들 수 있다. 왜냐하면, 의미 없는 잣대는 의미 없는 결과를 낳기 때문이다. 그러므로 판별 과정은 인간의 특성에 대한 종합적인 개념을 가져야 한다고 생각한다. 또한 측정에 대한 다양한 접근으로 측정이 갖는 의사적인 결과, 비신뢰성, 비타당성에 대한 측정학적 이해가 필요하다.

영재교육과정에서도 재론할 필요 없이 통합적 사고가 필요하다. 특히 영재교육에 대한 이론을 현장에 적용하기 위해서는 현장 경험이 필요하다. 영재교육의 꽃을 피우려면 한 사람이 모든 것을 감당하려는 생각을 버리고 다양한 교육학적 배경의 학도들이 영재교육의 필요성을 느끼는 종합적인 사고가 요구된다. 이러한 과정에 대한 이론과 경험적 근거를 교육학에서 찾으려는 노력이 필요하다.

둘째, 영재교육은 논리적이고 합리적인 근거 위에서 일련의 과정의 각 단계가 논의되고 영재교육 모형에 반영되어야 한다. 각 단계에 교육학 분야의 인력들의 역할을 증대시켜야 한다. 교육학의 모든 이론은 영재교육의 과정에 다양한 이론과 경험적 결과를 부여할 수 있기 때문이다. 다양한 주제가 통합된 그 자체가 영재교육의 이론적, 경험적 근거가 될 수 있다.

어떠한 판별이냐에 따라 영재교육의 모든 과정이 형성되어야 한다. 지금까지 영재교육의 현장을 보면, 판별, 교육과정, 교수-학습 활동, 평가가 깊은 연계성이 없이 각 단계로 연구된 후 무의미하게 합산되어 상충되면서 교육의 극대화를 가져오지 못한 것으로 보인다. 그러면 전체 과정의 출발점이 어디인가의 문제가 제기될 수 있다. 보기에 따라 다르겠으나 '상황'이 바로 시작점이다. 우리나라에서 이루어지는 영재교육은 '한국이라는 상황'에서 출발해야지, 외국의 '누구의 모형'을 도입해서 억지로 끼워맞추는 식은 이제 지양할 때다.

셋째, 영재교육과정의 설계와 시행에 관련된 개념의 조화다. 영재교육의 설계와 실제에서 나타나는 개념은 속진, 심화, 정교화, 신기성이라 볼 수 있다. 이 중 어떠한 개념이 영재교육과정에서 의미를 가져야 하는가의 문제는 개념 간의 상충과 조화를 요구하기 때문에 많은 논의가 필요하다.

📝 참고문헌

강철규(1995). 지력사회의 도래와 창의력 교육. 21세기와 우수인력. 영재교육심포지움. 한국영재연구소.

강철규(1997). 한국경제의 구조개혁과제. 서울사회경제연구소.

김주훈(1996). 영재를 위한 학습프로그램 개발 및 지도. 심포지움 자료집. 한국교육개발원.

박경숙(1996). 영재교육 운영의 실제: 속진제 중심으로. 심포지움 자료집. 한국교육개발원.

박준희(1981). 세계의 영재교육. 유네스코한국위원회 편. 배영사.

송인섭(1995). 영재교육과 수월성. 교수신문, 7월 31일.

송인섭(1995). 영재교육의 전제조건. 한국교육신문, 6월 21일.

송인섭(1996). 21세기를 위한 준비. 한국의 표준화된 지능검사의 문제와 전망. 한국교육평가연구회 학술대회.

송인섭(1997). 영재교육에 대한 새로운 인식. 한국교육학회 소식, 제33권 제2호.

송인섭(1997). 정보산업사회와 영재교육. 국제학술대회자료집. GEIK 한국영재연구원.

조석희 외(1996). 영재교육의 이론과 실제(교사용 연수자료). 한국교육개발원.

한국영재연구원(1996). 영재교육 소개책자.

한완상(1995). 21세기와 영재교육. 21세기와 우수인력. 영재교육심포지움. 한국영재교육연구소.

황정규(1998). 학교학습과 교육평가. 교육과학사.

Betts, G. T. (1991). The autonomous learner for the gifted and talented. In N. Colangelo and G. A. Davis (Eds.), *Handbook of gifted education*(142-153). Needham Heights, MA: Allyn and Bacon.

Bloom, B. S. (1974). *Taxonomy of educational objectives*. New York: Mckay.

Colangelo & G. A. Davis (Eds.). *Handbook of gifted education*(142-153). Needham Heights, MA: Allyn and Bacon.

Feldhusen, J. F. (1992). *Talent identification and development in education Sarasota*. FL: Center for Creative Learning.

Gagné, F. (1991). Toward a differentiated model of giftedness and talent. In N. Colangelo and G. A. Davis (Eds.), *Handbook of gifted education.* Needham Heights, MA: Allyn and Bacon.

Gagné, F. (1993). Definitions of Giftedness. In Heller, K. Passow, H. Monks, *International handbook on research and development of giftedness and talent.* Oxford: Pergramon Press.

Gardner, H. (1983). *Frames of mind: The theory of multiple intelligence.* New York: Basic Books.

Guilford, J. P. (1982). The Structure of Intelligent in Maker, C. J. *Teaching model in Education of the Gifted.* London: Aspen System Cooperation.

Renzulli, J. S. (1978). What makes giftedness? Reexamining a definition. *Phi Delt Kappan, 60,* 180-184.

Renzulli, J. S. (1985). *Systems and models for developing program for the gifted and talented.* Manfield Center, Conn: Creative Learning Press, Inc.

Renzulli, J., & Reis, S. (1991). The schoolwide enrichment model: A comprehensive plan for the development of creative productivity. In N. Colangelo (Ed.), *Handbook of gifted education.* MA: Allyn & Bacon.

Tannenbaum, A. J. (1983). *Gifted children: Psychological and Educational Perspectives.* NY: Macmillan Pub, Co.

Tannenbaum, A. J. (1986). Giftedness: A psychological approach. In R. J. Sternberg (Ed.), *The nature of creativity* (99-121). New York: Cambridge University Press.

Taylor, C. W. (1978). How many types of giftedness can your program tolerate? *Journal of Creative Behavior, 12,* 39-51.

Treffinger, D. J. (1982a). Demythologizing gifted education: An editorial essay. *Gifted Child Quarterly, 26,* 3-8.

Treffinger, D. J. (1982b). Gifted Students, regular students: Sixty ingredients for a better blend. *Elementary School Journal, 82,* 267-273.

Williams, F. E. (1970). *Classroom ideas for encouraging thinking and feeling.* Buffalo, NY: Dok Publishers.

Winner, F. E. (1996). *Gifed children.* NewYork: Basic Books.

02

영재교육의 역사[1]

서양의 영재교육 발전과정

고대 스파르타의 모든 소년은 7세부터 학교교육과 훈련을 통해 전투력을 길렀다. 이때의 영재성은 전투 기술과 지도성으로 정의되었다. 군사 교육을 받을 후보자는 출생과 동시에 선별되었는데, 신체적인 결함이 있거나 그 유용성이 의심스러운 유아는 죽음에 직면할 수밖에 없었다(Meyer, 1965).

그리스 아테네의 상류층 사람들은 남자아이를 읽기, 쓰기, 산수, 역사, 문학, 예술, 체육 등을 가르쳐 주는 사립학교에 보냈다(Warmington, 1961). 고등교육 역시 상류층 자녀만이 받을 수 있었는데, 전문교사인 소피스트가 젊은이의 수학, 논리학, 정치학, 문법, 일반 문화, 토론 등을 가르쳤다. 그러나 플라톤의 아카데미에서는 사회계급이 아니라 지능과 신체 발달에 따라 젊은 남녀를 선발하여 무상교육을 실시하였다.

로마 교육은 건축, 공학, 법학, 행정학 등을 강조하였다. 자유 교양 교육이 중요시되어 아동은 초등학교에 다닐 수 있었고, 일부 여학생은 문법학교를 다닐 수 있었지만 고등교육은 받을 수 없었다. 유럽의 르네상스 시대는

---

1) 송인섭 외(2004), 영재교육의 기초(한국시험정보은행)의 내용을 일부 수정하여 수록하였음.

우수한 예술, 건축, 문학 작품이 양산된 시기였다. 강력하고 부유한 국가는 창의적인 영재를 부와 명예로 보상해 주었다.

고대와 중세 사람은 주로 어린 나이에 조숙함을 보이는 '신동'에게 관심을 가졌다. 그중에는 성인이 되어 천재성을 발휘하는 사람도 있지만 대부분 유년기와 청년기를 지나면서 비범한 재능이 소멸되었다. 고대와 중세의 신동은 특별한 재능이 있지만 위험한 사람으로 인식되었다.

고대에는 '신동'은 하늘이 내린 사람으로 일반인과 다르게 탄생한다는 신화가 있었다고 보았다. 중세 사람은 신동이 악마성을 가졌다고 의심하였으며, 14세기 중반에 이르러서야 신동에 대한 관심이 커지면서 조기교육에 대한 부모의 관심이 생겨났다. 근대 16세기 이후에 천재는 감탄과 동경의 대상이 되었고, 18세기에는 신동이 위조되기도 하여 재능의 진위를 시험받기도 했다. 20세기에 '영재'라는 용어가 등장하면서 신동과 같은 극소수의 영재뿐만 아니라 3~5%에서 24% 정도의 탁월한 능력을 지닌 보편적 영재의 의미로 확대되었다.

미국 영재연구의 역사는 100여 년이 넘는데, 1920년대까지는 Terman과 Hollingworth가 한 종단 연구들이었으며 1920년대와 1930년대에는 주로 천재성, 우수성, 탁월성 등에 관련된 연구였다(전경원, 2000). 1930년대와 1940년대에는 영재의 특징을 기술하거나, 영재성의 정의와 판별에 대한 연구가 주로 이루어졌다. Newland(1976)는 1944~1953년에 이루어진 영재연구의 특징을 영재의 잠재력에 대한 관심, 영재의 특성에 대한 관심, 그리고 영재와 그들의 문제에 대한 점진적인 연구의 증가 등이라고 보았다. 1953~1960년에는 영재 판별에 대한 연구와 Baldwin 등의 비인지적인 영역의 재능을 판별할 수 있는 검사도구에 대한 연구가 이루어졌다. 1963~1965년에는 창의적 사고의 본질이나 탁월한 지적 능력의 개념 등에 대한 연구가 점차 늘어났다. 이와 같이 20세기 전반기에는 Galton, Terman, Hollingworth, Guilford 등의 연구로 영재교육의 학문적 기초를 다지게 된다. 이 사항을 구체적으로 살펴보자(송인섭 외, 2001; Davis & Rimm, 1994).

유전적 천재, Francis Galton

영국의 과학자 Galton(1822~1911)은 지능(혹은 천재)과 지능검사에 지대한 공헌을 하였다. 그는 지능이 시각, 청각, 후각 등과 같은 감각의 예민성과 관련이 있다고 주장하면서 시청각 변별력이나 반응 시간을 통하여 지능을 측정하였다. 또한 다윈의 영향을 받아 인간의 지능은 자연적으로 선정되고 유전된다고 하였다.

Galton(1869)은 19세기 후반의 영재교육에 지대한 공헌을 한 사람으로 손꼽힌다. 그는 수집한 많은 양적 연구 자료들을 바탕으로 통계적 방법을 사용하여 인간의 능력 범위를 설명하였다. 영재에 관한 최초의 문헌이라고 할 수 있는 『유전학적 천재(Hereditary Genius)』를 통해 인간의 지능은 유전적 요소를 지녔다고 제안함으로써 지능의 유전과 환경에 대한 논쟁을 벌이기도 하였다. 그의 연구로 인간의 지능에 대한 개인차는 체계적인 연구 분야로 자리잡게 되었고, 훗날 Cattell과 Thorndike와 같은 지능 연구자에게도 영향을 주었다.

지능의 유전성에 대한 Galton의 주장은 오늘날에도 일부 심리학자의 지지를 받고 있다. 예를 들어, Gage와 Berliner(1988)는 Jesen(1969)의 쌍생아 연구를 바탕으로 지능의 75~80%는 유전으로 이루어지고 20%는 환경에 따라서 형성된다고 주장하였다. 그러나 많은 심리학자나 교육학자는 환경과 학습이 지능 형성에 더 큰 역할을 한다고 주장하였다. Galton 등의 지능 연구자의 지능의 개인차에 대한 연구는 영재교육 연구의 태동이 되었다.

19세기 후반기의 영재교육은 미국의 존스홉킨스 대학교와 하버드 대학교에서 시작되었다. 1876년 Gilman 총장을 시작으로 존스홉킨스 대학교는 영재교육 발전에 혁혁한 공을 세웠다. Gilman 총장은 영국의 수학자 Sylvester를 초빙하여 미국수학회를 조직하였고, 이를 바탕으로 수학영재아 연구인 SMPY(Study of Mathematical Precocious Youth)를 지금까지 계속하고 있다. 또한 1875년 James가 하버드 대학교에 첫 심리학 연구실을 창설하였고,

James의 제자 Hall이 이곳에서 첫 심리학 박사가 되었다. Hall은 미국심리학회(APA)를 창설하였고 클라크 대학교의 총장이 되어 영재교육 연구가인 Terman을 지도하였다. 후에 Terman은 20세기 전반기의 영재교육에서 가장 중요한 역할을 하게 되었다(Davis & Rimm, 1994; 송인섭 외, 2001).

현대 지능검사의 근원, Alfred Binet

프랑스의 Binet는 지적 능력의 부족으로 정상 수업을 받을 수 없는 아동을 판별하여 특수학급에서 특별교육을 받도록 하는 데 필요한 검사도구를 고안하였다. 그 당시만 해도 아동의 능력에 대한 교사의 판단은 온순함, 청결함, 사회성과 같은 아동의 특성에 따라 직감적으로 이루어졌다.

Binet는 주의집중력, 기억력, 판단력, 추론 능력, 이해력 등을 측정하여 정상 아동과 우둔한 아동을 판별하였다. 그의 지능검사는 교사의 판단으로 아동을 지능에 따라 판별할 수 있도록 해 주었다(Binet & Simon, 1905a, 1905b). 또 다른 그의 공헌 중의 하나는 정신연령(mental age)이라는 개념의 도입이다. 정신연령이란 아동의 지능이 자신의 실제 연령과 일치하여 발달하기도 하고 더 빨리(혹은 더 느리게) 발달하기도 한다는 개념이다. 그의 지능검사는 Godad의 타당화 연구(1910~1911)를 통하여 모든 능력 수준의 아동을 판별하는 도구가 되었다(Davis & Rimm, 1994).

Lewis Terman의 Stanford-Binet 지능검사와 영재아 연구

심리학자 Terman은 1916년에 Binet-Simon 검사를 미국 문화에 알맞게 개정한 Stanford-Binet 지능검사를 발표한 것과 영재아를 종단적으로 연구한 업적으로 영재교육 운동의 선구자로 불린다.

그와 동료들은 1922년과 1928년에 Stanford-Binet 지능검사의 상위 1%(지능지수 135 이상)에 속하는 1,528명의 아동을 판별하였다. 판별된 영재아의 평균 연령은 12세였으며 남아 856명, 여아 672명으로, 대부분 캘리포

니아 주의 대도시에 거주하였다. Terman과 동료들은 검사, 질문지, 면접 등의 방법으로 선별된 영재아의 신체적, 심리적, 사회적 발달 및 직업 세계에서의 활동 등을 거의 75년 동안 연구하였다.

그들의 초기 연구에는 부모, 교사, 진료 기록, 심지어 특정한 신체 부위 (머리)의 측정까지 포함되었다. 연구 결과는 『천재에 대한 유전적 연구 (Genetic Studies of Genius)』 시리즈로 발표되었다(Cox, 1926; Terman, 1925; Terman, Burks & Jensen, 1930; Terman & Oden, 1947, 1959).

Terman의 연구에 참여한 영재아는 모든 측면의 검사에서 질적으로 우수하였다. 이들은 지적으로 우수한 학생이었으며 심리적, 사회적, 신체적으로 보통 사람보다 더 건강하였다. 그는 이러한 과학적인 근거를 바탕으로 영리한 학생이 약하고 매력이 없으며 정서적으로 불안정하다는 통념은 사실이 아니라고 주장하였다.

그의 연구에서 밝혀진 그 밖의 다른 중요한 사실은 다음과 같다.

첫째, 잠재적 능력에 따라 초ㆍ중등학교 시절에 월반한 학생의 수행은 그렇지 않았던 학생보다 더 우수하다.

둘째, 가장 성공적인 영재와 그렇지 못한 영재 간의 차이를 보여 주는 주요 지표는 가족의 가치관과 부모의 교육 수준이다. 예를 들어, 그의 연구에서 '가장 생산적인 집단'으로 분류된 영재아를 둔 부모의 50%가 대학을 졸업했지만, '가장 비생산적인 집단'으로 분류되었던 영재아를 둔 부모의 85%는 대학을 졸업하지 않은 것으로 나타났다.

셋째, 지능검사 점수만으로 영재아를 판별하는 데는 한계가 있다. 이러한 방법으로는 예술적, 창의적 영재와 특정 영역에서의 영재를 확인할 수 없다.

넷째, Terman은 영재아의 정신적, 사회적 건강에 관해 상담을 받고자 하는 영재아의 요구에 여러 해 동안 교육자가 관심을 기울이지 않는 등, 영재 아동의 인지적, 사회적, 정서적 측면에 대한 적절한 교육 지원이 이루어지지 못하였다고 지적하였다.

영재교육의 양육자, Leta Hollingworth

Stanley(1978a)는, Galton은 영재교육의 할아버지이고, Binet는 영재교육의 탄생을 도운 산파이며, Terman은 영재교육의 아버지라고 하였다. 그리고 컬럼비아 대학교의 Hollingworth는 영재교육의 양육자라고 하였다.

Hollingworth는 1916년부터 뉴욕을 중심으로 영재 판별과 영재교육에 적극적으로 참여하였다. 그녀는 영재아는 '독창적 사고가'이므로 생산적 습관이나 리더십과 관련된 태도나 동기를 발달시킬 수 있는 교수적 도움이 필요하다고 주장하였다(Delisle, 1992). 또한 상담을 통한 영재아의 '정서교육'에 공헌하였다. Terman은 영재아의 정신건강이 비교적 양호하다고 하였지만, Hollingworth(1942)는 지능이 높은 아동은 정신이 매우 나약하다고 하였다.

지적 발달은 아동의 연령과 신체 발달보다 먼저 이루어지기 때문에 사회적, 정서적 문제가 나타난다. 예를 들어, 또래에 비하여 차원 높은 어휘를 구사하고 규칙이 복잡한 게임을 좋아하는 아동은 보통 아동과 어울리지 못할 것이다. Hollingworth는 영재아에게 여러 가지 상황에서 그들이 보통 아동과 친구가 될 수 있다는 것을 이해시키려고 하였다. Hollingworth(1942)는 지능지수 140 이상인 아동은 학급에 있는 시간의 절반 정도를 '엉뚱하고 비생산적인' 활동에 소비하며, 지능지수 170 이상인 아동 역시 대부분의 시간을 무가치한 활동에 낭비한다고 하였다.

또한 많은 성인이 조숙한 아동을 이해하지 못할 뿐만 아니라 그러한 아동의 지식을 조롱하기까지 한다고 하였다. 이에 따라 영재아는 그들의 지적 요구를 충족시키지 못하는 학교에 냉담해지고 더 나아가 권위자에 대한 부정적인 태도를 발달시킬 수도 있다고 하였다.

옛 소련의 스푸트니크호 발사

영재교육에 대한 관심은 1970년대에 절정기에 이르렀는데, 그 시발점은 바로 1957년 옛 소련의 위성 스푸트니크호의 발사였다. 이 사건 이후 미국의 교육, 특히 영재교육 정책을 비판했던 보고서가 많은 관심의 대상이 되었다. 예를 들어, 교육정책위원회(Educational Policies Commission, 1950)는 정신적으로 우수한 아동에 대한 무관심이 예술, 과학, 전문 분야에서 큰 손실을 야기할 것이라고 지적하였다. 또한 1957년 이후 미국과 옛 소련의 교육을 양적, 질적 측면에서 비교한 보고서가 많이 발표되었다.

Tannenbaum(1979)은 스푸트니크호의 여파를 '영재교육의 도화선'이라고 하였다. 즉, 영재아를 위해서 교육과정을 조기에 이수할 수 있게 되었으며, 대학에서 가르치는 과목이 고등학교에 개설되었고, 초등학교에서는 외국어를 가르치기 시작한 것이다. 뿐만 아니라 공적, 사적 기금 중의 일부가 과학과 공학 교육을 위하여 마련되었다. 속진제와 능력별 집단편성이 실행되고 영재아 판별에 노력을 기울였다. 또한 수학과 과학 교육과정이 새롭게 개발되었다. 고등학교에서는 높은 학업 기준과 직업관에 대하여 새로운 인식이 나타나기 시작하였다. 영리하고 재능이 있는 학생은 "잠재력을 계발해서 자신의 능력을 국가 봉사에 활용해야 한다."라는 Tannenbaum(1979)의 표현에서 알 수 있듯이 어려운 과정을 택해야 했다.

스푸트니크호의 여파는 대단했지만 영재교육에 대한 강렬한 관심은 5년도 지나지 않아서 시들어 버렸다. 1970년대 중반부터 다시 부흥한 영재교육은 현재 많은 주에서 활발히 실행되고 있지만 능력별 집단편성을 반대하는 운동 때문에 일부에서는 발전되지 못하고 있다.

창의성을 강조한 Guilford의 APA 연설

1950년에 Guilford가 APA에서 '창의성'의 중요성에 대해 연설한 이후 창의성에 대한 연구가 본격적으로 이루어지기 시작했으며, 창의성의 개념, 판별, 영재성과의 관계 등이 핵심 연구 주제로 부각되었다. 특히 1957년 스푸트니크호 발사를 기점으로 20세기 후반기의 영재교육은 '창의성'과 영재성에 관한 연구, 다양한 영재교육 프로그램 개발, 영재 개념의 확장, 장애영재 연구 발전 등 대략 네 가지의 큰 흐름이 나타났다(전경원, 2000).

과학과 수학을 중심의 다양한 영재교육 프로그램 개발

20세기 후반기의 흐름은 다양한 영재교육 프로그램 개발이다. 옛 소련이 1957년 스푸트니크호를 발사하여 미국 교육에 경각심을 불러일으킨 것을 계기로, 미국은 영재교육에 박차를 가하였고 막대한 예산을 교육에 투자하였다. 1958년 국가방위교육법(National Defense Education Act)을 제정하고 1960년대에는 새로운 교육과정 개발을 시도하였다. 그 결과, 물리에서는 PSSC(Physical Science Study Committee), 생물에서는 BSCS(Biological Science Curriculum Study), 지구과학에서는 ESCP(Earth Science Curriculum Project), 수학에서는 SMSG(School Mathematics Study Group) 등의 교육과정 개발의 개혁을 가져왔다. 수학과 과학의 혁신적인 교육과정 개발은 실로 미국 발전의 원동력을 뒷받침하였다. 그후 교육과정 개발에 주력하여 수학, 과학 영역의 혁신적인 프로그램을 확산 보급한 결과, 미국은 러시아를 앞서 오늘날 영재교육을 주도하고 있다.

이런 노력의 결과로 미국은 러시아를 제치고 달 착륙에 먼저 성공했고, 지금까지도 범국가적으로 영재교육을 계속하고 있다. 현재 러시아는 미국을 비롯한 자본주의 국가를 앞지르기 위해 국가 차원의 영재교육을 실시하고 있고, 모스크바 대학교와 노보시비르스크 대학교의 부설 기관에서 수학과 물리 영재교육을 하고 있다. 이와 같이 미국을 비롯한 자본주의 국가와 러시아 등의 사회주의 국가에서 영재교육은 계속되고 있다.

1960년대 중반에는 개인차에 대한 관심으로 개별화 교육이 거론되기 시작했으나, 영재교육은 소수 민족, 다양한 문화적 배경을 지닌 학생, 교육 실조 상황에 놓인 학생을 위한 교육 때문에 뒷전으로 물러나게 되었다(전경원, 2000).

1990년대의 영재교육

최근 들어 영재의 개념이 확장되었다. 1972년 미국 교육부의 Marland 보고서 이후 영재의 개념은 창의성을 포함한 복합적인 재능의 개념으로 확장되었다. 1990년대에 이르러 미국 대부분의 주에서는 영재교육과 관련된 법률을 제정하고 재정적 지원을 하였다. 많은 교사와 행정가가 영재교육에 참여하였고 대부분의 교육 당국에서는 영재교육 프로그램을 개발하고 서비스를 제고하였다.

연구자, 교사, 교재 제작자는 수학, 예술, 과학, 의사소통 기술, 기능학습법, 리더십, 창의성, 그리고 그 밖의 사고기술 등의 교육에 도움을 줄 수 있는 논문, 도서, 검사, 새로운 자료 등을 꾸준히 개발하고 있다. 또한 영재아에 대한 상담 과정을 영재교육 프로그램에 포함시켜야 한다는 인식이 널리 수용되고 있다.

영재교육은 프로그램 개발과 더불어 세계적인 추세가 되었다. 미래의 세계 지도자와 전문가는 곧 현재의 영재라고 할 수 있기 때문에, Passow (1989)는 세계적인 문제에 대한 인식과 책임감을 고조시킬 수 있는 국제적인 영재교육 프로그램 개발을 제안하였다. 그러한 프로그램에는 타문화 이해와 평화, 핵무기 확산에 따른 문제점, 기아, 제3세계의 인구 문제 등이 포함될 것이다.

미국의 국립영재연구소

Renzulli는 최근 코네티컷 대학교를 중심으로 국립영재연구소(National Research Center on the Gifted and Talented: NRC/GT)를 설립하였다. NRC/GT는 영재교육과 관련된 핵심 문제와 실제에 관한 연구를 수행한다. 코네티컷 대학교뿐만 아니라 조지아 대학교, 버지니아 대학교, 예일 대학교 등이 공동으로 참여하는 NRC/GT의 다섯 가지 목적을 구체적으로 살펴보면 다음과 같다.

첫째, 공정한 판별 절차와 효과적인 프로그램 운영 방법을 연구한다.

둘째, 인종, 문화, 이중 언어 사용자, 장애아, 지리적 집단 등이 매우 다양한 학교에서 영재 판별 절차와 영재교육 프로그램을 실제로 실행할 수 있도록 재정, 행정, 정책 그리고 담당자 연수 활동 등을 기술한다.

셋째, 영재교육과 관련된 정보를 교육자, 정치가, 부모 등에게 제공한다.

넷째, 영재교육이 주와 교육청의 정책, 규정, 자원, 학교개혁 등에 효과적으로 반영될 수 있도록 한다.

다섯째, 영재교육의 미래, 일반교육의 미래, 그리고 영재교육과 일반교육의 통합과 관련된 연구를 수행한다.

중국의 영재교육 발전과정

고대 중국의 영재교육

전경원(2000)은 영재교육의 출발이 고대 중국에서 시작되었다고 본다. 수천 년 전부터 전국의 신동을 발굴하여 '황제 학교'를 국가에서 운영했던 중국은 실로 오랜 영재교육의 역사를 지니고 있고, 오늘날까지도 영재교육에 많은 관심을 쏟고 있다. 중국과학원과 중국초상아동연합이 공동으로 영재교육 연구를 주도하고 있다. 1978년 전국에 50개의 영재교육 시험학교를 설치하고, 영재아동을 위한 교육법 개발을 집중적으로 연구하여 국가가 직접 영재를 관리하고 있다.

618년경의 당나라는 영재아를 중요시하여 비범한 재능을 보이는 아동을 왕궁으로 불러 재능을 확인하고 계발시켜 주었다. 그 당시에는 중국의 현대 영재교육에서도 중요시되는 몇 가지 원칙을 다음과 같이 실천하였다고 한다 (전경원 2000; 송인섭 등, 2001).

첫째, 고대 중국인은 영재성의 다중 재능 개념을 수용하였다. 그들은 문학, 지도력, 상상력, 독창성과 독서 속도, 기억 용량, 추론, 지각력과 같은 지적 능력과 지각 능력 등을 가치 있는 것으로 생각하였다. 둘째, 고대 중국인은 평균적인 성인 수준에 해당하는 조숙한 청소년, 재능이 나중에 발현되는 보통 청소년, 영재성이 전 생애에 걸쳐 나타나는 비범한 청소년 등과 같은 개념을 사용하였다. 셋째, 고대 중국인은 아무리 우수한 영재일지라도 특별한 교육을 받지 않으면 능력을 완전히 계발할 수 없다는 것을 인정하였다. 넷째, 모든 아동은 사회계급에 상관없이 능력에 적합한 교육을 받아야 한다는 공자의 사상을 수용하였다.

이렇듯 중국은 재능이 있고 능력이 뛰어난 사람을 따로 모아서 가르쳤다. 이에 관한 문헌을 뚜렷이 찾아볼 수는 없으나 홍콩의 Kwok의 연구를 보면, 중국에는 문관시험인 Civil Service Exam이라는 제도가 1905년까지 3,000년 동안 존속해 왔음을 알 수 있다. 즉, 몇천 년 동안 정부 관료를 등용하기 위해 국가시험제도를 두어 특출한 어린이의 발굴과 교육에 주력했던 것이다(전경원, 2000).

이 제도는 아동시험(Child Exam)이라고도 알려졌는데, 중국의 고대 기록에는 이런 아이가 어릴 적부터 재능이 있고 언어가 아주 유창하다는 것을 주시했다고 쓰여 있다. 그들은 이러한 어린이를 신동 또는 초자연적 힘을 지닌 어린이라고 불렀다(전경원, 2000). 중국은 신동을 주시했을 뿐만 아니라, 정부도 이들의 재능을 길러 주는 데 관심을 기울였다. 특수시험제도나 보상제도 같은 것을 두었고, 이런 시험은 아동시험으로 알려져 왔다. 이러한 시험에서는 탁월한 기억력을 영재의 특성 중의 하나로 손꼽았다.

한나라 때는 시험에 통과한 영재에게 사무관직 자리를 주었고, 당나라 때는 국가, 지방, 마을별로 3등급의 시험을 치렀다. 또 송나라(960~1126) 때는 추천된 신동을 황제가 직접 면접하였다. 원나라 시대의 신동은 황제학교에서 교육을 받았고, 명나라 때는 신동을 위한 특수학급에서 교육이 이루어져 미래 고위 정부 관직에서 일할 준비를 하였다.

Kwok(1988)에 따르면, 중국의 역사 속에서 이 제도가 폐지되기도 하였는데, 이 시험제도가 기억력에 많은 비중을 두어서 읽기능력이나 시험문제에 답하는 능력이 부족해졌다는 데 원인을 두고 있다. 추측컨대, 그 당시에는 우수한 기억력을 영재로 정의한 것으로 보인다.

또 다른 문제로는 신동이 그들의 부모와 가족과 따로 떨어져 살아야 하기 때문에 비인간적 행위라 하여서 반대하는 부모가 많았다고 한다.

그 한 예를 보면, 송나라 때 요주라는 고을에 주석천이라는 신동이 있었는데, 대여섯 살 어린 나이에 사서삼경을 줄줄 외자 조정에서 신동과거제도를 두어 주석천을 발탁하고 분에 넘치는 벼슬까지 주었다(전경원, 2000). 그러자 요주에서는 아이가 대여섯 살만 되면 앞을 다투어 사서삼경을 가르쳤는데 죽룡과 대오리로 엮어 만든 농에 새처럼 가두고 암기를 강요하였다고 한다.

그래서 얼마 후 이 신동과거제도는 폐지할 수밖에 없었다. 급제하는 아이보다 강요된 공부를 감당 못해 죽는 아이가 많았던 것도 한 이유이지만, 그보다 이 신동과거제도를 통해 발탁된 이들이 일선에서 일을 할 때 사서삼경의 경륜을 적용하기는커녕 평가 능력의 부족으로 선악이나 시비도 판단하지 못하여 정사가 제대로 이루어지지 않았기 때문이다.

중국의 현대 영재교육

중국은 일본과 달리 영재교육을 장려하고 있다. 언뜻 보기에 평등을 지향하는 사회주의 국가에서 영재교육에 관심을 갖는다는 것이 이상하게 여겨질 수 있으나, 사회주의 사회에서는 집단 속에서 모범을 찾기 위해 노력한다. 잘하는 사람이 재능을 발휘하면 상을 주고 그 모델을 보며 다른 사람이 집단 활동에 참여하도록 유도하고 있다. 따라서 옛 소련처럼 과학경시대회를 하거나 각종 재능아를 위한 대회에 참여하도록 격려하고 있다.

1966년 이후 문화혁명 기간에는 영재교육이나 조기교육이 금지되었다. 문화혁명의 주도층이 지식인에 대한 거부감이 강하였고, 평등을 강조하면서 개인의 다양한 능력 차이를 인정하지 않았기 때문이다. 그래서 일반학교에서도 학생을 노동현장이나 농촌으로 보냈으며 그나마 교육도 실생활에 필요한 것만 암기 위주로 하였다.

문화혁명으로 중국이 사회적, 정치적, 교육적으로 격동기를 맞이하면서 영재교육은 1800년대 말에서 1900년대 초에 자취를 감추어 버렸다. 중국은 그후로 폐쇄된 문화와 혼란스러운 정치로 서양의 교육제도를 받아들여 영재교육을 시도하려고 하였으나 현재까지 큰 진전을 보지 못하였다. 그러나 덩샤오핑 정권의 과학인재양성정책과 한 자녀 갖기 운동으로 조기교육과 함께 영재교육에 대한 관심이 일고 있다.

덩샤오핑은 1981년 실직적인 권력을 장악하면서 과학과 기술 분야를 발전시켜 선진국 수준으로 끌어올리려는 정책을 추진하였다. 이러한 분위기 속에서 영재교육도 발전하는 듯하였으나 많이 활성화되지는 못하였다.

그후 1980년대부터 다시 영재교육 연구가 활발해지고 적성검사와 같은 다양한 검사가 유행하였다. 지금의 학부모 세대는 문화혁명기 동안 농촌에서 노동을 하느라 교육을 제대로 받지 못해 교육에 대한 열의가 높다. 그래서 이에 대한 보상심리로 자녀들을 유아교육부터 철저히 시키려는 조기교육 열풍이 일고 있다. 이런 조기교육 열풍은 중국의 한 자녀 갖기 운동으로 외동아이가 많아지면서 부모의 교육열이 더욱 높아졌기 때문이기도 하다 (김상숙, 1999). 중국에는 영재교육인 '소년반'이 있어 많은 학생이 참가하고 있다.

한때 영재교육이 성행했던 중국이 서양에서 연구되는 영재교육 분야에 관심을 가지고 다시 부활시켜 보려고 하였으나 정치적인 격동으로 이런 노력이 효과를 거두지 못하기도 하였다. 최근 조기교육 열풍과 함께 영재교육에 대한 관심도 증대되고 있다(전경원, 2000).

우리나라의 영재교육 발전과정

의학서적인 『동의보감』에는 '아이가 일찍 앉고, 일찍 걷고, 일찍 말하고, 일찍 이가 나는 것은 다 좋지 못하다'는 구절이 있다(유안진, 1991). 즉, 우리의 조상은 아기의 관을 보아 재액이 있으면 미리 예방하고자 하였다. 그러나 Terman의 연구결과를 보면, 영재아동은 일찍 걷고 일찍 말한다고 하는데, 과연 우리 조상이 어떤 의미에서 일찍 발육하는 것을 염려하였을까 하는 의구심이 든다. 우리나라는 영재교육에 대한 국가적 차원의 관심 부족으로 영재교육의 발전 정도가 미미한 형편이다. 삼국시대, 근대, 현대로 나누어 영재교육의 발전과정을 알아보고자 한다.

이에 앞서 우선 우리나라에서 영재교육이 존재하였는가 생각해 보자. 과거에 실시된 우열반 편성, 월반제도 등을 영재교육이라고 말할 수 있으나, 영재교육이 우반과 열반을 나누고, 학교를 1년 일찍 들어간다고 해서 이루어지는 것이 아니라고 볼 때, 실제 내용에서 진정한 의미의 영재교육이 진행되었던 것은 아니다.

영재교육의 초기 발달은 대중교육 또는 일반교육의 발달과정 속에 내재되어 변천하였으나 확연히 구분해서 논의될 만큼 분화되지 못하였다. 따라서 여기에서는 주로 일반교육 속에 내재된 영재교육의 실태를 중심으로 시대적인 동질성을 찾아 발달과정상의 시대 구분을 시도하였다(전경원, 2000).

삼국시대의 영재교육

고구려, 백제, 신라의 삼국시대에도 현대의 영재교육이라고 할 수 있는 교육이 부분적으로 이루어졌다.

고구려의 태학 『삼국사기』의 기록에 따르면, 한국 최초의 교육제도는 고구려의 소수림왕 2년(372)에 설립된 '태학'이다. 고대국가로 발전하기 위

한국영재교육의 새로운 지평

한 정치적 이념의 수단으로 사회윤리나 국가도덕이 요구되었던 시대 상황에서 국가의 필요로 태학을 설치하여 교육하였던 것으로 보인다.

태학의 이념과 학제 및 교육제도 등에 대해서는 밝혀진 것이 없으나, 태학의 설립 연대가 불교가 전래된 해이고, 그 다음해에 율령이 반포되었던 것을 보면, 그 당시 고대국가 체제를 확립시키기 위한 일종의 고급교육기관이라고 볼 수 있다. 그러나 태학에서 영재를 위한 별도의 교육이 이루어졌거나 이 기관 자체가 영재를 위한 것이었다는 증거 자료는 없다. 태학에서는 오경삼사와 같은 유교의 경전과 사서를 다루어 학문을 중시하였으며, 또한 당시의 상황으로 미루어 무예를 교육하였고, 문무일치 교육을 강조한 것으로 전해진다.

관학인 태학 외에도 사학의 시초라 할 수 있는 '경당'이 있어 독서를 즐기고 향학열이 높은 서민의 미혼 자제가 모여 주로 독서와 활쏘기를 익혔다(김경식, 1998).

태학과 경당의 대상과 설치 장소는 각기 달랐지만, '학문적 영재'와 같은 사람이 모여서 학문뿐 아니라 무예도 함께 익혀 고대국가로 발전하기 위한 중추적인 역할을 하였다.

백 제　백제는 학교를 세웠다는 기록은 없으나 문화교류나 박사제도로 미루어 인재 양성을 위한 교육이 이루어졌으리라 짐작된다. 첫째, 일본 역사에 기록된 백제와의 문화교류나 사적들로 추정해 보면 문화와 학술이 발달되었고, 따라서 상류계급의 교육기관이 있었다는 점도 쉽게 생각해 볼 수 있다. 둘째, '박사제도'를 두어 왕인을 일본으로 보내 논어와 천문학을 가르쳤다는 점을 보아도 상류계층에 속하는 우수한 자제를 양성하기 위한 교육기관이 있었다고 추측된다.

신 라　신라에는 고구려와 백제 양국의 문화를 보완하고 해체하는 과정에서 독자적인 주체 문화를 유지하면서 특이한 교육 전통인 '화랑도'가 있었다(김경식, 1997).

화랑도는 신라의 고유사상에 외래의 유교, 불교, 선을 수용하여 수양의 지침으로 삼고, 국사를 할 수 있는 인재를 양성하고, 우수한 자를 선발하여 국가 관료로 등용하였다. 화랑도는 미국을 비롯한 서양의 영재성의 범주 안에 포함되는 일종의 '지도자적인 영재' 훈련을 하는 교육단체라 할 수 있다.

교육과정 면에서는 생활교육과정 중심으로 도덕적, 정서적, 신체적, 사회적, 군사적 훈련을 강조하였다. 화랑도는 활쏘기, 말타기, 칼쓰기, 창쓰기 등을 훈련하고, 정서도야에 필요한 시와 춤, 음악도 함께 학습하였다.

수련 방법은 이성도야, 정서도야, 심신단련과 직관도야 등의 세 가지였다. 첫째, 이성도야란 도의 연마로 도덕적 가치를 중시하여 세속오계와 같은 덕목과 결부시켜 생각할 수 있다(이기백, 1967). 현대 영재교육의 '도덕 영재(morally gifted)'와 유사한 개념이라고 할 수 있다. 둘째, 정서도야란 세속적 물욕을 초월하는 인간도야 면의 교육 내용이라고 볼 수 있다. 현대의 '정서 영재(emotionally gifted)'와 유사한 개념의 영재성을 함양하였다고 볼 수 있다. 셋째, 심신단련과 직관도야란 심신을 단련하는 데 그 목적을 두었다고 볼 수 있다. 현대의 '신체 영재(physically gifted)' 교육이라고 볼 수 있다(전경원, 2000).

고려와 조선시대의 영재교육

고 려   고려의 교육은 첫째, 관리 등용에 대비하는 것뿐만 아니라 전인교육에도 큰 목적이 있었다. 고려는 관학으로 중앙에는 국자감이, 지방에는 향교를 두었다. 고려는 성종 11년(992) 12월에 '국자감'을 설립하였다. 국자감에 진학하는 목적은 과거 준비와 밀접한 관계가 있었고, 일단 과거에 합격하면 교육을 더 받을 필요가 없었다. 과거에 불합격하였다고 해도 수업기간의 상한선을 두었다(김경식, 1997; 전경원, 2000).

국자감의 교육 내용은 논어와 효경이 교양 필수과목이었고, 전공으로는 주역과 예기 등 9가지였다. 교육방법은 박사 또는 조교 1인에 학생 5명 정도를 배정하고 궁금한 사항이 생기면 토론하였다고 한다. 한 명의 멘터가 소수의 멘티의 궁금한 점을 함께 고민하고 토론할 수 있었던 점에서 서양의 사사제도와 유사하다.

지방에서는 태조 때부터 지방 자제를 교육하기 위해 향교가 관학의 형태로 설립되기 시작하여, 교육적 관심이 전국적으로 확대되었다.

둘째, 당시의 교육적 상황은 관학이 매우 부진하였으며 과거교육을 위주로 하였기 때문에 실제로는 사학을 택하는 사람이 많았다. 고려시대의 교육기관으로 가장 유명한 사학 열두 가지를 일컬어 '12도'라 하였다. 또한 지방의 서민 자제의 교육을 담당하는 '서당'이 있어 초등교육기관의 구실을 하였다. 이러한 고려의 서당제도는 조선에 와서 매우 발달하게 되었다.

셋째, 과거제도가 처음으로 채택된 것은 고려 광종 9년 때다. 과거제도를 통해 인재를 선발하였는데, 과거시험은 제술업, 명경업, 잡업으로 나누었다. 과거시험의 내용을 보면, 고려사회에서 중시했던 '영재/재능' 교육이 이루어졌음을 알 수 있다. 시, 부, 송, 책 등과 같은 문예 시험을 치루는 제술업과, 제술업과 마찬가지로 문신을 등용하기 위해 서, 역, 시, 춘추 등의 유교 경전을 시험하는 명경업, 그리고 의업, 지리업, 명산법, 주금업 등 기술관을 시험하는 잡업이 있었다. 이 당시에는 문예를 숭상하였기 때문에 제술업과 명경업의 시험에 더 많은 관심을 가졌고, 다양한 재능을 시험하는 잡업은 그다지 중시하지 않았다. 또 오늘날의 체육과 같이 운동능력을 요하는 무과시험은 사실상 고려에는 없었다고 볼 수 있다. 이러한 점으로 미루어 고려사회에서는 학문적 우수아를 중심으로 인재 선발이 이루어졌다고 볼 수 있다.

조선 초기와 중기의 성균관, 사부학당, 향교, 서원, 서당   조선시대는 철저한 신분사회와 유교 중심의 사회로, 최고 교육기관으로는 성균관이 있었고, 연구기관으로 집현전과 홍문관이 있었으며, 한성엔 사학, 지방엔 향교가 있었다. 뿐만 아니라 서원과 서당은 하부 교육기관의 역할을 담당하였다(전경원, 2000).

첫째, 조선 중기 이후부터는 민간 교육기관이 등장하였다. 대표적인 조선 중기의 사학은 서원과 서당이다.

둘째, 서원교육은 도학을 위한 것이었으나, 당시 국가에서 실시한 과거 준비 교육도 부차적으로 실시하였다. 서원은 기초교육의 장이라기보다는 수준 높은 학문적 자세를 지닌 학자 집단이라고 볼 수 있다.

셋째, 서당은 사설 초등교육기관으로 발전하였다. 서당교육은 서민 자제를 대상으로 사부학당이나 향교에 입학할 준비 교육을 시켰다. 서당 설립에 대한 국가의 태도는 방임적이어서 전국적으로 자유롭게 설립되었다.

넷째, 조선시대에 국가 인재를 등용하는 관문은 과거였다. 조선의 과거제도는 고려의 과거제도를 계승하여 더욱 발전시켰다. 조선은 철저한 관료국가였기 때문에 '과거'는 양반사회로의 진출에 유일한 법적 근거를 가져다주었다.

과거제도에는 문과, 무과, 잡과가 있었다. 문과는 학문적 우수 인재를 선발하기 위한 제도였고, 무과는 무예가 뛰어난 '정신운동 능력'을 소유한 인재를 선발하기 위한 제도였다. 그리고 잡과는 그 외의 모든 다양한 '특수 재능'을 지닌 사람을 뽑기 위한 제도였다.

종합해 보면, 이 시기는 대중교육의 미정착 시기로 교육의 목표가 '과거'라는 형식의 전형 과정을 거친 등용이었고, 그 대상 또한 양반이라는 상류계층의 자제로 성균관이나 사학, 향교와 같은 교육기관은 모두 일종의 학문적 우수 인재를 위한 교육기관의 성격을 지니고 있었다고 볼 수 있다(전경원, 2000).

조선 말기 시대적 조류에 따라서 고종 22년(1885)에는 육영공원, 최초의 근대 학교인 배재학당(1885), 고종 23년에는 여성교육기관인 이화학당(1886) 등이 설립되어, 양반 자제부터 서민까지 누구나 학문의 혜택을 입을 수 있는 대중교육이 시작되었다. 이러한 근대 학교제도의 초기에는 중학 과정 이상은 입학시험을 거쳐 입학이 허용되었기에 영재 수준의 학생을 선발하기 위해 과학적인 판별 기준을 적용한 것은 아니지만, 어느 정도 학업적 우수아를 선발하여 교육한 것으로 보인다.

정부는 갑오개혁 이후, 교육행정기구인 '학무아문'을 설립하여 1894년 7월 학무아문고시를 발표하여 영재교육의 시급함을 강조하고, 소학교와 사범학교를 설립하여 반상의 구별 없이 인재를 양성할 뜻을 밝혔다. 고종은 이듬해 1월 7일에 '홍범 14조'를 공포하여 외국의 학술과 기예를 배워 오도록 하였다(조무남 외, 1998).

그러나 1910년 이후부터는 일제의 탄압과 영재교육 말살정책이 시작되고 식민화 교육정책이 시행되었다. 보통학교, 고등보통학교, 전문학교 학제로 교육의 대중화가 다소 진행되기도 하였으나 우민화 교육정책으로 우수인재를 위한 교육은 거의 말살되었다고 볼 수 있다.

해방 이후부터 1980년대까지의 영재교육

1945년 8·15 해방부터 1980년까지는 현대적 의미의 영재교육을 위한 태동기라고 할 수 있다. 이 기간의 특징은 첫째, 1969년의 과학학교 설립 추진위원회의 설립, 둘째, 1978년의 영재아 실험연구학교 운영을 들 수 있다(전경원, 2000).

1969년의 중학교 평준화에 이어 1973년에는 고등학교 평준화 정책이 시작되어 '학력의 하향 평준화' 현상이 일어났다. 이에 교육의 질적 저하가 일어나 교육의 수월성 문제가 제기되었고, 이러한 우려와 함께 현대적 의미의 '영재교육' 용어가 사용되었다. 이 시기에는 학문적 영재를 위한 속진제도, 예술영재교육, 체육영재교육이 주로 이루어졌다.

월반과 조기입학 이 시기에는 우리나라도 서양의 영재교육제도를 도입하여 영재를 위한 월반제도가 생겼다. 이에 따라 학교 성적이 우수한 학생이 학기말 또는 학년말에 월반의 특혜를 받고, 선별된 학문적 영재를 위한 학교 등이 설립된 점은 현대의 영재교육과 유사하다고 볼 수 있다.

예술영재교육   역사적으로 보면, 영재교육을 위한 학교는 과학영재교육보다 예술과 체육 분야의 영재교육을 위한 목적에서 출발하였다. 예술영재교육은 음악, 미술, 무용에 재능이 있는 영재를 조기에 발굴하여 계발하는 교육으로, 1960년대와 1970년대에 예술영재를 위한 학교가 설립되었다. 1953년에 서울예술고등학교, 그후에 경북예고(1965), 국악고(1972), 충북예고(1974), 선화예고(1976) 등이 개교하였다. 고등학교뿐 아니라 중학교에서도 예원학교(1966)와 선화예술학교(1973)가 예술영재를 조기에 선발하여 예술적 재능인을 양성하고 있다.

과학영재교육   첫째, 1969년 6월에 영재교육의 시대적 요청에 따라 각계 권위자 13명으로 이루어진 '과학학교 설립 추진위원회'(가칭)를 구성하여, 영재교육을 담당할 과학학교를 고등학교와 대학에 설립하고 우선 1981년에 국립으로 개교시킨다는 방침 아래 모든 계획을 수립해 나가기로 하였으나, 정치적, 사회적 사정으로 실현되지 못하였다.

둘째, 1978년에 정연태를 비롯한 몇몇 사람이 영재교육 프로그램 적용과 과학고등학교 설립을 건의하기도 하였다. 이런 영향으로 미국에서 개발된 과학 프로그램의 일부를 초등학교 영재를 대상으로 1970년대에 걸쳐서 시험 적용하였다(정연태, 1983).

이 시기에는 교육의 기회균등과 대량 교육, 교육의 자주성과 생산성을 특색으로 정신박약아, 지체부자유아, 영재교육 등에 깊은 관심을 가졌다. 미미하지만 예체능 중심의 예술영재학교가 설립되었고, 과학영재를 위한 실험학교 등이 시작되었다.

일반학교의 영재교육   교육부는 1981년부터 음악, 외국어, 과학, 예술, 체육, 공예, 일반계 분야 등에서 영재교육연구학교를 지정하고 2년 동안 영재교육을 실시하였으나, 학교가 자발적으로 참여하기보다는 수동적으로 실시하였다.

1980년대 이후부터 영재교육을 시도하려는 움직임이 있었는데, 1995년부터 교육부 고시 제1992-16호에 따라 제6차 교육과정에서는 일반 초·중 등학교에서 특정 분야에 탁월한 재능을 보이는 학생의 특성을 파악하여 지 도하도록 하였다.

특수학교의 영재교육 첫째, 1980년대와 1990년대에 예술학교가 증설되 어 현재 18개교가 있으며, 체육영재를 위한 학교도 증설되어 15개 체육고등 학교와 1개 체육대학에서 체육영재를 양성하고 있다. 그리고 2000년 3월에 는 한국예술고등학교가 개교하여 음악, 미술, 연극영화과를 개설하였다. 1993년 개교한 한국종합예술학교는 대학 과정의 국립교육기관으로 예술영 재의 조기 발굴 및 체계적인 교육을 위해 조기입학제도를 실시하고 있다.

둘째, 1983년에는 과학고등학교를 설립하였다. 이 학교는 과학영재성이 있는 영재만을 위한 특수학교로, 일반학생과 분리 교육하며 전원 기숙 생활 을 통해 엘리트 교육을 실시한다(손인수, 1998a, b).

1981년에는 구미에 과학시범고등학교가 설립되었고 1983년부터 1989년 까지 전국에 7개의 과학고등학교가 설립되었다. 그후 1991년에 전북과 부 산에 2개 과학고등학교가 추가로 설립되어 9개 과학고등학교가 되었다. 이 어서 두 군데가 더 개교하여 11개의 과학고등학교가 설치되었고, 1999년에 는 전국 시도별로 과학고등학교가 16곳에 설치되었다. 1986년에는 한국과 학기술대학이 설립되어 과학고등학교와의 연계성을 고려함으로써 과학영 재교육 중심으로 영재교육이 활성화되고 있다.

셋째, 1981년 외국어 영재교육이 시작된 이래 부산외국어고등학교를 비 롯하여 전국에 총 15개 외국어고등학교가 설립되었다. 학교마다 다르지만 영어, 불어, 독어, 중국어, 일어, 러시아어, 스페인어 등의 전공과가 있다.

영재교육기관과 영재학회 발족 첫째, 한국교육개발원에는 영재교육 연 구실이 1986년에 설립되어 '영재아 조기교육'부터 '과학영재의 판별도구 및 프로그램 개발' 등 다양한 영재교육 관련 기초연구와 정책연구가 활발하 게 진행되고 있다.

둘째, 1992년에 한국영재학회가 발족되었고, 같은 해 우리나라에서 아시아·태평양 영재학회가 개최되어 영재교육에 대한 관심이 고조되었다.

셋째, 영재교육에 대한 사회적 요구를 극대화하기 위하여 국제영재교육학회(International Association for gifted and talented in Korea, IAGT)가 2001년에 발족되었다.

1990년대 이후의 영재교육

1990년대 이후 영재교육은 중흥기를 맞아 숨가쁘고 활발하게 진행되었다. 1998년에는 과학기술부 지원으로 전국 8개 대학교에 대학 부설 과학영재교육원이 설치, 운영되었고, 2007년 현재 전국 25개 대학교로 확대 운영되고 있다. 2000년 영재교육진흥법 통과, 2001년 영재교육 중장기(2001~2006년) 종합발전방안 수립, 2003년 영재교육진흥법 시행령 통과, 우리나라 첫 과학영재학교 설립, 시·도 교육청 중심의 영재교육원 및 영재학급 본격 가동 등, 몇 가지 굵직한 변화만 나열해도 참으로 많은 변화와 발전이 있었음을 알 수 있다. 1990년대 이후부터 현재까지의 영재교육 실상에 대하여서는 이 책 전체에서 지속적으로 다루므로 이 장에서는 구체적인 언급을 하지 않겠다.

교육은 역사 속에 현재가 있고 미래를 설계하고 계획을 세울 수 있다는 생각에서 이제까지의 국내외 영재교육의 역사를 간단히 살펴보았다. 영재교육의 역사적 토대의 구축과 발전에 대한 연구는 영재교육의 정체성 확립과 향후 방향 설정에 토대가 됨에도 불구하고 이 분야에 대한 연구가 아직은 거의 부재한 상황이다. 앞으로 우리나라에서 전개될 영재교육은 역사적, 철학적 토대의 발전과 함께 좀 더 활발히 이루어지기를 기대한다.

한국영재교육의 새로운 지평

📝 참고문헌

구자억(1997). 현대중국교육의 심층적 연구. 문음사.

구자억 외(1997). 동서양 주요국가들의 교육. 문음사.

김경식(1998). 교육사, 교육철학. 교육과학사.

김상숙(1999). 세계 엄마들의 일등교육법. 세상의 모든 책.

송인섭 외(2001). 영재교육의 이론과 방법. 학문사.

송인섭 외(2004). 영재교육의 기초. 한국시험정보은행.

유네스코 한국위원회(1986). 세계의 영재교육1. 배영사.

유네스코 한국위원회(1986). 세계의 영재교육2. 배영사.

유안진(1991). 한국 여성 우리는 누구인가. 자유문학사.

이기백(1967). 한국사 신론. 일조각.

전경원(2000). 한국의 새천년을 위한 영재교육학. 학문사.

정연태(1983). 필리핀 과학영재교육. 제1차 아태영재학회 발표 논문.

조무남 외(1998). 교육사, 교육철학강의. 동문사.

한완상(1995). 21세기와 영재교육, 21세기와 우수인력. 영재교육심포지움. 한국영
　　재교육연구소.

Binet, A., & Simon, T. (1905a). Methodes nouvelles pour le diagnostic du
　　niveau intellectuel des anormaux. *L'Année Psychologique, 11*, 191-244.

Binet, A., & Simon, T. (1905b). Sur la necessit? d'établir un diagnostic
　　scientific des états inférieurs del' intelligence. *L'Année Psychologique,
　　11*, 163-190.

Cox, C. M. (1926). The early mental traits of three hundred geniuses. *Genetic
　　studies of genius, Vol. II.* Stanford, CA: Stanford University Press.

Davis, G. A. (1994). *Education of the Gifted and talented.* Allyn & Bacon.

Delisle, J. R. (1992). *Guiding the social and emotional development of gifted
　　youth.* New York: Longman.

Gage, N. L., & Berliner, D. C. (1988). *Educational psychology* (4th ed.).
　　Boston: Houghton Mifflin.

Galton, F. (1869). *Hereditary genius.* London: Macmillan.

Hollingworth, L. S. (1942). *Children above 180 IQ Stanford-Binet: Origin and development.* New York: Word Book Co.

Kwok, C. (1988). *Gifted and Talented education in China: From Asia to modern times.*

Meyer, A. E. (1965). *An educational history of the Western World.* New York: McGraw-Hill.

Newland, T. E. (1976). *The gifted in Socio-educational perspective.* Englewood Cliffs, NJ: Prentice-Hall.

Passow, A. H. (1989). Designing a global curriculum. *Gifted Child Today, 62*(3), 24-26.

Stanley, J. C. (1978a). Concern for intellectually talented youths: How it originated and fluctuated. In R. E. Clasen and B. Robinson (Eds.), *Simple gifts.* Madison, WI: University of Wisconsin-Extension.

Tannenbaum, A. J. (1979). Pre-Sputnik to post-Watergate concern about the gifted. In A. H. Passow (Ed.), *The gifted and the talented.* Chicago: National Society for the Study of Education.

Terman, L. M. (1925). Mental and Physical traits of a thousand gifted children. *Genetic studies of genius, Vol. I.* Stanford, CA: Stanford University Press.

Terman, L. M., & Oden, M. H. (1947). The gifted child grows up: Twenty-five years follow up of a superior group. *Genetic studies of genius, Vol. 4.* Stanford, CA: Stanford University Press.

Warmington, E. H. (1961). Ability and Genius in ancient Greece and Rome. In G. Z. G. Bareday and J. A. Lauwerys (Eds.), *Concepts of excellence in educaion: The yearbook of education.* New York: Harcourt, Brace, and World.

03

정보화시대와 영재교육[1]

정보화시대의 사회구조

21세기는 정보산업시대라고 부르기도 하고 제3의 물결 시대 또는 지식 산업시대라고도 한다. 이 시대는 인간의 개성과 생산성이 그 어느 때보다 더 강조되고 요구된다. 이러한 개성의 존중과 개인의 창의성에 대한 요청은 단순한 심리적 기대가 아니라 다가오는 역사와 사회 체제가 불가피하게 요구하는 구조적 요청이다. 이러한 21세기의 특징을 살펴보면 다음과 같다.

첫째, 21세기의 특징 중 하나는 삶에서 정보통신 문명의 효과를 누리는 시대라고 볼 수 있다. 정보 문명은 거리의 불편을 모두 제거시키는 놀라운 효과를 자아내고 있다. 이 말은 21세기가 일의 원격처리 능력을 급속하게 증가시켜 주는 시대임을 뜻한다.

돌이켜 보면, 산업혁명으로 인류에게 큰 도움을 준 모든 일은 주로 특정 공간에서만 가능하였다. 그런데 21세기에는 특정 장소까지 가야 할 필요가 없어질 것이다. 그만큼 인간은 더욱 자유로워지고 그 자유 속에서 인간의 사고는 활발히 움직일 수 있을 것이다.

---

[1] 송인섭(2000), 정보화시대의 영재교육, 사회 · 교육과학연구, 4(1)(숙명여자대학교 사회 · 교육과학연구소)의 내용을 일부 수정하여 수록하였음.

둘째, 21세기는 부가가치가 높은 소프트웨어에 대한 사회적 요구가 높아지는 시대라고 볼 수 있다. 21세기에는 산업사회에서 제조업이 차지했던 자리를 지식산업이 대치할 것이다. 정보화가 펼쳐지는 21세기는 나라마다 국제경쟁력을 강화하는 데 앞 다투어 노력하고, 그 노력은 간접자본으로서의 초고속 정보통신망 구축과 소프트웨어 개발에 집중될 것이다. 이른바 제2의 물결 시대에 적합했던 표준화된 하드웨어 생산과는 달리, 제3의 물결 시대의 소프트웨어 생산은 표준화나 체계화보다는 창의적 동기를 더 요구한다. 이러한 시대가 요구하는 사람은 어떤 지적 능력을 가져야 하는가를 논의하는 것도 우리의 중요한 과제라고 생각한다.

셋째, 21세기의 정보통신시대는 쌍방향 통신이 가능해지는 시대다. 라디오나 공중파 TV 시대에서 시청자는 객체로 취급되었다. 대중산업사회에서 대중매체는 많은 사회과학자가 염려했던 것처럼 전체주의적 통제의 길을 열 수도 있다. 쌍방향 교육방식에서는 일정한 지식을 기억하고 받아들이는 능력이 아니라 그에 대한 반응을 보이는 능력을 가진 인간상이 요구된다고 볼 때, 현재 이러한 능력을 얼마나 다루고 있는가를 또 하나의 준거로 다루는 것도 21세기를 대처하는 교육에 대한 접근방법이라고 볼 수 있다.

넷째, 21세기에는 자유시장 체제와 민주주의가 더욱 활성화될 것이다. 자유시장 체제는 탈표준화가 필요하고 동질화보다 개성의 차이를 존중하는 시대다. 그러기에 21세기에는 개성과 다양성을 존중하는 가치관이 필요하다. 이런 환경에서는 틀에 박힌 사고가 지배했던 상황과는 달리, 개성 있게 발산적으로 사고하며, 당연한 것도 일단 회의하고, 기존의 것을 끊임없이 개혁하면서 개척하는 모험 정신이 요구된다.

따라서 21세기는 개성과 창의성을 발휘해야만 개인과 사회가 함께 발전할 수 있다. 이러한 정보사회로의 사회구조 변화는 이미 지구촌의 모든 것들에 대하여 지금까지와는 다른 방향으로 재정립할 것을 요구하고 있다. 우리나라의 각종 지표도 이러한 요구에 상응하는 조짐을 나타내고 있다. 한 예로, 대학입시에서는 지금까지의 고정된 틀을 깨고 정보환경을 이끌 인재를 키우기 위하여 대학 정원의 20%를 할애하는 대학입시계획을 발표하였다.

영재교육이란 무엇인가에 대한 질문은 긴 역사를 갖고 있다. 이제 21세기를 바라보는 시점에서 영재교육에 대한 새로운 시각이 필요하다고 생각한다. 영재교육은 오늘의 문제를 비판하는 비판 중심적 관점을 가지고 현재의 영재교육을 재정리한다는 의미에서의 적응 중심적 모형이 되어야 한다. 이러한 문제를 21세기에 대비시켜 볼 때, 우리가 다루는 여러 가지 영재에 대한 논의는 좀 더 포괄적인 시각을 가져야 한다. 이처럼 넓게 보는 시각은 우리가 영재교육에 대한 사고를 어떻게 넓혀야 하는가를 가능케 한다.

정보사회 구조와 영재교육

정보산업사회라는 시점과 상황에 비추어 볼 때, 분명히 21세기는 20세기와 시간의 연속선상에 있지만 많은 차이가 있음을 미래학자는 예측한다. 21세기는 인간의 개성과 생산성이 그 어느 때보다 더 강조되는 시대다. 이같은 개성의 존중과 개인의 창의력에 대한 요청은 단순한 심리적 기대가 아니라 다가오는 역사와 사회 체제 속에서 불가피하다. 정보산업시대의 특징을 두 가지로 나누어 보면 다음과 같다.

첫째, 정보산업시대는 제2의 물결 시대에 적합했던 표준화된 하드웨어 생산과는 달리 제3의 물결 시대의 소프트웨어 생산으로 표준화나 체계화보다 창의적 동기를 더 요구한다.

둘째, 21세기는 자유시장 체제와 민주주의가 더욱 활성화될 것이다. 탈표준화가 필요하며 동질화보다 개성의 차이를 존중한다. 이런 환경 속에서는 틀에 박힌 사고가 지배했던 상황과는 달리, 개성 있고 창의적으로 사고하며, 당연하다고 여겼던 것을 일단 회의하고 기존의 것을 끊임없이 개혁하여야 한다.

다시 말하면, 21세기는 개성과 창의성을 발휘하여 개인과 사회가 함께 발전하는 시대다. 정보사회로의 사회구조 변화는 지금까지와는 다른 방향으로 사회의 틀의 재정립을 요구한다. 그러므로 우리는 영재교육에 대한 초점을 사회구조가 요구하는 창의력에 맞추어야 한다.

정보화시대의 영재교육 패러다임

우리는 정보화시대에 살고 있다. 교육은 시간 차원과 더불어 논의되고 교육 패러다임은 변하고 있다. 정보화시대는 21세기에 전개될 사회에 알맞는 인간상을 만들기 위해 사회경제학적 접근의 변화를 요구한다. 인간의 본성이나 역사 발전의 법칙에 비추어 보아도 역시 동일한 결론에 도달할 것이다. 그러므로 문화적 욕구의 변화에 맞는 교육의 방향 전환이 필요하다.

지력자본주의 사회 21세기는 고차원적인 사고력과 창의력이 요구되는 사회다. 지금까지의 사회가 제도와 자본을 가장 중시하였다면 이제는 우수한 두뇌를 가진 생산적이고 창조적인 인간을 중요하게 여긴다. 이러한 시점에서 5. 13 교육개혁안이 발표되었다.

이 중 다가올 사회와 관련하여 눈에 띄는 것은 영재교육에 대한 사안이다. 이 시대의 사상가 칼 먼 경은 "역사는 스스로 진보하지 않는다. 오직 인간만이 진보시킬 수 있을 뿐이다."라고 하며 역사의 필연과 그 결정론에 반기를 들었다. 그의 사색이 상기되는 오늘의 시점에서 우리는 영재교육에 관심을 갖게 되었다. 그러나 우리의 현실은 외형적으로는 무엇인가 이루어지는 듯하나, 그 내면을 보면 이론적으로나 경험적으로 전혀 준비가 안 된 상태라 해도 과언이 아닐 정도로 방향 감각을 상실하고 있다(송인섭, 1995).

정보산업사회는 지력이 중심이 되는 지력자본주의 사회가 될 것이다. 지력자본주의 사회의 도래를 가능케 한 전제는 과학기술의 발전이다. 컴퓨터의 보급과 정보처리기술의 발달로 기존 사회의 생산구조가 변동하고 있다. 이 변화의 주역은 지식인이다(강철규, 1995).

정보기술의 발달은 첫째, 정보의 집중과 분산을 자유자재로 하는 시스템화를 촉진한다. 즉, 개체가 전체에 대한 정보를 가지게 된다. 그 정보에 기초하여 자율적 판단을 하는 것이 중요하며, 이러한 개체와 전체의 피드백 통로를 통하여 시스템 전체가 잘 보이는 것이다.

둘째, 정보가 조직을 변모시킨다. 무엇보다 기업 조직의 변화를 가져온다. 기업 부문에서도 시장, 기술 정보의 강화와 생산경영 시스템의 효율화가 발생한다. 정보처리기술(IT)의 발달로 정보의 확산과 공유화가 이루어져, 정보가 비대칭적이고 전달 속도가 느렸던 과거의 관료적 조직을 기능적으로 개편한다. 피터 드러커는 다음과 같이 말하고 있다. "정보기술은 필수다. 이는 중간관리층의 축소를 통하여 조직을 줄이고 비용을 절감하여 업무 과정을 단축한다. 즉, 정보가 조직을 변모시키기 시작한 것이다. 많은 관리층이 축소된 것이 사실이다."

셋째, 산업 조직도 변화한다. 정보화시대의 산업 조직은 네트워크 분업으로 연결된다. 시장에서의 고립적 분업 및 대기업 내부의 제약된 기업과는 달리, 각각 자율성을 가지면서 밀접한 상호의존 관계에 있는 분업으로 된다. 이것은 애덤 스미스의 정적인 분업과는 달리 분업이 자기조직화되는 특성을 가진다. 즉, 새로 개발된 기술은 새로운 용도를 찾아내고 스스로 수요와 시장을 창출한다. 기술의 전문화를 가져오는 동시에 스스로 시장을 만들고 자기조직화를 통하여 증식해 나가는 것이다.

넷째, 경쟁의 확대가 진행된다. 정보의 확산은 그 자체만으로 시장경쟁을 확장시키며, 정보통신은 산업의 융합화, 전세계 시장의 24시간 가동, 재고의 감소 등으로 경쟁 촉진의 요인이 된다.

이러한 사회에 필요한 교육 방향은 창의적이고 자율적인 인간 양성이다. 이를 위해서는 다음과 같은 교육의 방향 전환이 요구된다. 첫째, 창의력을 갖춘 전문가를 길러 내는 교육이 필요하다. 다음 시대가 지력 중심의 전문가 사회이므로 이 사회를 이끌어 갈 능력을 갖춘 인력을 양성하는 일이 교육의 목표가 된다. 전문가 중심의 지력 사회는 성격상 다양한 전문 분야가 독자적인 원리에 따라 번창하는 기능주의 사회를 말한다. 이러한 사회의 주역은 다양한 부문에서 창의력을 발휘하는 사람이다. 이들은 각 분야에서 사회

구성원, 즉 수요자와 사회 각 부문의 필요를 발견하고 이를 해결하는 능력을 갖춘 인력이다. 이들은 설계사이며 디자이너이고 문제를 찾아내는 문제 발굴자이며 해결사다. 즉, 단순히 상부의 지시에 따라 조립이나 용접만 하는 공장 노동자와는 다르다. 따라서 사고력이 있어야 하고, 문제를 찾아내어 해답을 얻어 내는 능력을 갖추어야 하며, 변화된 환경 조건에서 신축성을 발휘해야 한다.

둘째, 교육방법이 바뀌어야 한다. 전통적인 교육방법으로는 다양한 부문의 전문가를 양성할 수 없다. 주입식 교육은 스스로 생각하고 해답을 찾는 창의력 배양 교육으로 전환되어야 하고 암기 위주는 사고 위주로 전환되어야 한다. 감각, 논리, 정보기술, 다양성 등이 단순한 암기력보다 훨씬 중요하다. 모든 피교육자를 각각의 개성이나 소질과는 관계없이 획일적으로 만드는 교육이 아니라, 그들의 소질과 능력에 따라 다양한 재능을 계발할 수 있는 교육이 되어야 한다. 또한 직업의 성격에 따라 교육방법도 달라야 한다. 그리고 유연성이 높아지도록 영역 간의 기능을 복합적으로 갖추는 학문의 융합도 필요하다. 흑백 논리가 아니라 다양한 견해가 공존할 수 있다는 것을 인정하여야 하며, 이를 위하여는 강의 위주보다는 토론식 교육이 효과적일 수 있다. 교육자의 권위주의보다는 피교육자의 자율과 자유가 보장되는 자유주의 교육이 중요하다.

대학입시만 보더라도 지금과 같은 대학입학시험제도는 창의력을 기르고 각자의 다양한 소질을 계발하는 데 적합하지 않다. 오히려 그 반대로 나아가고 있다. 현재의 제도는 창의성 교육을 촉진하기보다는 오히려 방해할 가능성이 높다.

셋째, 역할이 획일화되지 않고 다양성이 요구되는 것이 다음 세기에 기대되는 인간의 역할 모습이다. 이는 인간의 능력에 따른 역할이 의미를 갖는 사회를 말한다. 결국 교육심리학은 개인의 특성에 맞는 교육이 이루어지는 방법으로 교수이론을 바꾸어야 한다.

이상의 교육 방향의 전환은 21세기에 전개될 사회에 알맞는 인간상을 만들어가기 위한 것이라는 사회경제학적 접근으로 나온 결론이지만, 인간의 본성이나 역사 발전의 법칙에 비추어 보아도 역시 동일한 결론에 도달한다. 인간의 의식주 등 기본 수요가 충족되는 단계에서 문화적 욕구가 발현되는 단계로 발전하면 이에 맞는 교육 방향의 전환이 필요한 것은 당연한 것이다.

이러한 사회구조와 인간상을 염두에 두고 논의될 교육이 바로 영재교육이다. 우리 사회에 팽배해 있는 교육은 지나치게 획일적이고 단선적 교육이었다. 그러므로 교육제도가 바뀌어야 한다.

끝으로 정보산업에서 요구되는 교육은 생산적인 지적 능력을 요구하는 모형이다. 다시 말하면, 능력 자체가 우리의 지적 능력의 판단 기준이 되는 시대를 의미한다. 이 시대가 요구하는 인간의 지적 능력의 한 측면은 창의적 사고력이다. 그런데 인간의 창의적 사고력은 발상이나 창조 충동을 통제하면 이루어지기 어렵다. 표준화된 하드웨어 생산과는 달리 창의적 동기를 요구하기 때문이다. 창의적 사고력은 교수자 중심이 아닌 학습자 중심의 교육을 통해서 가능하다. 그러므로 앞으로의 시대에는 특히 탈표준화가 요청되며 동질화보다는 개성의 차이를 존중하는 교육이 이루어져야 할 것이다. 이러한 교육은 개인의 개성과 창의력을 존중하는 속진과 심화로 대표되는 영재교육에서 논의될 문제다.

정보화시대의 영재교육을 위한 개념적 모형

영재교육에 대한 전제의 변화

영재교육에 대한 전제 영재교육 문제에 대한 논의는 크게 세 가지 유형으로 서술할 수 있는데, 첫째는 '탈레스(Thales) 유형'이며, 둘째는 '프로크루스테스(Procrustes) 유형', 그리고 셋째는 '레비아탄(Leviathan) 유형'이다.

첫째, '탈레스 유형'이란 오늘날의 영재교육이 전통적 이념의 전수나 상아탑적인 이론주의에만 집착한 나머지, 현실의 문제를 경시하고 시대적 기능을 제대로 수행하지 못한다고 비판하는 유형의 견해를 은유적으로 표현한 것이다. 서양 철학의 시조라 불리는 고대 그리스의 철학자 탈레스가 하늘의 별을 관찰하는 것에만 너무 집중하여 눈 앞에 있는 우물을 발견하지 못하고 우물에 빠진 것처럼, 오늘의 많은 영재교육이 시대적 상황의 변화를 제대로 파악하지 못한 채 이론만 중시하며 상아탑 속의 논쟁만을 지속하고 답습한다는 특정 현상을 비판하는 견해를 받아들여, 시대적 상황을 포용하는 영재교육을 할 필요가 있다.

둘째, '프로크루스테스 유형'은 '탈레스 유형'의 논의와는 대조적이다. 이 유형은 영재교육이 지나치게 현대화의 추세에만 동조함으로써, 상실해서는 안 될 영재교육의 주요 모습이나 이념을 스스로 포기하거나 상실해 가고 있다고 비판하는 견해를 은유적으로 표현한 것이다. 그리스 신화에 나오는 거인 프로크루스테스는 케피소스 강가에 살면서 지나가는 사람을 붙잡아 쇠침대에 눕힌 다음, 사람의 신장이 침대보다 길면 다리를 잘라 버리고 짧으면 늘여서 죽였다고 한다. 이처럼 오늘의 영재교육이 시대 적응(침대)을 위해 그동안 지녀 왔고 지속적으로 전수해야만 하는 고유의 특성이나 이념(신장) 등을 너무 쉽게 포기하고 변형시키고 있는 시대적 현상을 말한다. 따라서 '프로크루스테스 유형'으로 분류되는 논의에 따르면, 영재교육이 사회나 국가와의 관계에서 '사회의 수요-교육의 공급'이라는 도식으로 그 이념이나 기능이 규정되어서는 안 되며, 오히려 영재교육 현장과 사회 간에 적절한 긴장 관계가 유지되는 것이 바람직하다는 것이다.

셋째, '레비아탄 유형'이란 영재교육이 삶에 긍정적인 기능을 하기보다는 오히려 역사를 퇴보시키며, 삶을 억압하는 비인간화와 비윤리적인 행동을 지향하도록 하는 역기능을 수행해 왔다고 비판하면서, 영재교육을 부정하는 견해다.

이 세 가지 유형의 견해 중 탈레스 유형과 프로크루스테스 유형의 시각에서 영재교육을 논의하고자 한다. 이는 영재교육이 시행되는 사회의 철학과 이념 속에서 영재교육의 본질을 유지하면서 생각되어야 하기 때문이다. 따

한국영재교육의 새로운 지평

라서 여기서는 정보화사회 속에서의 영재교육을 논의한다. 이를 위해 먼저 정보화시대의 특징을 살펴보고, 적응 중심적 시각(탈레스 유형)에서 본 영재교육의 문제와 비판 중심적 시각(프로크루스테스 유형)에서 본 영재교육 문제에 관해 서술하려 한다.

인간 특성에 대한 패러다임의 변화 영재교육은 개인이 처한 사회적, 문화적 환경과 관련해서 논의될 필요가 있다. 앞서 말했듯이 영재교육은 진공 상태에서 논의될 수 없다. 영재교육의 기본 구조는 동일하지만 언제, 어디서, 왜 하느냐의 시간적이고, 상황적인 차원에서 영재교육을 논의해야 한다. 지금까지의 영재교육은 시간적으로나 상황적으로 일관성이 있다는 전제를 받아들여 왔다.

영재교육을 위한 내용에서의 강조점은 시간과 상황에 따라 달라져야 한다. 영재교육의 기본 특성은 일관성이 있으나 언제, 어디서, 어떠한 모습으로 강조되느냐는 서로 다를 수 있다는 전제가 필요하다. 시간적, 상황적 일관성을 강하게 전제하면 영재교육의 여러 특성에 대해 정태적인 생각에 빠질 수 있다. 그러므로 정태적 시각에서 동태적 시각으로 영재교육을 하여야 한다.

시간은 자연과학에서는 중요한 변수가 되지만 사회과학에서는 극단적으로 말하자면 망각된 변수가 된다. '교육이 발전해야 경제가 발전한다'는 명제에서 시간은 빠져 있다. 그러나 영재교육에서의 시간 개념은 중요한 명제로 대두될 수 있다.

그러므로 정보산업사회라는 시점과 상황에 비추어 영재교육을 생각해 보아야 한다. 미래학자는 21세기가 20세기와 시간의 연속선상에 있지만 많은 차이가 있을 것이라고 예측한다. 따라서 현재의 영재교육도 앞으로는 어떠한 형태로 강조되어야 하는지를 생각해 보아야 한다. 물론 시간과 상황은 주어지는 것일 뿐 우리의 몫이 아니다. 우리의 몫은 그 시간과 상황에 맞는 영재교육의 개념화다. 이 문제는 앞에서 정보사회의 구조에서 정보사회의 인간성과 관련시켜 이미 논의하였다.

우선 영재의 개념을 보면, 영재성에 대한 초기 연구에서는 일반적으로 지능이라는 단일 요인에 근거하여 개념을 규정하였다. 그러나 지능검사의 타당성과 지능검사에 포함된 특성의 제한성 문제 때문에 지능검사는 영재의 다양한 특성을 측정하는 도구로서는 한계점이 있다고 지적되어 왔다. 지능 요인을 좀 더 넓게 보아야 한다는 제안으로 Guilford의 인간의 지적 능력 모형, 지능과 함께 창의성도 포함되어야 한다는 Getzels와 Jackson의 주장, Gardner의 다중지능이론 등이 있다.

미국 교육부도 영재를 지적, 창의적, 특정 학문적, 지도력 또는 예체능 영역에서 높은 성취의 증거가 있는 잠재력을 지닌 아동으로 보고, 적용 여하에 따라 학령전과 저학년에서도 판별될 수 있다고 하였다. 또한 영국의 교육과학부에서는 영재를 지적 능력이 우수한 자, 지능검사에서 IQ 130 이상인 자, 어려서부터 성취 수준이나 학업성적이 탁월하고 특정한 발달 정도를 나타내는 자, 그리고 교과 영역이나 음악, 운동 또는 예능 분야에서 월등한 성취를 이룰 것으로 기대되는 자로 보았다. Renzulli는 평균 이상의 능력, 과제집착력, 창의성의 세 요소를 도입하고 이 요인이 동일한 비중으로 고려되어야 한다는 점을 강조하였다.

Sternberg(1986)는 영재성을 그의 지능이론인 "요소적 하위 이론으로 설명하면서, 지적 행동을 계획하고, 수행하고, 평가하는 데 필요한 심리적 과정과 기제를 구체적으로 제시하여 지능을 정의한다."라고 하였다. 그는 여러 하위이론에서 나타나는 능력이 어떻게 조합되는가에 따라 여러 형태의 영재성이 나타날 수 있다고 주장하였다. 그리고 "이 삼위이론은 지금까지의 어떤 이론보다도 광범위한 영재성을 포함하며, 이 영재성은 집착력과 창의성까지도 고려되어 정의된다."라고 주장하였다. Sternberg와 Davidson은 Sternberg의 요소적 하위 이론을 빌어 영재성을 통찰력으로 정의하였다.

Gagné(1991)는 "영재성은 인간의 적성 중 한 가지 이상의 영역에서 평균 이상으로 타고난 능력을 말하고, 특수 재능은 인간 활동 중 한 가지 이상의 분야에서 나타나는 평균 이상의 성취를 말한다."라고 하였다. 그러므로 어린 아동에게서 나타난 영재성이 특수 재능으로까지 발전하는 데는 흥미, 집중, 집착력과 같은 동기적 측면과 자아존중감, 자신감, 자율성과 같은 개인 내적 촉진제가 있어야 한다. 이러한 개인적인 요소를 잘 갖추고 있어도 기회가 주어지지 않으면 안 되므로 가정, 학교, 사회의 환경적인 요소가 이런 적성을 계발하는 데 촉진제 역할을 하여야 한다(김주훈, 1996).

이상의 영재의 개념화 과정에서 나타나는 새로운 영재교육의 패러다임의 특징은 단일 개념에서 복수 개념으로의 변화다. 이는 영재의 개념을 Binet 형식의 단일 지수라는 단일 요인이 아닌 복수 요인에 따라 정의하려는 경향과 생산적인 성취 수준으로 보았다는 것을 의미한다. 더 나아가 영재교육의 궁극적인 목적은 아동이 능력과 창의성을 발휘하여 가치 있는 업적을 이룰 수 있도록 이끌어 주는 데 있다는 것을 강조하고 있다.

영재교육을 위한 개념화

일반화하기에는 대단히 위험한 주장이기는 하지만, 그동안 우리가 영재교육이라는 탐구 대상에 포함시켰던 인식의 영역과 범위는 지나치게 협소하고 다양성이 결여되었다. '영재교육'이라고 하면 학생의 학업성취 및 지적 능력에 관한 수준과 질을 파악하고, 그 기초 위에서 어떤 교육을 하는 편견적 시각의 영재교육에 한정하는 경향을 볼 수 있다. 예컨대, '영재교육'이라는 명칭으로 활자화된 저서의 대부분은 이러한 내용이 주였다. 그러나 시각을 달리해서 보면, 영재교육 이론 속에서 탐구되어야 할 영역은 보다 넓게 논의되어야 하며, 동시에 다양하고 심층적이어야 할 필요가 있다.

따라서 정보화시대에 영재교육에서 다루어야 할 인식과 관심의 대상을 [그림 3-1]과 같이 제안한다.

판별방법 영재교육에 대한 핵심적인 질문은 무엇을 영재로 보느냐와 어떻게 판별하느냐다. 이것은 결국 하나의 개념으로 통합될 수밖에 없다. 무엇을 영재로 볼 것이냐의 정의는 영재교육에서 판별에 반영되고, 역으로 판별은 영재의 정의에 따른 과정이기 때문이다. 그래서 많은 영재교육학들은 영재 판별을 영재교육의 관건으로 본다.

① 관련 이론

대부분의 미국 영재교육 담당 교육자(1972)들은 영재를 뛰어난 능력으로 훌륭한 성취를 할 것으로 전문가가 판별한 아동으로 본다. 영재는 자신과 사회에 기여할 수 있도록 정규학교 프로그램 이상의 변별적인 교육 프로그램과 서비스를 필요로 한다. 뛰어난 성취를 할 수 있는 아동은 다음의 한 분야 또는 여러 분야에서 이미 성취를 나타내었거나 잠재력을 갖춘 아동이다. 그 기준은 일반 지능, 특수학문 적성, 창의적 또는 생산적 사고, 지도력, 시각적 공연예술, 그리고 정신운동 능력 등이다. 이 기준을 사용하여 영재를 판별하면 전체 학생의 최소 3~5%가 포함될 것으로 보인다.

미국 국립영재연구소의 소장 Renzulli는 평균 이상의 능력, 창의성, 과제 집착력이 영재성의 주요 특성이라고 하였다. 이에 따라 영재성은 이 세 요소가 상호작용하여 나타난다고 정의하였다(Renzulli, 1978). 영재는 이 특성을 이미 보유하고 있거나 발달될 가능성이 있는 아동이다. 세 가지 특성 간의 상호작용을 보여 주거나 발달시켜 나갈 가능성이 있는 아동에게는 정규 교육과정에서 제공하지 않는 다양한 교육 기회와 서비스가 필요하다.

Renzulli는 이 세 가지가 거의 비슷한 비중으로 중요하게 작용하며, 적어도 각 특성이 85% 이상이면서 적어도 한 가지 특성이 98% 이상일 때 뛰어난 성취를 할 가능성이 더 높아진다고 하였다. 이에 따라 Renzulli는 일반학생의 15~20%가 영재교육의 대상이 되어야 한다고 주장하였다. 즉, 1~3%의 아동만이 영재로서 특별교육을 받을 필요가 있다는 제한적인 정의에 도전한 것이다.

Tannenbaum(1983)은 영재를 다음과 같이 정의한다. "충분히 계발된 재능은 성인에게서만 찾아볼 수 있다는 점을 염두에 둘 때, 영재성은 인간의 윤리적, 신체적, 정서적, 사회적, 지적, 심미적 생활에서 새로운 아이디어를

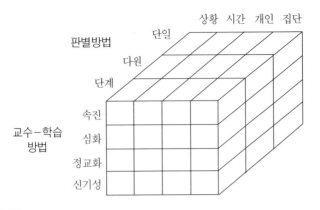

상황 시간 개인 집단

판별방법
단일
다원
단계

교수-학습
방법
속진
심화
정교화
신기성

[그림 3-1] 영재교육을 위한 개념모형

생산해 내는 표상으로서, 또는 결정적으로 존경을 받는 수행자가 될 가능성을 말한다." Tannenbaum은 성인으로서 훌륭한 성취를 하는 데 필요한 특성을 뛰어난 일반 지능, 뛰어난 특수 적성, 비지적 촉진제, 환경의 영향, 그리고 기회 또는 행운이라고 하였다. 이 다섯 가지 요인이 특별하게 복합적으로 작용할 때 매우 뛰어난 사람이나 작품이 나온다고 하였다.

Feldhusen(1992)은 유전적으로 결정된 능력이 조기에 나타난다고 가정하였다. 이런 능력은 가정, 학교, 지역사회에서의 경험과 서서히 발달되는 동기, 학습방식 등을 통해서 계발되며, 기능적인 지식 기반, 상위인지 및 창의적인 기능을 창출한다고 주장하였다. 그리고 이 세 가지 요소가 궁극적으로 다양한 재능을 나타내는 것이라고 보았다. 그는 재능을 "적성 또는 지능, 학습된 기능, 지식, 동기-적성-경향성 등의 복합체로서, 개인을 직업인, 전문가, 예술가, 사업가로 성공하게 이끄는 것"이라고 정의하였다. 영재성은 "지능, 적성, 재능, 기능, 전문성, 동기, 창의성의 복합체로, 개인이 문화와 시대가 가치 있게 생각하는 각 분야에서의 생산적인 수행을 하도록 이끄는 것"이라고 정의하였다.

Gardner(1983)는 다중지능이론을 주장하였다. 그가 주장하는 7가지 지능은 언어지능, 음악지능, 논리-수학 지능, 공간지능, 신체운동지능, 개인내

적지능, 대인간지능이다. 영재성은 7가지 지능 분야마다 별도로 존재한다고 보았다. 이 이론에 따르면, 일반 지능만으로는 Gardner가 제시한 7가지 지능 중 어느 분야의 지능을 더 높게 타고났는지, 또는 어느 지능이 더 발달되었는지를 확인하기 어렵다.

② 종 합

지금까지의 영재의 정의 및 판별 준거를 보면, 각 이론이 포함하거나 다루는 능력의 범위가 매우 다양하고 광범위하다는 것을 알 수 있다.

우선 영재성은 능력이 뛰어나다는 사실을 지칭한다. 일부 학자는 지적 능력만을 말하기도 한다. 그러나 더 많은 학자가 사회적으로 가치 있는 여러 가지 능력을 동시에 고려할 필요가 있음을 주장한다. 또 능력 외에 과제집착력, 자존심, 기회 등과 같은 비지적인 요소가 영재의 개념으로서 중요하다고 주장하는 학자도 있다. 영재의 비율에 대해서 Renzulli, Gagné가 상위 15~20%의 아동이 포함되어야 한다고 보는 데 비하여 미국 정부는 전체 아동의 상위 3~5%로 제한하고 있다(송인섭, 1997).

교수-학습 방법 차원   영재교육을 위한 교수-학습의 하위개념으로 교육 내용과 학습환경을 들 수 있다. 영재학생의 필요에 응하기 위한 교육 내용의 조절방법은 속진, 심화, 정교화 그리고 신기성 등이다. 특히 강조되는 방법이 속진학습과 심화학습이다(김주훈, 1996).

첫째, 속진제란 재능이 우수한 학생이 정상적인 나이보다 더 이른 시기에, 또는 규정된 기간보다 더 짧은 기간에 정규 교육과정을 이수하도록 허용하는 방법이다. 이 속진제에 관한 세부적 기준은 대통령령에 교육감이 정하도록 규정되어 있으며(제7조 3항), 각 시·도 교육청에서 시행 지침을 마련했을 것으로 본다.

속진제는 개성과 개인의 잠재력을 최대한 성장시키도록 차별화 교육 프로그램을 제공하자는 취지에서 출발한 것이다. 그러므로 속진제는 학습 지진아나 일반아동을 위한 교육과 같은 철학적, 심리학적, 사회적 차원에서 교

한국영재교육의 새로운 지평

육 기회 균등의 원리를 적용시키는 것이라고 볼 수 있다. 교육 기회 균등이란 학습자의 특성에 맞는 교육 프로그램이 주어져 학습 속도가 늦은 지진아에게는 학습 내용을 잘게 나누어 갑자기 어려워지는 일이 없도록 하고 반복학습이 가능하도록 구성하며, 학습 속도가 빠른 학습자에게는 그 특성에 맞게 일반아동보다 빨리 학습할 기회를 주는 것이다.

둘째, 심화학습은 정규 교육과정에서 다루는 교과 내용을 배우는 점은 같지만, 정규학급에서의 학습경험 외에 현장학습이나 개별 탐구학습, 전문가 초빙 강연 등을 통해서 더 다양하고, 정교하며, 보다 폭넓은 경험을 할 수 있도록 하여 창의적인 사고를 길러 주는 교육방법이다.

셋째, 정교화 학습도 영재학생의 기본 개념에 관련된 개념과 기본 법칙을 좀 더 넓은 상황에 적응할 수 있도록 하는 교수-학습 활동이다. 추상적인 개념을 학습한 후에 그 법칙을 생활에 적용할 수 있도록 하고 보다 폭넓게 이해할 수 있도록 하는 것이다. 하나의 아이디어를 산출하여 이를 보다 치밀하고 상세하게 발전시키는 능력으로, 아이디어를 설명하기 위해 흥미로운 세부 사항을 추가하거나 관련된 아이디어를 한데 묶는 능력을 말한다.

넷째, 신기성은 현상에 대해 새로운 생각과 원리를 찾도록 돕는 활동이다. 일반아동이 결코 처리할 수 없는 내용을 부과하여 새로운 경험을 하도록 하는 것이다. 어떤 사람은 단순히 정보를 수집하거나 수집된 정보를 기계적으로 적용하는 데 만족하는 반면, 또 다른 사람은 정보를 종합하고 분석하고 변형시키면서 새로운 것을 창출해 낸다. 이처럼 새로운 것을 창출해 내는 능력이 신기성에 해당된다. 즉, 새롭고 독특하고 비상한 아이디어를 만드는 능력이다. 독창적인 아이디어는 대체로 이전의 아이디어 몇 개를 조합하여 새로운 차원으로 만들 때 산출된다.

이상의 네 가지 영재교육을 위한 내용의 조절은 영재교육의 학습환경과의 관계에서 그 조절의 의미를 더한다. 속진과 심화교육의 실시는 영재를 개별적으로 지도하거나, 동질 학생만으로 구성된 특별반 또는 특별 학교를 편성하여 교육을 함으로써 이루어진다. 특별반을 편성하는 방법도 여러 수준의 학생이 동시에 모여서 공부하는 일반학급에서 영재 한두 명을 대상으로 개별화된 교육 프로그램을 지도해 주는 방법이 있고, 임시 특별반이나 고정 특별반 또는 혼합 학년 특별반을 마련하는 방법도 있다. 특별반의 운영은 학생의 특성에 따라서 하루에 한 시간 또는 일주일에 1~3회 임시로 운영하기도 하며, 항시 운영하기도 한다. 이러한 여러 가지 방법 중 어느 것이 특별히 좋다고 말하기는 어렵다. 각 학교의 여건에 맞게 적절한 방법을 동원하여, 가능한 한 많은 영재가 잠재력을 최대한 계발하는 데 도움을 주는 것이 바람직하다.

속진과 심화를 실시할 때 집단을 편성하는 방법에는 능력별 편성이나 개별 집단편성이 있다. 우선 능력별로 집단을 편성하여 적용하는 교육과정의 경우, 상급 학년의 교육과정 교육, 당 학년과 상급 학년의 교육과정 교육, 또는 당 학년의 교육과정만을 적용하되 다양한 경험을 통해 폭넓게 사고할 기회를 줄 수 있는 교육 등이 있다. 위의 교육 내용과 학습환경, 특히 학급 편성 방법 등을 고려하여 제시된 영재 교수-학습 방법을 몇 가지 소개하면 다음과 같다(김주훈, 1996).

첫째, 심화학습모형이다. 심화학습모형이란 교수 학습 단계별, 독립적인 활동의 정도, 참가하는 학생의 수준 등이 달라지는 학습모형을 의미한다. Renzulli(1991)의 삼부심화학습모형(Enrichment Triad Model)과 Feldhusen의 3단계 심화모형(3 Stage Enrichment Model)이 여기에 속한다.

Renzulli의 삼부심화학습모형에서 1단계 심화에서는 학생이 관심을 가지는 분야의 주제와 관련된 다양한 학습경험이나 활동을 제공한다. 이러한 도입 활동을 통하여 학생이 그 분야나 주제에 계속 참여할 것인지를 결정하도록 한다. 따라서 가능한 한 다양한 학습경험을 제공하여야 한다. 2단계 심화에서는 1단계 심화활동의 결과로 학생이 선택한 분야에 대해 더욱 심화된 활동을 하는 단계다. 이 단계에서는 관심 분야의 탐구에 필요한 자료의 수집, 분석, 조직, 종합, 평가 능력 등 고급 탐구 능력이나 연구 능력을 기를 수 있는 학습경험의 제공과 비판적 사고력, 문제해결력, 탐구 능력, 창의적 사

한국영재교육의 새로운 지평

고력 등의 신장을 강조한다. 2단계 심화는 개방적 탐구활동으로 구성되며, 보다 깊은 심화 탐구에 대한 안내(3단계 심화)를 할 수 있는 활동으로 구성된다. 3단계 심화에서는 실제 상황에서 발생하는 문제를 해결하는 활동에 참여한다. 이 과정에서는 다양한 탐구 방법이 활용되고, 개별 활동이나 소집단 활동이 주로 활용된다.

각 심화 단계에 참여하는 대상자도 단계에 따라서 달라진다. 예를 들면, 1단계 심화에 보다 많은 학생이 참여할 수 있고, 2단계 심화에서는 1단계 심화활동을 토대로 관심 분야가 같은 학습자가 모여서 학습을 하며, 그 규모는 1단계 심화와 같거나 작아질 수 있다. 3단계 심화의 경우는 실제 연구에 가깝기 때문에 대상도 작아지고, 개별 활동이나 소집단 위주로 학습활동이 이루어진다.

이러한 수업모형은 영재학습 자료를 개발하는 데 많은 시사점을 준다. 첫째, 영재 교수-학습 자료를 개발할 때 분야나 주제를 다양화하여 다양한 특성을 가진 학습자가 참여할 수 있도록 하여야 한다.

둘째, 자율적이고 자기주도적인 탐구를 강조하는 수업모형이다. 영재는 일반학생에 비하여 자율적이며 자기주도적인 학습을 할 가능성이 크다. 따라서 영재의 교수-학습 활동에서 자기주도적 학습능력을 길러 주어 독립적인 탐구활동을 할 수 있도록 하는 것이 영재교육의 가장 큰 목표다. 이러한 수업모형은 심화학습 모형과 비슷하지만 자기주도적 학습이나 자율학습을 강조한다는 측면에서 구별된다.

이러한 면에서 시사점을 줄 수 있는 수업모형으로 Treffinger(1982)의 자기주도적 학습모형, Betts(1991)의 자율학습모형 등이 있다.

자기주도적 학습모형의 첫 단계에서는 교사가 학습자에게 몇 개의 학습활동을 제시하여 선택하게 하고, 두 번째 단계에서는 학습자 스스로 학습활동을 생각하여 학습할 수 있도록 도와준다. 마지막 단계에서는 학습자 스스로 학습활동을 창안하여 활동하도록 하며 교사는 학생의 활동에 필요한 자료나 기구를 제공하는 역할을 한다. 영재는 독립심, 인내심, 호기심, 자발성이 강하기 때문에 자기주도적 학습모형은 영재를 위한 교수-학습에 효과적으로 활용될 수 있다.

셋째, 인지적, 정의적, 감각운동 영역의 통합을 강조하는 수업모형이다. Williams(1970)의 인지적 · 정의적 교수-학습모형은 통합과 조화를 강조하는 수업모형이다. Williams의 모형은 인지적 영역뿐 아니라 정의적 영역을 중시한다. Williams는 학교교육이 교사가 단순히 지식을 주입하거나 암기시키는 방향으로 치우쳤음을 비판하고, 학생 스스로 문제 상황 속에서 탐구하고 사고하고 발견하는 것이 중요하다고 지적하였다. 이러한 수업모형은 영재학습의 자료 개발에도 그대로 적용할 수 있다. 현재 우리나라 학교교육에서는 정의적 영역이나 감각운동 영역은 지나치게 소외된 채 인지적 영역 중심의 교육이 이루어지고 있다. 인지적 영역 중에서도 지식의 이해나 암기 위주의 교육이 만연하므로 지덕체의 균형을 이루도록 교육의 방향이 재정립되어야 한다.

넷째, 재능별 교육을 강조하는 수업모형이다. 전에는 영재의 특성을 단순히 지능지수(IQ)만으로 판단하였으나, 이 수업모형은 지능을 보다 하위 요소로 구분하여 영재교육과정 구성뿐 아니라 교수방법에도 큰 영향을 주었다. Guilford(1982)는 인간의 지능이 총 180개의 요소로 구성되어 있다고 하였다. 이를 바탕으로 Meeker(1986)는 Guilford의 지능의 구조모형에서 중요한 학습 요소를 분리하여 이들을 교육시킬 수 있는 프로그램을 개발하였다. 특히 이러한 요소 분석을 통하여 학생을 위한 진단-처방적 프로그램을 개발하고 부족한 부분은 보완하며 강점은 더욱 발전시키는 데 활용할 수 있다.

모든 면에서 영재성을 발휘하기는 어렵지만 한 가지 분야에서는 영재성을 보일 수 있다. Taylor(1978)는 사람의 재능에는 학문적 적성, 창의력, 기획력, 의사소통력, 예언력, 의사결정력 등이 있으며, 이러한 각각의 능력을 개발할 수 있는 프로그램을 개발하여 교육에 활용할 수 있다고 하였다. 이러한 접근은 교수-학습 자료 개발에서 재능 영역별로 구분하여 각 재능의 발달에 필요한 자료 개발의 필요성을 제시한다고 볼 수 있다.

다섯째, 고급 사고력과 창의적 문제해결력을 강조하는 모형이다. 영재교육 프로그램 개발에서 중요한 것은 고급 사고력과 창의적 문제해결력을 신장시키는 것이다. Bloom(1974)의 교육 목표 분류학형 모형에서 제시한 것과 같이, 평재의 교육에서는 기본적인 지식의 획득이나 이해, 적용 등과 같은 목표가 강조되는 데 비하여, 영재교육에서는 분석, 종합, 평가 등과 같은 고급 사고능력의 신장이 더욱 강조되고 있다.

영재교육의 개념모형에 대한 지금까지의 논의를 보면, 영재의 특성을 반영한 교수–학습 방법이 제안되고 있음을 알 수 있다. 영재는 평균 집단과 다른 특성을 갖고 있으므로 속진이나 심화 등의 교육 내용이 필요하다는 논의가 이루어지고 있다. 학습환경에는 자기주도적 모형, 창의적 문제해결 모형, 창조적 문제해결방법 등의 모형이 소개되었다. 이들은 주로 창의성 신장 기법을 통한 브레인스토밍 방법이다. 브레인스토밍의 큰 원칙은 첫째, 비판적 사고는 보류하고 상상적이고 확산적인 사고만을 해야 하며, 둘째, 양이 질을 낳기 때문에 가능한 많은 아이디어를 산출해 내야 한다는 것이다.

요약하면, 특히 영재교육의 핵심인 월반은 다원적이고 일회성이 아닌 여러 번의 누적된 근거를 통해서 이루어져야 한다. 월반을 위한 준거는 종합적인 평가를 통해서 이루어져야 한다는 것이다. 부분적인 지적 능력의 우수성만으로 영재를 판별하면 영재교육은 기형적인 제도가 된다. 영재는 지적 능력, 창의성 그리고 집착력 등 다양한 능력이 상호작용한 결과로 설명될 수 있기 때문이다. 다양한 측면에서 개인의 특성을 종합하고 그 종합적 평가를 통해서 월반이 결정되어야 한다는 전제가 필요하다.

또한 창의적 문제해결 과정을 강조하고 있다. 이 방법은 서로 관련이 없는 요소를 연결하여 새로운 창의적 아이디어를 얻는 것으로 창의적 사고기법으로 많이 활용되고 있다. 창의적 상상력과 브레인스토밍은 문제해결에서 고정된 방식의 사고가 아닌 개방적이고 상상적이며 확산적인 방식의 사고가 중요하다는 것을 시사해 주며, 아울러 영재교육 프로그램에서도 창의력과 상상력을 계발시켜야 한다는 것을 말해 준다.

📖 참고문헌

강갑원(2002). 영재성의 개념정립과 과제. 영재와 영재교육, 1(1), 31-54.

강철규(1995). 지력사회의 도래와 창의력 교육. 영재교육심포지움. 한국영재교육연구소.

구자억 외(1997). 동서양 주요 국가들의 교육. 문음사.

구자억(1997). 현대중국교육의 심층적 연구. 문음사.

김주훈(1996). 영재를 위한 학습 프로그램 개발 및 지도. 심포지움 자료집. 한국교육개발원.

송인섭(1995). 영재교육의 전제조건. 한국교육신문, 6월 21일.

송인섭(1995). 영재교육과 수월성. 교수신문, 7월 31일.

송인섭(1997). 정보산업사회와 영재교육. 국제학술대회자료집. GEIK 한국영재연구원.

송인섭(2002). 기조강연: 영재교육의 새지평. 제1회 국제영재교육학회 학술대회.

박경숙(1996). 영재교육 운영의 실제: 속진제 중심으로. 심포지움 자료집. 한국교육개발원.

유네스코 한국위원회(1986). 세계의 영재교육1. 배영사.

유네스코 한국위원회(1986). 세계의 영재교육2. 배영사.

유안진(1991). 한국여성 우리는 누구인가. 자유문화사.

이기백(1967). 한국사 신론. 일조각.

이신동, 이경화, 최병연, 박숙희 역(2002). 유아영재교육의 이해. 학문사.

전경원(2000). 한국의 새천년을 위한 영재교육학. 학문사.

조무남 외(1998). 한국사 교육철학 강의. 동문사.

한완상(1995). 21세기와 영재교육, 21세기와 우수인력. 영재교육 심포지움. 한국영재교육연구소.

Boom. J. S. (1974). *Texanomy of Educational Objectives, Handbook I:* Cognitive Domain, New York: Longmass Green.

Feldhusen, J. F. (1992) Talent identification and development in education *Gifted Child Quaterly, 36*, 123.

Gagne, F. (1991). *Toward a differentiated model of giftedness and talent.* In

Coangelo, N & Davis, G. A. (eds), Hanbook of gifted education, Boston: Allyn and Bacon.

Renzulli, J. S. (1978). *What makes giftedness?* A reexamination of the gifted and talented. Venturan CA: Office of the Superintendent of Ventura County Schools.

Renzulli, J. & Reis, S. (1991). The schoolwide enrichment model: A comprehensive plan for the development of creative productivity. In N. Colangelo(Ed.) *Handbook of gifted education.* MA: Allyn & Bacon.

Sternberg, R. J., (1986). *A trarchic theory of intellectual giftedness,* In R. J. Sternberg & J. E. Davidson(ends.) Conceptual of Giftedness, NY: Cambridge University, Press.

Treffinger, D. A. (1982A). Gifted Students, regular students: Sixty ingredient for a better blend. *Elementary School Journal, 82,* 267-173.

Tannenbaum, A. J., (1983). *Gifted Children:* Psychological Educational Perspectives, NY: Macmillan Pub., Co.

Williams, F. E. (1970). *Classroom ideas for encoruaging thinking and feeling.* Buffalo, NY: DOK Publisher.

제 2 부

한국영재교육의 현황과 방향

04

국내 영재아 판별과 선발의 현황과 과제[1]

문제 제기

'영재 선발 과정 문제 많다' …부모의 학력 수준과 경제력이 높은 아이일수록 영재로 선발될 가능성이 많고 여학생보다는 남학생이 영재로 뽑힐 가능성이 많은 것으로 드러났다. 특히 우리나라의 영재 선발 방식은 수학과 과학의 성적 우수자만 선발하는 등 문제점이 많은 것으로 분석됐다….

―서울경제신문, 2004년 05월 28일―

장자에 '오리의 다리가 짧다고 늘이지 말며, 학의 다리가 길다고 자르지 마라.'는 말이 나온다. 이 말은 오리는 오리대로, 학은 학대로 그 타고난 특성을 살려 줄 수 있어야 한다는 뜻으로 이해할 수 있다. 이렇듯 영재교육도 개별화된 맞춤교육의 맥락에서 바라본다면 사회적 합의에 이르기 쉬울 것이다. 그러나 현실은 달라서 오리와 학을 구분하기를 원하지 않는 사회적 분위기가 팽배하다. 오리가 학으로 둔갑하는가 하면, 백학은 학으로 인정받고, 홍학은 학 대접을 받지 못하기도 하며, 스스로 학이기를 포기하거나 학교를 다 마칠 때까지 자신이 학이었음을 깨닫지 못하는 경우도 허다하다.

---

1) 한기순(2006), 영재아 판별과 선발, 인천대학교 교원연수자료집의 내용을 일부 수정하여 수록하였음.

더 우스운 것은 깃털 하나 차이로 오리가 학이 되기도 하고 학이 오리가 되기도 한다는 것이다.

영재교육에서 판별은 '누가 영재인가'를 결정짓고 영재교육의 성패를 좌우할 수 있는 매우 중요한 과제임에 틀림없다. 그러나 현실에서의 영재 판별은 오리와 학의 구분처럼 눈에 잘 띄지도 않고 구분하기도 쉽지 않다. 따라서 의사결정 및 진단과정에서의 정확성과 신뢰성은 항상 논란의 대상이다. 만약 모든 영재가 얼굴에 커다란 반점을 가지고 있거나 그들의 영재성이 육체적 고통을 수반한다면, 영재성이 쉽게 눈에 띄고 구분되기 때문에 영재를 찾고 교육하는 것이 당연하게 느껴지거나 혹은 영재교육이 지금보다 훨씬 수월한 방법으로 이루어졌을지도 모른다. 하지만 많은 영재아의 영재성은 눈으로 식별하기 어렵고, 그들의 교육 욕구가 절실하게 느껴지지 않으며, 많은 영재아의 영재성이 미성취 성향이나 문제행동으로 발현되는 까닭에 이들을 판별하거나 선발하는 일은 매우 어렵다.

영재인데 선별되지 못하여 지적 수준에 맞는 적절한 교육을 제공받지 못하거나 영재가 아닌데 선발되어 과도한 지적 자극과 스트레스로 무기력을 형성하거나 학습에 대한 흥미와 자신감을 상실하면, 영재교육의 올바른 의미를 찾기 어렵다. 영재교육의 목표에 부합하는 참영재를 어떻게 찾을 것인가는 첫 단추를 제대로 끼우는 중요한 일이다. 그러나 현실은 참영재가 선발의 과정에서 소외되고 평재가 영재로 둔갑되기도 한다. 이러한 현실에 대한 영재교육 공급자의 문제의식 결여, 구조적 문제 그리고 영재교육에 대한 학부모의 인식 부족까지 결합되어 영재 판별의 문제는 지속적으로 반복되고 재생산되고 있다.

영재 판별의 최근 경향

영재 판별의 주된 목적은 영재 판별 자체가 아니라 개인의 능력과 특성을 조사하여 능력과 특성에 맞는 교육 프로그램을 제공하기 위한 선행 활동이다. 즉, 이미 발휘하고 있는 영재성을 단순히 발견하고 확인하는 절차가 아니라 개인의 능력을 최대한 계발하여 전인적으로 성장하기에 가장 적합한 교육을 받을 수 있도록 도와주는 과정이다. 따라서 영재 판별 시스템은 영재교육, 영재 관리 및 촉진 시스템에 통합되어 운영되어야 한다.

영재 판별에 대해서 많은 의견과 논란이 있어 왔지만, 영재 판별의 문제는 영재에 대한 개념적인 변화, 영재의 범위에 대한 다양한 해석 및 접근방법의 영향을 받기 때문에 아직까지 학자 간에 완전한 합의를 이루지 못하고 있다. 따라서 영재교육의 정의나 영재성의 개념이 다양한 것만큼 영재 판별 방법 및 절차에 대한 접근법도 다양하다. 이러한 배경에서 최근에는 한 가지의 이상적인 영재 판별도구를 개발하기보다는 이미 개발된 도구를 판별 목적과 상황에 맞게 통합하려는 경향이 강하다.

영재성이 무엇인가에 대한 기본 개념은 시대와 지역을 초월하여 큰 차이가 없다. 그러나 개념이 정의된 영재성을 판별하는 기준으로 무엇이 적합한가에 대한 문제는 지금까지도 주요한 논쟁거리이며, 활발한 연구가 진행 중인 영역이다. 최근의 활발한 연구결과에 따라 영재 판별 방법 및 절차에 대한 다양한 접근법이 제기되고 있다. 특히 영재 판별에서 중요한 기준으로 인식되던 표준화 검사도구의 한계점이 지적되면서 이를 극복하기 위한 다양한 방법이 시도되고 있다. 이러한 다양한 접근법과 극복을 위한 시도들은 다음과 같은 몇 가지 공통된 특징을 가지고 있다. 영재 판별과 관련된 이론의 최근 동향을 살펴보면 다음과 같다.

첫째, 다단계, 다면적인 판별 절차를 통한 영재 판별 경향이 많아졌다. 즉, 선발 과정에서 표준화 검사결과, 교사의 관찰, 개인 수행결과물, 자기판별법, 캠프, 모의실험과 같은 다양한 방법을 통합하여 활용하는 경향이 나타나고 있다.

둘째, 지적 능력뿐 아니라 정의적 영역도 영재 판별을 위한 중요한 기준으로 삼고 있다. 물론 영재 판별 과정에서 지적 능력은 여전히 주요한 변인이다. 그러나 지적 능력 외에도 다양한 능력과 변인을 고려하는 접근법이 늘어나고 있다. 즉, 개인의 성격, 동기, 사회적 요인이 주요한 판별 변인으로 인식되고 있다.

셋째, 이미 습득된 지식을 측정하기보다는 지식을 생성하고 활용하는 능력에 판별의 무게를 두는 경향이 나타나고 있다. 이와 관련하여 프로젝트 수행 과정에서 영재를 판별하려는 접근법의 필요성이 강조되고 있다. 즉, 기존에 사용되었고 객관식 형식의 고난도 문제해결력을 위주로 하던 표준화된 지필검사보다는, 자신에게 의미 있는 지식과 정보를 적극적으로 수집하고 전략적으로 활용하는 능력과 창의적 산출물을 생산해 내는 능력을 측정하는 대안적 평가방식이 요구되고 있다.

넷째, 판별 자체를 위한 판별을 지양하고, 판별 결과를 전체 영재교육 프로그램과 연계하여 실시해야 한다는 주장이 설득력을 얻고 있다. 따라서 판별 이후 학생에게 제공할 영재교육 프로그램의 성격에 가장 부합하는 대상자를 선발하기 위한 방법을 구안하여 활용할 것과 판별 과정에서 얻은 정보를 교육과정에 적극 활용하여야 한다는 내용들이 강조되고 있다.

즉, 최근 영재 판별의 바람직한 방향은 고난도 문제해결력이나 선수학습의 평가를 지양하고, 구체적 영역에서의 창의성을 평가하여 그 과정에서 학생의 잠재력을 계발함을 지향하고 있다. 이와 함께 현행의 단편적인 영재 선발 방법을 보다 종합적인 방향으로, 지적 능력 위주의 검사에서 비인지적 능력을 함께 평가할 수 있는 방향과 극소수의 최우수 영재학생보다 많은 수의 학생을 대상으로, 겉으로 발현된 능력과 함께 잠재적 능력을 평가할 수 있도록, 그리고 오프라인과 온라인 평가방법을 함께 활용하여 보다 많은 잠재적 영재에게 영재교육을 제공하는 방안 등이 영재 판별의 주요 과제로 제시되고 있다. 유사한 맥락에서 학자들은 점차 영재의 정의와 판별에서 영재성의 형태가 다양하게 표출될 수 있음을 인정하고, 광범위하게 접근하기보다는 각 영역이 가진 특수성을 적극 이해하고 고려해야 하며, 지능이나 창의성 등의 인지적인 부분에 대한 고려 외에 과제집착력과 같은 비인지적인 부분에 대한 고려도 중시해야 한다는 점에 일반적으로 동의하고 있다.

현 영재 판별의 논쟁점

그렇다면 현행의 영재 선발은 이러한 최근의 경향을 충실하게 반영하고 있는가? 영재의 개념, 판별, 프로그램은 서로 유기적이고 순환적으로 연결되는 것이 마땅하다. 그러나 영재의 개념과 유리된 판별, 명확한 영재성의 개념 없이 이루어지는 판별, 영재성의 개념이 아닌 영재성 판별도구로 결정되는 영재아 판별, 영재교육 프로그램과 영재 판별의 부조화 등이 판별을 둘러싼 많은 문제 가운데 가장 근본적인 문제점으로 지적되고 있다. 영재 판별 및 선발과 관련하여 제기되는 몇 가지 문제점을 살펴보면 다음과 같다.

첫째, 영재를 선발할 때 대부분의 영재교육기관은 각 학교의 교장 추천서를 통해 선발 대상자를 모집하고 있다. 이렇듯 1차 잠재적 영재 집단을 학교장의 추천에만 의지하는 것은 간과할 수 없는 문제점을 내포한다. 무엇보다 이러한 방식은 대개가 '타고난 영재' 보다는 '학습된 영재'를 선별하는 데 적합한 경우가 많다. Renzulli는 학습된 영재를 "school housed gifted"라고 부르면서, 이러한 문제점은 세계의 여러 나라에서 발생하는 문제라고 하였다. 학교 학습과정을 착실하게 공부한 학생이나 진도를 앞당겨 학습한 학생이 선발 과정에서 유리한 것은 당연하다. 물론 이들이 우수하지 않다거나 영재로서의 잠재력이 부족하다는 뜻은 전혀 아니다. 이러한 현행의 선발 과정으로는 내재적 잠재력은 높지만 외재적 성취도가 뚜렷이 나타나지 않아 영재로 판별되거나 선발되지 못하는 '참영재'가 있을 수 있기 때문에 영재 선발에서 결정적 오류를 저지를 수 있다는 것이 문제다(김언주, 2001; 최호성, 2003).

학교장 추천이 없더라도 부모나 교사가 영재의 잠재성이 있다고 판단한 학생과 가능성을 스스로 판단한 학생이 자신의 재능을 점검하고 검증받을 수 있는 시스템이 갖추어져서, 1차 지원하는 영재 집단에 대한 보다 개방적이고 객관적인 방안이 강구되어야 한다. 그러나 이러한 시도는 지원자에게는 선택의 기회를 제공하지만, 영재교육기관은 과다한 예산상의 문제와 행정 업무를 초래할 수 있다. 이러한 문제를 해결하기 위해 정부 차원에서 영재성을 수시로 진단할 수 있는 상설 영재성 진단 센터의 설립이나 인터넷을 통한 영재성 진단 시스템 구축 등 여러 가지 대책 마련이 필요하다. 특히 사이버 시스템을 적극 활용한 영재성의 측정과 판별은 영재교육 대상자의 범위 확대라는 측면에서도 중요하며, 판별 방법과 절차를 보다 합리적으로 개선할 수 있는 효과적인 대안이므로 심도 깊은 연구가 필요하다.

둘째, 현재의 영재교육기관은 영재 판별이 아닌 영재 선발만을 하고 있는 형편이다. 영재 판별은 영재가 지니는 고유 속성에 근거하여 특정 학생이 영재의 속성 중 무엇을 얼마나 갖고 있는지를 확인하여 영재라고 판명해 주는 객관적 절차로서, 준거참조형 평가(criterion-reference assessment) 방식이다. 따라서 영재 판별에는 영역이나 분야에 제약이 없으며 인원수나 시기에 제한이 있을 수 없다고 지적하였다(최호성, 2003). 그렇지만 현재의 영재교육 시스템은 각 영재교육기관의 사정에 따라 특정 시기에 제한된 수만을 선별하고 있다. 비록 영재성이 부족하더라도 교육 여건이 허용되면 특정 영재교육기관의 교육 대상자로 선별될 수 있으며, 그 반대의 경우는 대상자에서 제외되기도 한다. 즉, 엄격한 의미에서 영재를 판별하는 것이 아니라, 영재교육 대상자를 선정하는 선발을 하고 있는 것이다. 그 해의 지원자 간의 상대적 비교가 일차적 판단의 근거가 되는 셈이다. 이러한 선발 위주의 관행은 영재성을 지닌 학생이라도 거주지의 영재교육기관 실정에 따라 영재교육의 혜택을 누리지 못하게 만들며 영재로 판명될 기회도 상실하게 한다(최호성, 2003). 그러므로 지속적으로 영재 판별을 수행할 수 있도록 정부 차원의 상설 영재성 진단 센터 등의 제도와 기구가 마련된다면 선발 위주의 관행을 영재 판별의 방향으로 전환할 수 있을 것이다.

셋째, 영재 판별보다는 영재 선발이 이루어지는 것처럼 현 과학영재교육원은 주로 단편적이고 일회적인 선발을 하고 있다. 일회성의 지필 고사만으로 '영재다' 혹은 '영재가 아니다'라고 결정하는 것은 지극히 위험한 발상이다. 그럼에도 불구하고 신뢰도나 타당도가 검증되지 않은 채 학교 학습의 연장선에서 출제된 속진형 문항이나 고난도 문제해결력 위주의 객관식, 단답식의 지필 고사로 전형이 이루어지고 있으며 면접이나 실험 등은 요식행위에 그치는 경우가 적지 않다. 보다 과학적이고 합리적인 영재 선발이 이루어지려면 선수 학습 위주의 일회성 지필 고사보다는 창의적 잠재력을 볼수 있는 다단계 전형이 이루어져야 한다. 다단계 전형은 창의적 문제해결력을 보기 위한 지필 고사를 포함하여 실험능력을 볼 수 있는 수행평가, 과학자로서의 인성적 자질 등을 평가할 수 있는 심층면접 등으로 이루어질 수 있다. 다단계식 선발은 신뢰도가 가장 높은 영재 선발 과정이라는 교육학자의 지적에 부응하기 위한 것이며, 다양한 성향의 다수 지원자 중에서 과학영재를 선발하기 위한 대상자의 단계적 압축은 필수적이다. 그러나 다단계 선발과정 도입에는 몇 단계의 선발 전형이 효과적이며 현실적인가의 문제와 각단계의 구체적인 방법에 관한 연구가 필요하다. 최근 각 과학영재교육원에서는 선발의 신뢰성과 타당성을 높이고 보다 과학적인 선발을 수행하기 위해 전형료를 받고 있다. 그러나 높아진 전형료만큼 선발의 타당성도 함께 담보되었는가는 모두가 생각해 보아야 할 문제다.

넷째, 선발 전형 과정에서 창의적 문제해결력 및 문제발견력을 효과적으로 측정할 수 있는 구체적인 도구와 방법의 부재다. 과학영재 선발에는 창의성에 대한 요구가 그 어느 때보다도 높다고 할 수 있으나 실제로 '과학 창의성'의 개념은 아직까지 지극히 모호한 수준이다. 따라서 이를 적절히 측정하고 판별하는 구체적인 도구 및 방법에 대한 합의는 거의 부재한 상태다. Sheffield(1999)는 영재성을 정의하면서 창의성이 핵심임을 강조하고 있다. Sheffield는 학습자를 문맹자(Illiterate) → 맹목적 계산자(Doer) → 살아 있는 계산기(Computer) → 지식활용자(Consumers) → 문제해결자(Problem Solver) → 문제발견자(Problem Poser) → 창조자(Creator)로 계열화하였다.

그녀에 따르면, 이러한 계열화된 연속선에서 영재는 '문제해결자' '문제발견자' '창조자'에 해당한다고 주장한다. Sheffield의 정의를 과학영재적인 측면에서 해석하면, '맹목적인 계산자'나 '살아 있는 계산기'는 과학 개념에 대한 이해 없이 간단한 문제를 해결할 줄 아는 사람이거나 시험에서 좋은 점수를 얻은 사람이다. '지식활용자'는 과학적 개념을 일상생활의 문제해결에 활용할 수 있는 능력을 가진 사람이다. 지식활용자는 문제해결을 측정하는 표준화된 검사에서 좋은 점수를 받을 수는 있으나 엄밀한 의미에서 과학영재라고 규정하기는 힘들다. '문제해결자'는 답이 분명하지 않고 어떤 원칙을 적용해야 할지 모호한 상황에서 문제를 해결할 의지와 능력이 있는 사람이다. 문제해결자는 문제해결에서 항상 독특하고 새로운 방법의 시도를 추구하며 하나의 정답에 얽매이지 않고 다양한 정답을 추구한다. 하지만 아직까지 이러한 애매한 문제, 여러 가지 다른 해결책을 요구하는 표준화된 검사들은 그리 많지 않다. 연속선의 상위에는 '문제발견자'와 '창조자'가 있다. 이들은 새롭고 가치 있는 문제를 만들어 내고 정의하고 확인하는 능력을 가진 사람으로 주어진 상황에서 중요한 측면을 볼 줄 알고 질문할 줄 안다. 과학에서의 위대한 발견과 성장은 모두 이러한 '문제발견자'와 '창조자'가 주도하였다고 볼 수 있다. 따라서 과학영재는 제시된 과학문제를 해결하고 더 나아가 새롭고 유용한 과학문제를 만들어 낼 수 있도록 격려받아야 한다. 하지만 이러한 문제발견력은 평가하기가 매우 어려우며, 따라서 이를 위한 검사도구는 거의 없는 현실이다. 전문가들은 이러한 능력이 표준화 검사보다는 학생의 수행을 통한 행동 관찰에서 더 효과적으로 측정될 수 있다고 제기한다. 과학영재교육의 개념과 이에 상응하는 선발은 이러한 '문제발견자'와 '창조자'를 판별하고 육성하는 데 두어야 하지만, 도구와 인식의 부재 등의 이유로 살아 있는 계산기, 지식활용자, 문제해결자가 현 영재교육의 테두리에서 영재로 선발되는 것을 암묵적으로 많이 동의하고 인정하는 분위기다.

Sheffield를 예로 들지 않더라도 최근의 시대적인 분위기와 요구에 힘입어 창의적 문제해결력 및 문제발견력이 영재성 판별의 주요 준거로 대두되고 있는 만큼, 이를 보다 타당하고 신뢰할 수 있게 측정하는 검사도구를 만들기 위한 영재교육기관 간의 공동 개발 작업이나 방향 제시를 위한 기초연구의 수행은 더 이상 간과하거나 미룰 수 없는 주요한 과제다.

　다섯째, 영재성의 판별은 영재성의 개념, 영재교육 프로그램과 연계적으로, 또 상호 유기적으로 이루어져야 함에도 불구하고, 영재성의 정의-판별-프로그램이 각각 독립적으로 수행되는 경우도 기관에 따라 종종 발생하고 있다. 즉, 심도 깊게 연구되고 고민된 영재성의 개념 정의가 부재하고, 따라서 영재성의 판별은 영재성의 정의에 입각하지 못한 채 급조된 영재성 판별도구로 이루어지고, 창의적 문제해결력 검사를 통해 영재로 선발된 아동이 과학적 지식 위주의 영재교육 프로그램에 참여하는 것도 영재 판별의 커다란 문제다. 영재 판별과 교육은 일관성이 있어야 한다. 언어영재교육의 대상자를 수학과 과학의 창의적 문제해결력을 사용하여 선발해서는 안 되며, 창의적 영재를 선발해 놓고 이들의 창의성을 계발할 프로그램이 없거나 지식 위주의 선행학습을 제공해도 곤란하다. 효과적인 프로그램 없이 영재를 판별하는 것은 심장병 환자를 위해 인공심장을 구해 놓고 수술 방법을 모르거나 작동방법을 모르는 상황과 다를 게 없다. 수학 영역의 창의적인 아동을 선발하였으나 프로그램이 창의적이지 않고 창의성을 발휘할 기회를 제공하지 못하며, 또는 오히려 창의성을 저해하는 교육과정이 이루어진다면 창의적인 아동을 선발하여 교육하는 의미를 잃어버릴 것이다.

　여섯째, 판별되는 영재아가 극소수에 불과하다. 현재 전국적으로 약 0.5%의 아동이 영재로 선발되고 있는데, 정부는 2010년까지 영재의 범위를 1%까지 확대한다고 발표하였다. 이러한 상황은 미국 등 영재교육 선진국의 1~5%, 크게는 10~20%에 훨씬 밑도는 수치로, 현재 영재의 범위로는 극소수의 성취 영재 중 일부만이 그 대상이 된다고 할 수 있다. Klauser(1987)는 일반학교가 자격 있는 영재를 제외시키지 않으려고 판별 기준을 너무 낮게 설정하여 자격이 없는 학생을 지나치게 많이 선발한다고 하면서 영재 선발 과정에서의 오류를 지적하였다. Klauser는 이처럼 영재의 범위가 지나치게 확장되는 것을 우려하고 있으나, 우리에게는 그야말로 먼 나라 이야기일 뿐이다. 한기순(2007)은 영재적 잠재 가능성이 있으나 영재교육을 받지 않으며, 이 집단 아동들의 학습 동기, 자기조절 학습능력, 과학 관련 태도, 창의적 문제발견력 등이 전반적으로 저하되었다는 연구결과를 보고하고 있다. 예를 들어, '코어' 라는 관상어는 작은 어항에 넣어 주면 5~8센티미터밖에 크지 않지만, 큰 수족관이나 연못에 넣어 주면 15~25센티미터로 자라고, 큰 강이나 호수 같은 넓은 자연 속에서는 1미터까지 자란다. 사람도 이와 마찬가지로 주변 환경에 따라 큰 꿈을 이룰 수도 있고, 많은 잠재력을 지녔지만 제대로 발휘하지 못한 채 그 우수한 능력이 사장될 수도 있다. 극히 제한적인 영재 선발 범위 때문에 선발과정에서 배제되는 잠재적 영재아들에게 적절한 교육환경을 제공해야 하는 것은 영재교육의 또 다른 과제다.

일곱째, 영재성의 범위와 함께 간과되어서는 안 되는 것이 영재성의 영역 문제다. 수학과 과학 영역 중심으로 이루어지던 영재교육이 부분적으로나마 언어나 예술 등의 영역에서 영재아동을 선발하여 교육하는 것은 매우 반가운 일이다. 그러나 언어영재나 예술영재의 개념적 정의조차 모호하며, 이를 적절하게 판별할 수 있는 도구나 절차적인 기술은 거의 없는 상태다. 최근 영재성이 영역 일반적인 측면에서 영역 특수적인 측면으로 이해되면서 구체적 영역에서의 개념과 특성은 매우 상이할 수 있다는 것을 전제할 때, 새롭게 요구되는 영재성의 영역에 대해 심도 깊은 연구가 요구된다(한기순, 2000, 2005). 특히 언어나 예술 등의 영역은 지필에 따른 영재성의 검증과 함께 구체적인 성과물을 통한 수행평가의 활용이 더욱 요구되므로, 전문가의 평정에 따른 영재성 진단에 관한 접근방법의 신뢰도를 증진시킬 수 있는 방안도 모색되어야 한다.

여덟째, 영재성 판별의 시기에 관한 문제다. 현재는 초등 4~5학년부터 중고등학생을 대상으로 공교육 차원의 영재교육이 실시되고 있다. 유아나 초등 저학년은 영재성이 있거나 영재성이 있다고 의심되는 경우라도 영재성을 검증받거나 교육받을 수 있는 통로가 공교육적인 측면에서는 전면 통제되어 있는 상황이다. 인간의 영재성은 초등 4학년 때부터 불현듯 나타나는 것이 아니며 또한 그 단계부터 시작되는 것이 아님은 자명한 사실이다. 그럼에도 불구하고 이들만을 대상으로 영재교육을 실시하는 것은 영재교육의 포괄성, 적기성 및 효과성의 원칙에 비추어 볼 때 커다란 문제가 아닐 수 없다. 영재교육 시스템의 부재로 영재아동이 잠재력을 잃어버리고, 미성취 현상을 나타내며, 문제아로 낙인찍혀서 4학년이 되었을 때는 이미 학습에 대한 동기를 잃어버린 경우도 적지 않다. 이에 대한 문제점과 개선 방향은 이 책의 6장 '델파이 조사를 통한 유아 영재교육의 방향 탐색'에서 심도 있게 논의하였다.

아홉째, 영재성의 판별에서 지적인 측면과 함께 정의적인 측면의 고려가 매우 중요하게 인식되고는 있으나 실제 판별 과정에서는 이에 대한 배려가 거의 부재하다. 영재성에는 '할 수 있는 것'과 '하고 싶어 하는 것'의 두 측면의 통합적 평가가 필요하다. 즉, 영재성의 징후를 '도구적 징후'와 '동기적 징후'[2]로 분류하여 판별과 프로그램에 적용할 수 있다. 여기서 '도구적

---

2) **도구적 징후**
- 활동에서 고유한(특별한) 활동 전략의 사용 여부
  - a. 지식을 빠르게 습득하고 수행하는 능력 여부
  - b. 문제해결이나 주어진 과제 해결을 위해서 새로운 방법을 사용하거나 기존의 방법을 변형시켜서 사용하는 능력 여부
  - c. 기존 활동에 대해 새로운 과제와 활동 목표를 설정해 내는 능력으로 이전에 기대할 수 있었던 활동보다 좀 더 깊은 지식을 얻을 수 있고 전혀 기대하지 못하였던 부분 또는 남이 보지 못하는 새로운 목표를 세우는 능력 여부
- 자기 방식을 추구하는 독창적 활동 방식
- 지식의 높은 조직성(구조성), 습득한 지식을 체계화하는 능력, 문제해결을 위해 적합한 방법을 간결하게 찾아내는 능력, 복잡한 상황에서 아주 빠르게 효율적 방법을 찾아내는 방법 사용 여부 등

동기적 징후
영재의 경우 도구적 징후와 동기적 징후가 동시에 나타날 수도 있고 아직은 동기적 징후의 상태에 머문 아동도 있다. 영재의 동기적 징후를 나열하면 다음과 같다.
- 어떤 특정 영역(기호, 소리, 색, 기술 설비, 식물 등)에서 높은 선택적 민감성을 보이거나 스스로 뭔가를 해 내려는 적극성(신체, 인지, 예술 표현 등)을 보임
- 가치 있는 특정 영역에서 스스로 만족하며 지속하는 성향을 보임
  예를 들어, 어떤 5세 유아는 '고래'에 대해 많은 흥미를 가지고 있어 고래의 이름과 서식지는

징후'란 아동의 활동 방법 및 능력을 말하며, '동기적 징후'란 어떤 활동에 대한 아동의 태도를 일컫는다. 도구적 징후와 동기적 징후가 모두 뛰어난 아동도 있으나, 동기적 징후는 매우 뛰어나지만 도구적 징후가 부족한 아동에게도 영재성 진단이나 프로그램의 기회를 제공해 주는 것이 바람직하다. 영재교육의 역사가 오래된 러시아는 영재교육 프로그램의 적용 여부를 결정할 때 아동의 동기적 징후를 가장 중요한 관건으로 삼고, 이에 대한 타당성을 지속적인 연구결과를 통해 제기하고 있다. 특히 어린 영재나 미성취 영재의 경우 뛰어난 잠재력이 존재하지만 구체적 능력이 길러지지 못했을 때, 이 아동의 영재적 잠재성을 진단할 수 있는 중요한 준거로써 동기적 차원의 영재성 징후는 큰 의미가 있다. 성취 위주의 영재성 판별과 교육이 주를 이루는 우리나라의 영재교육 현실을 감안할 때 학생의 동기와 태도를 영재성의 진단과 교육에 어떻게 활용할 것인가의 여부는 매우 중요한 연구과제라고 생각한다.

　　마지막으로, 영재 판별에서 '영재다' 혹은 '영재가 아니다'의 이분법적 사고방식에 관한 문제다. 영재의 판별은 상품을 등급화하는 작업이 아니다. 마치 흠집 하나로 1등급에서 2등급으로 낮아지는 사과처럼, 1~2점의 차이로 영재와 비영재를 구분하는 것은 바람직하지 않다. '영재다' 혹은 '영재가 아니다'의 이분법적 논리가 영재교육 프로그램의 운영에는 편리할 수 있으나 바람직하지 않으며 반드시 필한 것은 아니라고 학자들은 지적한다(Birch, 1984; Callahan, 1982). 이보다는 오히려 각 학생에게 적응적이고 개별화된

물론 먹이와 습성 및 특성에 대해 전문가를 능가할 정도의 지식을 갖추고 있으며 끊임없이 고래에 대해 알고 싶어 한다. 이 유아는 표준화 지능검사 결과 IQ 110 정도밖에 되지 않았으나 분명히 일반 유아와는 차이가 있음을 인정할 수 있다.

- 어떤 과목 또는 활동에 대해 드러내는 특별한 흥미, 현저히 높은 호기심, 특정 활동에 대해 적극적인 선호를 보이는 현상, 놀라울 정도의 인내와 과제집착력
- 특별히 지적으로 흥미롭게 보이지 않는 상태나 현상에서도 높은 인지 욕구를 보이고 지식 자체에 대해 보이는 고유하고 왕성한 활동 의욕
- 기이하거나 막연하고 모순된 정보를 선호하며 집요하게 지적 성취를 추구하는 태도
- 자신의 활동 결과물에 대한 높은 비판력, 높은 성취동기와 완벽 추구 성향 등

　한국영재교육의 새로운 지평

프로그램을 제공하는 것이 더 효과적이고 유익할 수 있으므로 영재 판별 자체에 대한 무용론을 주장하기도 한다(예, Birch, 1984). Sternberg 역시 영재의 판별과 관련하여 영재교육 분야의 나쁜 습성 중 하나는 과연 영재가 무엇을 의미하는가에 대한 명확한 개념 없이 영재성 자체의 연구에만 집중하는 것이고, 더 나쁜 습성은 영재인가 아닌가의 이분법적 논리로 아동을 판단하는 것이라고 지적하였다. 이와 같은 주장은 영재 판별 및 프로그램 배치에서 융통성과 자율성을 확보하자는 의미로 해석되어야지 자칫 프로그램의 객관성 확보 및 현실화를 어렵게 해서는 안 된다. 즉, 영재를 선발하는 과정에서 컷오프 점수(cut off score)에 지나치게 엄격하다 보면 이러한 과정에서 참영재가 제외되는 경우가 발생할 수 있다. 그러므로 점수가 약간 낮더라도 전문가의 판단에 따라 영재라고 의견의 합의가 모아지는 아동에게는 융통성을 발휘하여 영재성을 보다 심도 있게 판단받을 수 있는 기회를 제공해야 한다는 의미다.

바람직한 영재 판별을 위한 제언

분명 영재교육에서 영재 판별은 무엇보다 중요한 과제이며 절차다. 영재 판별 과정에서 발생해 온 문제점을 수정, 보완하여 현재와 앞으로의 영재 판별 절차와 과정을 보다 전문화, 객관화, 다양화, 개별화하려는 연구와 노력이 경주되어야 할 것이다. 즉, 현행 과학영재교육원의 영재 판별 및 선발의 문제점을 보완하면서 영재성의 측정과 판별에서 심리측정학적인 타당성과 현실적인 합리성을 담보할 수 있는 구체적인 방안이 모색되어야 한다. 지금까지 위에서 언급한 영재성 준거의 명확성 및 연계성, 의사결정의 타당성과 정확성, 의사결정 과정에서의 판별 오류 감소, 또 이를 위한 신뢰도와 타당도가 높은 검사의 개발과 사용 등은 현 영재 판별의 가장 심각한 문제이기도 하다. 따라서 무엇보다 시급하게 해결되어야 할 과제라고 생각한다. 문제점의 파악이 그 문제해결을 위한 가장 중요한 첫걸음인 만큼, 영재교육기관이 공동으로 제시된 문제를 해결하려고 노력한다면 현재 영재 선발과 관련된 과제가 하나씩 해결되리라 본다. 끝으로 영재의 선발과 관련하여 몇 가지 실제적인 제언을 덧붙이고자 한다.

영재교육 진입 통로의 융통성 확보

학교장 추천에 의존하여 교육원 입학 자격을 부여하는 현재의 방식으로는 영재가 아닌 우등생이 선발될 수 있는 가능성을 배제할 수 없다. 따라서 학교장의 추천을 받지 못한 학생에게는 과학적 산출물 등의 제출이나 영재교육기관 지도교수 및 교사와의 심층면접 등을 통하여 1차 전형의 자격을 부여하는 방안을 심도 깊게 고려하여야 한다. 또한 공식적으로 진행되는 연 1회의 일반 전형 외에 지도교수 및 전문가의 판단에 따른 특별 선발이나 전형을 통해 수시로 영재성을 진단할 수 있는 시스템도 고려해야 한다. 또한 사이버 시스템에서의 교육활동을 활용하여 일정 자격을 갖춘 학생에게 1차 전형의 자격을 주는 것도 효과적인 방안이다. 그러나 이 문제는 '영재교육의 대상자 범위를 몇 %로 확대할 것인가'에 대한 논의와 함께 고민하고 해결하여야 할 과제다.

다단계식 선발 과정의 현실화 및 타당성 검증

거의 전국 대부분의 영재교육기관이 지필 고사와 면접으로 영재를 선발하고 있다. 그중 상당수의 기관에서 2차 전형의 면접을 형식적으로 운영하고 있음을 고려할 때, 사실상 1회성 지필 고사로만 영재를 판별하는 기관이 많다고 볼 수 있다. 이는 분명 최근 영재교육의 방향 및 진정한 과학영재를 선발하려는 초기 의도에서 크게 벗어난 것이며 영재교육의 판별 원칙을 고려할 때도 적절하지 않다. 국내외 영재 선발의 사례를 통하여 다단계식 영재 선발이 효과적이며 충분히 가능함을 알 수 있다. 한국영재학교나 I대학 부설 과학영재교육원의 사례에서 볼 수 있듯이, 3단계 이상의 다단계 선발 전형은 선발의 타당성과 신뢰성을 보다 공고히 할 수 있다. 3단계 전형은 1단

한국영재교육의 새로운 지평

계(과학적 지식과 탐구 능력 검증을 위한 지필 고사와 일반 지적능력) → 2단계(구체적 과학 영역별 창의적 문제해결력 검사) → 3단계(실험 능력 평가 및 심층면접) 등으로 이루어질 수 있다. 그러나 이러한 다단계식 선발 과정에서도 각 단계별 비중을 어떻게 환산할 것인가의 문제, 각 단계에 활용될 검사도구의 개발과 타당성 검증의 문제, 다단계 선발을 위한 행정적, 재정적 지원 문제 등이 먼저 해결되어야 이러한 다단계 선발 과정의 현실화를 가능하게 할 수 있다.

영재성 진단과 판별을 위한 영재성 진단 판별 센터 설립

현재는 아동의 영재성이 의심되어도 영재성을 진단받을 수 있는 공교육 차원의 기관이 전무한 상태다. 부모나 교사는 아동의 발현된 재능이 과연 영재성인지, 단순히 발달이 빠른 것인지, 아이의 부적응 행동이 영재성에서 비롯된 것인지, 아니면 단지 문제행동일 뿐인지 검증받고 싶어도 시스템의 부재로 아무런 도움을 받지 못하고 있다. 유아 및 초등 저학년인 경우는 더욱 그러하며 초등 고학년이나 중학생 부모의 경우도 현 영재교육의 대상자가 성취 위주의 극소수 학생에게 한정되어 있어 답답한 사정은 별반 다르지 않다. 수시로 영재성을 진단받고 그들의 교육적 요구에 대하여 진단과 상담을 받을 수 있는 공교육 차원의 통로가 설립되기를 기대한다. 이를 위해서는 중앙정부 차원의 행정적, 재정적 지원이 필수적이다.

영재교육기관 간 공동작업 활성화를 통한 판별의 타당성 및 일관성 확보

전국적으로나 권역별로 거점 과학영재교육원을 지정하여 공동으로 활용할 수 있는 판별도구의 개발이 필요하다. 현행과 같은 방식으로는 제한된 예산으로 최대의 효과를 내기에 여러 가지 제한이 있다. 여러 영재교육원이 그동안의 노하우를 공유할 때 보다 좋은 효과를 창출해 낼 수 있기 때문에, 거점 교육원을 지정하여 협업을 통한 윈윈(win-win) 전략을 논의해야 한다. 1차 전형에서는 공동으로 개발한 문항을 사용하고 2차와 3차에서는 각 교육원별로 자체 개발한 검사도구를 사용한다면, 각 영재교육원의 특성도 살릴 수 있고 선발에 따른 행정적, 재정적 문제도 대폭 줄일 수 있다. 특히 전국 모든 대학교 영재교육원에서 1차 선발시험을 공동으로 실시한다면 영재에 대한 자료를 전국적으로 수집하여 표준화 연구를 진행할 수도 있다. 점차적으로 1, 2, 3차 전 전형 과정을 공유하거나 표준화하는 문제, 혹은 문제은행 식으로 검사도구를 개발하여 활용하는 문제 등도 적극적으로 검토될 필요가 있다. 이러한 것들이 가능할 때 현재의 영재 선발 위주의 관행을 영재 판별의 방향으로 전환할 수 있을 것이다.

또한 전국의 영재교육원이 권역별로 협회를 형성하여 운영된다면 현재 결여되어 있는 선발 시기 및 방법 등에서도 일관성을 유지하여 학부모나 학생에게 보다 편리한 서비스를 제공할 수 있을 것이다.

각 영재교육원의 출제 자료의 지속적 축적 관리

위의 사항과 유사한 맥락에서 전국 영재교육원의 영재 판별 문항의 수집도 추진이 필요한 시급한 사안이다. 몇 년이 더 지나면 초기의 자료는 구할 수 없을 것이다. 따라서 영재교육원 초기부터 현재까지의 각 영재교육원별 출제 자료 및 문제를 수집하여 분석하는 작업이 선행되어야 한다. 이러한 자료가 축적되면 난이도 조절 및 분산, 출제 분야의 다양화, 출제자별 성향 분석, 지원자의 경향 분석, 영재아의 학습능력 추적 등에 매우 귀중한 자료로 사용될 수 있다. 또한 이러한 출제 자료의 수집, 축적, 관리, 분석은 위에서 제기한 향후 문제은행 구성에도 유용한 자료로 사용될 수 있을 것이다.

사이버 시스템을 적극 활용한 영재성의 측정 및 판별

사이버 시스템을 활용한 과학영재의 판별과 교육은 선택이 아니라 필수인 현실이 되었다. 사이버 시스템은 급변하는 학생의 요구에 부응하고 과학영재의 선발과 교육의 여러 가지 문제점 및 제한점을 보완할 수 있는 가장 효과적인 방안으로 받아들여지고 있다. 또한 사이버 공간을 통한 영재성의 측정은 시간과 공간에 상관없이 적용된다는 점과, 교육과 선발을 동시에 추구할 수 있다는 장점을 가지므로 최근의 영재 선발의 경향과도 잘 부합한다.

과학영재를 온라인으로 판별할 때 대부분의 과학영재교육원에서 실시하고 있는 선발 절차에는 추천 자격이나 1차 판별 단계에서 부모나 교사, 학교장이 추천하는 근거 자료로 사용될 수 있는 자가 진단 형태의 검사도구, 과학영재의 특성을 점검할 수 있는 체크리스트를 제시하여 본인과 동료, 교사, 부모가 점검하도록 제시하는 방법이 가능할 것이다. 이와 함께 1차나 2차 판별 단계에서 사용하고 있는 각종 기초능력검사나 창의력 검사, 수학·과학의 창의적 문제해결력 검사, 논리적 사고력 검사들을 온라인으로 실시하여 과학영재교육원으로의 지원 자격을 부여하는 방안도 적극적으로 고려해 보아야 한다. 온라인으로 과학영재 판별 검사도구를 개발, 활용하고자 할 때 가능한 방법을 다음과 같이 고려해 볼 수 있다.

- 자신이 원할 경우 자격이 되는지 누구나 알아볼 수 있도록 과학영재의 특성을 점검할 수 있는 체크리스트를 개발하여 온라인으로 결과를 피드백받을수 있게 한다(학생 본인, 교사, 부모 등이 사용 가능하도록 별도 개발).
- 좀 더 객관적인 자료를 위하여 각종 표준화된 검사를 온라인상으로 검사할 수 있는 도구를 개발한다.
- 각 학년의 학업성취도 수준을 알아볼 수 있는 표준화된 학력검사도구의 문제은행을 지속적으로 개발하여 이를 온라인으로 활용할 수 있도록 한다.
- 해당 분야의 창의성과 문제해결 능력을 알아볼 수 있는 창의적 문제해결력 검사도구를 개발하여 온라인과 오프라인으로 활용할 수 있도록 한다.

다양한 과학영재 판별 방식의 타당성 및 신뢰성 검토 연구

영재성을 측정하는 다양한 방법에 관해서는 기초연구가 지속적으로 이루어져야 한다. 과학영재 판별에서 과학적 지식, 과학적 탐구 능력, 창의성,

지능 등의 일반 지적 능력, 동기 등의 비인지적 능력 등을 효과적으로 측정하는 방법의 연구와 그러한 능력 등을 어떤 비율로 반영하여야 하는가에 대한 논의도 상식 수준을 넘어 구체적인 연구를 통해 이루어져야 한다.

지금까지 영재 판별과 선발에 관련하여 우리가 당면한 문제점과 쟁점을 살펴보고 몇 가지 개선 방안을 논의하여 보았다. 영재아동의 판별은 순기능과 역기능을 동시에 가지고 있다. 순기능은 아동의 영재성을 간략하게 요약하고, 전문가 간의 의사소통을 원활히 하도록 도와주며, 아동 지도를 위한 교수-학습 방법에 유용하게 작용한다. 그러나 영재아동의 판별은 평가 대상이 되는 아동에게 꼬리표(labeling)을 붙임으로써 영재성에 대한 진단과 평가가 아동에 대한 이해를 증진시키기보다 오히려 그 아동에 대한 몰이해를 초래하고, 개인차를 무시하며, 편견을 제공하는 역기능을 가지고 있다(김동일, 2002). 특히, 영재라는 명칭으로 영재 집단 내에 존재하는 아동의 개인차가 무시되어도 안 된다. 아동기, 특히 초등 학령기에 있는 아동의 사고력, 지적 능력, 창의성 등은 가변성이 크기 때문에 이들이 영재교육원에 선발되었다는 이유만으로 교육 현장에서 검증적 차원의 용어인 '영재아'를 확정하여 사용하고 확신하는 것은 바람직하지 않다. 마찬가지로 '한번 영재는 영원한 영재'라는 인식 역시 바람직하지 않다. 아동이 뭔가에 흥미를 갖고 있을 때는 분명히 영재아로 보일 수 있다. 그러나 아동기 영재성은 조건부적 성격을 가지고 있다. 훗날 성취할 가장 탁월한 재능이 아동기에 직접적으로 표출되지 않거나 재능이 보였다가도 점차 또는 확연히 영재성이 사라지는 예도 흔히 있다. 따라서 이런 현실을 감안해 영재로 선발된 아동은 '영재아'라는 개념 대신 '영재성의 징후' 또는 '영재적 성향을 가진 아동'으로 보는 것이 더욱 적합하다고 볼 수 있다. 영재아동을 판별하는 것은 매우 중요하다. 따라서 역기능적인 요인이 최소화되는 방향으로 운영의 묘를 발휘하여야 할 것이다.

참고문헌

김동일(2002). 영재판별 방법과 과제에 대한 토론. 영재와 영재교육, 1(1), 81-86.

김언주(2001). 영재의 판별과 선발. 한국영재학회 춘계 학술대회논문집.

최호성(2003). 중등 영재판별과 교육 프로그램의 비판적 검토. 한국영재학회추계
학술대회논문집.

한기순(2000). 창의성의 영역한정성과 영역보편성에 관한 분석과 탐구. 영재교육
연구, 10(2), 89-104.

한기순(2005). 창의성 영역문제의 탐색 및 재접근. 영재교육연구, 15(2), 1-34.

Birch, J. (1984). Is any identification procedure necessary? *Gifted Child
Quarterly, 28*(4), 157-161.

Callahan, C. M. (1982). Myth: There must be 'winners' and 'loses' in
identification and programming! *Gifted Child Quarterly, 26*(1), 17-19.

Klauer, K. J. (1987). Kriteriumsorientierte Tests [Criterion Referenced Tests].
Göttingen: Hogrefe.

Sheffield, L. J. (1999). *Developing Mathematically Promising Students*. Reston,
VA: National Council of Teachers of Mathematics.

05

국내 영재교육 프로그램의 현황과 과제[1]

들어가며: 문제의 인식 공유

기존의 교실에서는 교사가 학생들에게 무엇을, 또 어떻게 탐구할 것인가에 대한 절차적인 지식을 가르칠 수 있었으나, 그러한 가운데 우리가 놓치고 있었던 것은 과학을 하는 것(doing science)에 대한 본질이었다. 특히 영재의 학문적 욕구는 평범한 아이와 질적으로 다르기 때문에, 과학영재에게 과학을 하는 것에 대한 본질의 요구와 필요성은 상당히 큰 것이었으나 그에 부합하는 연구와 프로그램의 개발이 뒷받침되지 못한 것이 현실이다. 과학영재를 위한 교과과정은 학습내용, 학습과정, 산출물에서 영재를 위해 특수화가 필요하다.

모든 학생이 그러한 학습에 참여하기를 원하는가?
모든 학생이 그러한 학습에 참여할 수 있는가?
모든 학생이 그러한 학습에서 우수한 성취를 보일 수 있는가?

---

[1] 한기순(2006), 국내 영재교육 프로그램의 현황과 과제, 영재와 영재교육, 5(1)의 내용을 일부 수정하여 수록하였음.

앞의 질문에 '예'라고 답한다면, 그것은 영재를 위하여 차별화된 교육과정이 아닐 것이다. 그렇다면 영재를 위한 차별화된 교육 프로그램은 어떠한 것일까? 최근 영재교육에 대한 관심이 높아지면서 실제 현장에서 영재를 교육시키기 위한 프로그램의 개발에 대한 요청이 쇄도하고 있다. 하지만 영재의 특성을 제대로 고려하고 영재교육과정 모형에 적합하며 실제 현장에서의 적응력을 갖는 영재 프로그램은 거의 없었다. 영재를 위한 교육과정은 '벌거벗은 임금님'처럼 선발된 후에 그들을 위한 제대로 된 프로그램도 없이 표류하듯 형식에 치우친 것이었다. 영재를 위한 기존의 프로그램은 대개 속진 중심의 교육 내용만을 제시하거나, 게임이나 퍼즐식이거나, 지나치게 어려운 문제풀이 중심인 것이 대부분이었다. 따라서 영재의 내적 동기를 유발하거나, 학습에 대한 흥미를 진작시키거나, 성취도를 증진시키기에는 역부족이었다. 기존의 프로그램은 영재의 영재성 계발보다는 영재교육 프로그램 체제의 현상 유지에 급급했던 것이 사실이다. 그렇다면 영재를 위한 교육과정과 프로그램은 어떠한 특성을 갖추어야 하는가? 많은 연구들이 영재를 위한 교육과정의 목표나 특성을 제시하고 있는데(Maker, 1996; VanTassel-Baska, 1996), 특히 교육 내용, 과정, 산출물 측면에서 어떻게 차별화되어야 하는가를 구체적으로 보여 주고 있다(〈표 5-1〉 참조). 하지만 커다란 골칫거리로 항상 남아 있던 과제는 이러한 차별화 프로그램의 원칙이 실제 학문 영역에서 어떻게 구체화되어 나타날 수 있는가의 문제다. 이것은 영재교육 관련 인력이 턱없이 부족한 현실에서 중장기적으로 해결하여야 할 지속적인 과제다.

대부분의 과학영재교육원은 일반적으로 다음과 같은 공통된 교육 목표를 제시하고 있다.

- 과학적 탐구 능력 계발
- 과학적 사고력, 창의성, 문제해결 능력 신장
- 자기주도적 학습능력 배양

- 과학에 대한 흥미 제고 및 이해
- 과학교육과 인성 교육의 조화
- 과학의 사회적 역할 이해

즉, 학습자 스스로가 1) 미지의 현상이나 문제에 대해서 새로운 대안을 과학적으로 창안하고, 2) 창안한 대안을 가장 효과적으로 적용하는 과학적 방법을 독창적으로 고안하며, 3) 이러한 활동을 통해서 자신의 지식 체계의 폭과 깊이를 확장시키는 능력을 계발하고자 한다. 그러나 실제로 이러한 교육목표가 달성되었는가의 여부는 아직까지는 매우 불확실하다. 과학영재교육원의 교육과정과 관련하여 프로그램의 효과성이나 교육 목표의 달성을 검토하는 몇 가지의 연구가 존재하기는 하나 매우 부족하며(김묘정, 2001; 이해명, 2002; 양태연 외, 2005), 그 결과는 매우 산발적이다.

영재교육이 본격적으로 시작된 지 8년에 접어들지만 전국 영재교육기관의 프로그램 문제는 아직 이렇다 할 결론이 없는 상태다(이해명, 2002). 영재교육의 목적, 영재교육 내용의 선정 원칙, 영재교육과정 구성의 문제, 교재개발의 타당성, 영재교육 평가 등의 교육과정 개발의 기본 문제가 아직 확정되지 않았다는 현실적인 문제를 안고 있다. 영재교육원의 교육 목적에 관한 교육원 책임자, 참여 교수 및 강사 간의 의견이나 철학이 상이하고, 교육과정이 심화 중심을 표방하고 있으나 속진의 방식으로 운영되고 있다는 비판이 제기되고, 교과별 교육과정 운영 대 통합형 교육과정 운영에 대한 대립도 만만치 않게 제기되고 있다. 또한 기초, 심화, 사사 등 단계별로 프로그램이 운영되고는 있으나 그 교육과정이나 교수–학습 방법에서 특징 규명이 제대로 이루어지지 못한 한계를 안고 있다.

영재교육원의 프로그램과 연계하여 구체적으로 제기되고 있는 몇 가지 문제점을 예로 들면 다음과 같다.[2]

---

2) 여기서 제시한 문제점은 모든 영재교육원이 공통적으로 갖는 한계가 아니라 일부 기관에서 산발적으로 제기되는 문제 인식임을 밝힘.

표 5-1 영재교육 프로그램의 내용, 과정, 산출물, 교사 면에서 고려사항

내용 면
- 충분히 추상적인가?
- 복잡한 내용을 다루는가?
- 다양한 내용을 다루는가?
- 관련 분야의 인물 연구를 포함하는가?
- 관련 분야의 방법 연구를 포함하는가?

과정 면
- 학생이 선택할 수 있는가?
- 학생의 능력과 흥미에 맞도록 학습과정의 유동성이 보장되는가?
- 다양한 상위 사고력 및 창의성이 계발될 수 있는가?
- 다양한 형태와 내용의 개인 프로젝트가 보장, 권장되는가?
- 결과와 함께 과정이 중시되는가?
- 문제 중심의 학습인가?
- 자기주도적인 학습자의 자세가 권장되는가?
- 실생활과의 연계가 이루어지며 생활로의 적용이 용이한가?
- 개인차가 고려되고 개별화가 이루어지는가?
- 열린 문제(open-ended)인가?
- 관찰과 발견을 중시하는가?
- 소집단 활동이 효과적으로 이루어지는가?

산출물 면
- 실제문제를 다루는가?
- 실생활로의 적용이 용이한가?
- 실제 청중에게 발표되는가?
- 적절한 평가가 이루어지는가?

교사 면
- 가르치는 교과 내용을 잘 준비하는가?
- 사고와 문제해결 측면에서 창의력과 확산적 사고력을 권장하는가?
- 학생에게 지속적이고 온화한 격려를 하는가?
- 학생과 함께 일하는 것을 즐기는가?
- 학생에게 훌륭한 역할모델을 제시해 주는가?
- 학생과 상호 존경 및 신뢰감을 쌓아 가는가?
- 학생의 이야기와 문제를 귀 기울여 듣는가?
- 학생의 학업성취나 개인적인 산출물 면에서 높은 기준을 요구하는가?
- 강의식 학습보다는 질문식 또는 탐구식 학습을 강조하는가?
- 개방적인 질문을 사용하고 학생 간 질문을 장려하는가?

표 5-1 영재교육 프로그램의 내용, 과정, 산출물, 교사 면에서 고려사항(이어서)

- 학생에게 질문에 답하도록 적당한 시간을 제공하며 부적절한 답을 학습의 기회로 전환하는가?
- 학생의 자율권과 주도권을 격려하는가?
- 생생한 원자료와 일차 자료를 사용하는가?
- '분류하다' '예측하다' '창조하다' 등의 인지적 용어를 자주 사용하는가?
- 학생의 반응에 따라 교수전략을 변화시키고 내용을 변경하는가?
- 자신의 이해를 학생과 공유하기 전에 학생의 이해를 먼저 알아보는가?

- 판별과 유리된 교육 내용 – 창의적 문제해결력을 지닌 학생 선발을 목적으로 하나 실제 수업내용은 기존 지식의 재생산에 치중하고 있음
- 교육 목표와 상이한 교육 내용 – 과학적 창의성이나 사고력 계발을 목표로 하나 실제 교육 내용은 이러한 목표를 충족시켜 주지 못함
- 실험 위주의 수업이기는 하나 지나치게 교사주도적으로 진행되어 자기주도적으로 실험 설계를 할 수 있는 기회가 제한됨
- 대부분이 속진 위주의 내용이며, 지식과 이해 수준으로 교육과정이 구성되고, 적용, 분석, 종합, 평가의 기회는 매우 제한적임
- 서로 다른 교사의 수업 진행으로 전체 수업의 연계성 부족 – 교육과정 전반에서 학생의 영재성 계발에 대한 고려보다는 교사나 강사의 편의에 따라 수업내용이 구성됨
- 학생의 흥미나 의사가 반영되지 않아 내적 동기유발 부족
- 학생 개별성에 대한 인식 부족
- 각 학생에 대한 사전지식 점검이 거의 전무함
- 다양한 집단 활동이나 학생 간 협업의 기회 부족
- 개별 과제 제시나 선택에 대한 기회 제한
- 간학문적인 고려 부족
- 최근 쟁점이 되는 과학적 사실이나 주제에 대한 고려 부족
- 실생활과 관련된 주제 제시 미흡, 배운 내용의 실생활 활용 미흡

- 학생 산출물 생산, 발표, 평가의 기회 미흡
- 획일적 평가방법 사용
- 프로그램 효과성에 대한 연구 부족
- 과학자의 실제 과정을 보고 배우며 과학자로서의 자질을 자연스럽게 배우기보다는 학교의 연장 학습으로 진행됨

교육과정에 관한 최근 연구(김묘정, 2001; 이해명, 2002)에 따르면, 학생은 강의보다는 실험이나 실습 위주의 수업, 프로젝트 중심의 수업을 희망하지만, 실제 전국의 과학영재교육원에서는 약 70% 이상이 강의 중심으로 운영되고 있으며, 단지 30% 이하만이 실험 위주의 수업으로 진행되고 있음을 지적하였다. 대학의 자체 평가도 기초 과정과 탐구 과정의 차별성이 없고 단계별 교육과정도 심화되지 못한 것으로 드러났다. 또한 학생은 물리와 화학을 연계하여 보다 심도 있게 자연현상을 이해하거나 물리나 생물이 연계되는 원리 중심의 학습내용을 선호하였으나, 강의식 수업으로는 이와 같은 욕구가 제대로 충족될 수 없음이 나타났다. 이와 함께 강사의 잦은 교체로 수업의 일관성 결여도 큰 문제점으로 지적되었다. 학생들은 또한 '학생 스스로가 참여하여 토론하는 시간이 매우 부족하다'고 지적하였으며 과학을 실제 생활과 연관시켜 응용하는 시간이나 주제가 필요하다는 문제를 제기하고 있다. 이와 함께 학생 간의 심각한 수준 차이도 프로그램 운영에 큰 걸림돌로 제기되었다. 이러한 교육과정 및 프로그램 운영에 관한 최근 연구는 현행 영재교육 프로그램이 학습자의 능력 및 요구에 부응하여 수정, 보완될 필요가 있음을 드러내고 있다.

영재교육 프로그램의 차별화 전략과 대안

과학영재 프로그램의 차별화 전략 [3]

과학영재교육 전문가는 과학영재를 위한 프로그램을 구상하려면 다음과 같은 몇 가지 관점을 동시에 고려해야 한다고 주장한다(Brendwein, 1988; 한종하, 1987; 정병훈, 2001; 조석희, 1999).

첫째, **의문 또는 문제 중심 프로그램**이 되어야 한다. 영재는 어려운 문제와 모호한 문제에 대한 도전을 즐기며, 이러한 문제에 지구력을 가지고 도전하므로 영재의 지적, 심리적 특성과 잘 부합되며 기존의 강의식 수업방식보다는 창의적 문제를 중심으로 하는 수업이 적당하다고 전문가는 주장한다. 이러한 프로그램의 좋은 예시는 쉽게 찾아지지는 않으나, 영국의 중학교 수준 Nuffield 과학 프로그램, 미국의 고등학교 수준 BSCS(Biological Science Curriculum Study), 미국의 중학교 수준 하버드 물리 코스 등은 비교적 정평이 나 있는 교육 프로그램이다(한종하, 1987). 이와 함께 ESS(Elementary Science Study) 과정은 매우 신축성 있는 초등학교 과학교육과정 영재교육 프로그램으로 적절한 것으로 평가되고 있고, 미국 IMSA(Illinois Math and Science Academy)의 각 과학 교과의 문제기반 학습(Problem-based Learning: PBL) 역시 영재를 위한 효과적인 프로그램으로 정평이 나 있다. 미국의 MIT 공대에서는 1학년 학생에게 프로젝트 중심 과제를 주어 학생 스스로가 창의력을 발휘할 수 있는 기회를 주고 있는데 이것은 아주 적절한 영재교육 구상이라고 평가된다. 미국의 웨스팅하우스 과학재능 발굴 대회에서 많은 입상자를 내는 학교는 모든 학생의 개인연구, 즉 과학탐구 프로젝트 과목이 있

---

[3] 다양한 학문 영역에서의 프로그램을 논하는 것이 타당하나 지면의 효과적인 활용을 위해 과학 영역 프로그램을 중심으로 논함.

다. 이 연구를 1년 이상 계속적으로 수행해 가는 과정에서 과학자로서의 신념과 활동을 배울 수 있다.

둘째, **탐구 중심 활동이 강조**되어야 한다. Sternberg(1982)는 영재를 위한 탐구활동의 중요성에 대해서 다음과 같이 설명하였다. 과학교육은 좀 더 현실적일 수 있고, 현실적이어야만 한다. 또한 문제를 찾아내고, 해결하고, 재평가하는 훈련을 포함하고 있어야 한다. 이러한 훈련 역시 현실적이어야 하고, 실제 과학자들이 하는 것을 나타내야 하며, 영재의 재능을 자극하는 동기 및 촉진제의 역할을 해야 한다. 이렇게 해야만 학생은 과학을 한다는 것이 어떤 것인지를 알고 과학자가 되기를 선택할 것이다.

셋째, **시설 및 실험 기구가 충분히 갖추어져야 하며 항상 학생이 접근**할 수 있어야 한다. 기초과학에 대한 아이디어의 발전이나 흥미는 우수한 시설과 기구를 다룸으로써 더욱 촉진될 수 있다. 우수 영재아를 교육하고 있는 브롱스 과학고등학교, IMSA, 스터이베슨트 고등학교는 최첨단 실험 기기와 컴퓨터 시설을 갖추고 있다. 과학에 재능이 있는 학생은 과학자같이 행동하여야 한다. 그러기 위해서는 학생으로 하여금 도구와 기법을 사용하여 실제로 실험을 해 볼 수 있는 환경을 제공하여 합리적이고 과학적인 방법으로 문제를 다룰 수 있도록 자극하는 환경이 필요하다. 또한 이러한 물리적인 환경이 효과적으로 사용되기 위해서는 더 많은 과학 시간을 허용하고 실험실 운영이 개방적이어야 한다.

넷째, **과학 내용의 습득**을 강조해야 한다. 탄탄한 내용적 기반 없이 창의적인 방법만을 강조할 수 없으며 내용 없는 방법은 공허하다. 제공되는 내용은 목표 설정과 계통화가 합리적이고 타당하게 구성되어야 한다. 가능하다면 과학적 탐구의 맥락 속에서 과학 내용을 숙달하게 하는 것이 더 효과적이다. Ausubel(1965)은 조직적인 과학 지식 제공과 올바르게 계열화한 과학 내용 제시를 중시하였다. 따라서 과학 내용을 효과적으로 가르치려면 단편적인 지식과 기술보다는 광범위한 개념에 초점을 맞춘 교재를 선택하여 제공하는 것도 학습의 효율성을 높이기 위해 매우 중요하다고 본다.

다섯째, **관찰과 이론에 따른 학습**이어야 한다. 관찰에 따른 이론의 구성이나 이론에 바탕을 둔 관찰 결과의 예측을 훈련시키는 일은 대단히 중요하다(정병훈, 2001). 과학 발전의 역사적 사례를 살펴보면, 그것이 이론적이건 실험적이건 위대한 발견의 기초는 항상 '관찰과 이론의 불일치'에서 시작하였다. 관찰이 이론에 의존하지만 이론은 관찰된 사실에 근거하고 있다(정병훈, 2001). 어떠한 경우도 관찰과 이론이 분리된 형태로 학습이 진행되어서는 효과적일 수 없다. 그리고 관찰과 실험의 소재는 생활 주변에서 쉽게 발견하고 이용할 수 있는 것이어야 한다. 일상에서 관찰되는 소재야말로 가장 쉽게 과학 활동에 접근할 수 있는 도구가 되기 때문이다.

여섯째, **학생의 자기주도성을 신장하는 방향**으로 구성되어야 한다. 학생 스스로 문제가 무엇인지를 인식하고 문제에 대한 가설을 세워 해결 방안을 모색하고 검증하며 결과와 결론을 도출하고 동료에게 보고하며 자신의 결론을 변호할 수 있도록 적절한 환경을 조성해야 한다.

일곱째, 학생의 **상위 사고력을 증진**시킬 수 있어야 한다. 별개의 사실을 학습하기보다는 문제의 인식과 분석에 더 중점을 두어야 한다. 실험이나 토론 시에도 '무엇'이나 '어떻게'보다는 '왜'에 더 중점을 두어야 한다. 실제에서 과학자가 하듯이 최신의 학술 논문을 분석, 종합, 평가하고 이를 바탕으로 새로운 연구과제를 모색하며 서로 관련된 과학 문제를 협동적으로 탐구하는 자세와 기회가 필요하다.

여덟째, 과학영재는 **성공적인 과학자와 상호작용할 충분한 기회**를 가져야 한다. 성공적인 과학자와의 잦은 접촉을 통하여 과학자의 활동, 신념, 특성 등을 이해하여야 한다. 과학자에 관한 전기문도 어느 정도 도움은 되겠지만, 과학자의 연구실에서 도제적으로 연구를 도와주면서 직접 연구하는 과정을 관찰하고 배우는 과정이 필요하다. 이렇게 과학자에게 사사하는 것은 일반적인 교실에서는 불가능한 방법으로 과학의 세계에 대한 학생의 이해를 증진시킬 수 있다. 이러한 기회를 통해 과학자는 학생과 함께 연구계획서를 낼 수 있고 연구의 본질을 학생에게 보여 줄 수 있다. 이러한 맥락 속에서 학생은 과학적인 작업의 가치를 인식하고 배우게 된다.

아홉째, **과학 영역에서 이루어진 최신의 과학적 또는 기술적, 혁신적 발전을 반영**해야 한다. 이는 모든 학생에게 중요하지만 과학 연구를 보다 일찍 수행하려면 새로운 정보와 기술을 접해야 하기 때문에 영재에게 더욱 중요하다. 이러한 이유로 영재를 위한 과학 프로그램에서는 공학적인 문제를 다루어야 한다는 주장이 제기되었다.

마지막으로, **문제해결에만 초점을 두지 않고 문제 발견을 강조**해야 한다. 아인슈타인도 이러한 문제발견의 중요성을 일찍이 강조하였다. "문제를 발견하는 것은 종종 문제의 해결보다 더 중요하다(the formulation of a problem is often more essential than its solution)"(Einstein & Infeld, 1938 in Runco & Nemiro, 1994). 과학 프로그램을 성공적으로 수행하려면 영재아동이 연구문제를 능동적으로 찾아내도록 해야 한다. 아인슈타인의 지적처럼 얼마나 중요한 문제를 스스로 발견해 낼 수 있는가는 얼마나 문제를 효과적으로 해결할 수 있는가보다 더욱 중요한 영재성의 변수다.

과학영재 프로그램의 차별화 대안: PBL의 가능성

'문제기반 학습'으로 불리는 'PBL(Problem-Based Learning)' 학습방식이 영재교육에서 갖는 의의는 무엇인가? PBL은 어떠한 측면에서 영재의 특성과 부합하며 또 영재교육에 효과적인 교수-학습 방법이라 할 수 있는가?

최근의 영재교육에서의 가장 커다란 변화는 학습자의 적극적 학습(active learning)이라 할 수 있다. 바로 '교사 중심의 가르침'에서 '학습자 중심의 배움'으로의 변화를 말한다. 이는 PBL이 궁극적으로 지향하는 것, 즉 학습 활동을 체질화하여 조직이나 개인이 평생 학습인으로서의 역량을 기르도록 하는 것과 잘 부합한다. 또한 영재교육에서 '수행성(performativity)'이라는 가치를 중시하여 이전의 '교육을 위한 교육'에서 실질적 '성과'와 '수행 중심'으로의 전환을 중시하고, 각 학생의 개별성을 강조하기 위해 프로그램의 개별화를 추구하여 맞춤교육을 실현함으로써 각 학생의 만족과 성장을 동시에 추구하려는 점 역시 PBL에서 강조하는 측면과 일치한다.

구성주의에 이론적 기초를 두고 있는 PBL은 기존의 교과서적 지식의 전달에서 탈피하여 비구조적이며 복잡한 실제 문제, 당면 문제에 학생이 적극적으로 참여하도록 하여 학습활동을 시작한다. 복잡하고 비구조적인 실제 문제이므로 해결안 역시 다양할 수밖에 없으며 그러한 다양한 사고와 결과를 적극 격려한다. 이는 비판적 사고력, 문제해결 능력, 창의적 사고력, 확산적 사고력을 강조하는 영재교육의 방향을 잘 반영하는 것이다. 또한 PBL은 학습이 이루어지기 위한 가장 중요한 활성 요소로서 '성찰(reflection)'을 강조하는데, 이는 학습이 이루어지려면 구체적인 '경험'이 선행되어야 하며, 이어서 '성찰'을 통해 개별적 경험의 '일반화'를 추구하고, 나아가 유사한 다른 환경에 '적용'하여 검증을 통한 수정, 보완, 변화를 추구한다는 학습 사이클을 기본 학습모형으로 제시한다(강인애, 1997). 이러한 경험, 성찰, 일반화, 적용의 발전적·순환적·탐구적 학습 사이클을 경험하면서, 학생은 특정 분야 관련 지식 습득은 물론 학습방법, 문제해결 능력 등을 학습하게 한다는 것인데 이 역시 상위인지적 사고력이 뛰어난 영재의 특성과 잘 부합한다. 무엇보다 PBL은 학습환경의 주체가 학생이고, 그들의 다양하고 창의적인 지식, 배경, 사고, 생각 등이 충분히 발휘될 수 있도록 '여유 있는' 학습환경을 제공하고 조직을 이루어 구성원 간의 활발한 토론과 대화를 통한 문제해결을 강조한다. 이것은 자유롭고 창의적인 학습 분위기와 협동학습을 강조하는 영재교육의 방향과 맥락을 같이한다.

특히 필요한 정보에 대한 접근이 점점 용이해지는 현대사회에서 무엇이 중요한 문제인가를 발견하고, 문제를 해결할 자료나 정보를 찾고 판단하며, 새롭고 적절한 문제해결방법을 모색하는 것이 무엇보다 중요한 능력으로 부상하고 있다. 결국 엄청난 지식의 양과 급속한 변화로 이루어진 이 시대에는 구체적 특정 지식인 '명제적 지식(know-what)'과 과정적 지식이나 일반적 지식인 '절차적 지식(know-how와 know-why)'이 매우 중요하게 평가되고 있다. 문제해결 능력은 가장 상위의 고등 사고력으로서 비판적 사고력, 창의적 사고력 및 기타 여러 가지 하위 사고기능 등을 아우르는 종합적인 사고력이다. 이러한 중요성만큼 교육과정이나 교수-학습 과정에서 문제해결 능력 신장보다는 아직도 교과 내용 지식 습득에 더 치중하는 경향이 강하다(조연순, 2001). 이는 일반 교실에서나 영재 교실에서나 마찬가지다. 그러나 영재는 일반아동에 비해 비판적 사고력, 창의적 사고력 등의 능력이 높고, 욕구도 더 강하므로 이들을 위한 사고력 신장의 배려가 시급하다. 미국을 비롯한 선진국에서는 이러한 문제해결 능력의 중요성을 인식하고 이를 직접적으로 지도하려는 노력(teaching for thinking)이 오래전부터 시도되었다. 그러나 비판적 사고력과 창의적 사고력을 교과 내용과 상관없이 직접 가르치려는 접근은 교과 내용에 자연스럽게 전이되지 않는다는 비판을 받았고, 이에 따라 특정 교과 내용과 사고력을 융합하여 접근하는 교수-학습 방법이 대두되었다. 이러한 측면에서 문제기반 학습은 교과 내용과 사고력 계발이라는 두 목적을 가능케 하는 교육과정이자 교수-학습 방법으로 평가되고 있다. 미국의 경우 PBL과 비슷한 프로그램이 1990년대 초부터 많이 이루어지고 있는데, 대표적으로 Brown과 Campione이 제시한 '학습자 공동체' 모형과 Collins와 동료들이 제시한 '인지적 도제 학습' 모형, 밴더빌트 대학의 인지학자들이 제시한 '제스퍼 시리즈' 등이 있다(강인애, 1997).

요약하면 PBL은 영재뿐만 아니라 모든 학습자에게 유용한 학습방법이다. 그러나 영재는 일반아동에 비해 더욱 조숙하고 자기주도적인 학습능력이 뛰어나며 특정 주제에 대하여 깊이 있게 파고드는 성향이 강하고 비판력, 논리력, 창의력 등 고등 사고능력이 뛰어나기 때문에, 학습자의 역량에 따른 조절이 자유롭고 학습자 주도의 학습이 이루어지며 고등 사고력, 문제해결 능력 등의 개발을 강조하는 PBL이 조화를 매우 잘 이룬다고 볼 수 있다. 〈표 5-2〉는 영재의 교육적 특성과 PBL의 특성이 어떻게 부합하는가를 보여 준다.

표 5-2	영재의 교육적 특성과 PBL 환경의 특성
영재의 교육적 특성	PBL 환경의 특성
• 자기주도적 학습능력	• 학습자 중심적 환경(학습과정 전개의 주도성: 문제 접근 및 해결안의 다양성)
• 조숙성, 리더십 및 대인관계 능력	• 협력학습(팀 과제, 프로젝트, 다양성, 정보 공유 및 교환)
• 의사소통 능력	• 상호작용과 네트워크화(학생 대 학생, 학생 대 교사: 대화, 의사소통, 협상)
• 성찰(reflection), 상위인지(metacognition), 문제해결 능력	• 문제해결 과정(학습목표 설정, 가설 설정, 이미 아는 사실 기록, 더 학습할 사항 기록과 같은 과정의 참여) 및 팀별 토론과 상호작용(공개적 성찰 작용)
• 새로운 정보에 대한 욕구	• 학습 자원의 풍부한 제공
• 비판적, 창의적 사고력 등 고등 사고력	• 고등 사고력 계발 중심
• 실제 문제 선호	• 실생활과 관련한 상황 제공

PBL은 이론에서 제기하는 영재교육과정의 주요 교수-학습 원리(자기주도적 학습, 개별화 학습, 협동학습, 문제해결 학습, 실제적 활동 중심, 다양한 자원 및 매체 활용의 원리)를 적절히 표방하면서 과학을 포함한 다양한 영역에서의 교과적 특성과 조화를 매우 잘 이룬다. Gallagher와 동료들(1992; 정현철, 2003 재인용)은 문제기반 학습의 주요 특징을 과학 교과와 관련하여 다음과 같이 정리하였다.

과학적 지식의 습득보다는 활용에 강조를 둔다. 현행의 과학교육은 많은 부분이 과학 지식의 습득과 이해에 치중해 있고 실제로 활용하는 경험은 크게 중시하지 않는다. 이러한 사실은 과학영재교육에서도 크게 다르지 않다. 물론 영재의 경우보다 추상적이고 복잡한 개념을 다루기는 하지만 여전히 습득된 지식을 실제로 활용하고 적용하는 여지는 남겨 두지 않는다는 것이 최근 연구의 주장이다(김묘정, 2001). 지식의 단순한 습득, 암기, 이해 수준을 넘어서 실제적 맥락에서의 활용을 강조하는 PBL은 이러한 점에서 차별성을 갖는다.

간학문적 접근을 강조한다. 실생활에 필요한 지식이나 기능은 시험을 보기 위해서 기계적으로 암기되거나 분리된 형태로는 습득되지 않기 때문에 학생은 수업 중에 배운 내용을 실생활에 적용하려고 할 때 대부분 당황할 수밖에 없다. PBL에서는 실생활 중심으로 다양한 분야의 지식이나 기능이 함께 조화를 이루도록 구성된다.

종합적인 면에서 학습하게 한다. 과학 수업에서는 주로 논리적 사고 및 분석적 사고가 강조되는 반면, 그 이외의 다른 기능이나 능력은 간과하였다. 흔히 과학자는 연구만 잘하면 글쓰기 능력이나 발표력이 좀 떨어져도 괜찮다는 인식이 이를 뒷받침한다. 그러나 정보를 찾기 위해 면담을 잘하는 방법, 효과적으로 자료를 찾는 방법, 연구를 논리적으로 표현하는 능력, 또 여러 사람 앞에서 연구결과를 발표하는 능력 등은 과학자에게도 중요한 능력이며, PBL은 이러한 능력을 종합적으로 학습하도록 돕는다.

상위인지 능력(metacognitive skill)을 계발시켜 준다. 실생활에서 만나는 문제는 단순히 공식에 수치를 대입하여 해답을 얻는 것이 아니라 스스로 문제를 찾고 해결하기 위해 스스로 학습하고, 답을 생각하고, 답을 얻기까지 어떠한 전략을 쓸 것인가를 결정하고, 얻어진 결과가 타당한지와 최선인지를 평가해야 한다. 이와 같은 일련의 과정은 과학자가 연구할 때 수행하는 과정과 유사하며 이러한 과정은 전통적인 수업으로는 습득되지 않는다.

자기주도적인 학습능력을 향상시킨다. 일반 교실수업에서 제시되는 문제와는 달리, PBL에서 제시되는 문제는 학생 스스로 문제를 정의하고 해결하도록 유도한다. 따라서 학생은 스스로 정보를 찾고 정보의 유용성 여부를 판단하며 이러한 과정에서 자기주도적인 학습능력이 계발된다.

심층적인 이해와 과학 탐구 능력의 향상을 가져온다. 문제기반 학습에서는 항상 실제적인 문제를 다루기 때문에 정확하게 한 가지 답이 있는 문제를 제시하지 않는다. 문제의 해결 여부, 최선의 해결책인지의 여부 등을 학생 스스로 판단해야 하는데, 이러한 판단과 결정을 위해서는 반드시 심층적인 이해가 뒷받침되어야 하며, 이 과정을 통해 보다 깊은 이해를 경험하게 된다. 이와 같이 실제 상황에서 학생이 스스로 대처해 봄으로써 학습한 내용을 보다 오래 지속시킬 수 있고, 더 심층적으로 이해하며, 실생활에도 효과적으로 전이할 수 있다.

창의적이고 다양한 산출물을 유도한다. 문제기반 학습에서 학생은 하나의 정답이 존재하는 상황이 아니라 애매모호한 실제 상황에 접하게 됨에 따라 문제의 해결자로서 창의성을 발휘할 수 있는 기회를 갖는다.

동료와 협동심을 기를 수 있다. 현대 과학기술 분야는 거대해져서 혼자서 연구를 수행할 수 있는 뛰어난 과학자는 극히 드물다. 조직 형태로 진행되는 문제기반 학습에서는 동료와의 협력이 문제해결에 매우 중요하게 작용한다. 동료와 토론을 통해 문제를 정의하고 계획하고 역할 분담을 하여 자료를 찾고 탐구를 수행하며 최선의 해결책인지를 토론하고 결정하는 과정에서 동료와 상호협력하는 기술 및 지도력을 자연스럽게 배운다.

수준별 교육이 가능하다. 문제기반 학습에서는 특정 상황이 제시되지만 학생의 능력과 관심에 따라 다양한 교육의 결과가 이루어진다. 능력이 뛰어난 학생은 더 심화된 영역까지 해결하려고 노력할 것이고, 많은 흥미를 못 느끼거나 능력이 부족한 학생은 문제의 해결에만 주안점을 둘 수 있다. 그러나 학생은 수동적 태도를 강조하는 전통적인 교수-학습 방법과 달리 스스로 동기를 부여해 참여함으로써 독립적인 학습 태도를 기를 수 있다.

실생활의 측면을 강조한다. 학생은 수업시간에 공부한 내용과 주변의 생활과 밀접한 관련이 있다고 느끼면 수업에 적극적으로 참여하여 이해하고 기억하려고 한다. 학생은 항상 왜 이것을 배워야 하는가, 배운 것을 어디에 이용할 수 있는가를 끊임없이 생각한다. 문제기반 학습에서는 실제 상황을 주로 다루므로 이와 같은 학생들의 흥미를 자극할 수 있다.

영재를 위한 프로그램: 경향과 전망

영재교육의 키워드는 프로그램이다. 영재교육의 성패를 좌우하는 가장 큰 요인인 영재를 올바르게 선발하는 것도 중요하지만, 판별된 아동의 성공적인 교육이 이루어지려면 영재를 교육하는 교사가 효과적인 교수-학습 방법 및 교육 프로그램에 대한 명제적, 절차적 지식을 갖는 것이라고 할 수 있다. 지금까지는 영재교육 프로그램에서 제기되는 문제점과 영재교육에서 요구하는 차별화 전략 및 대안을 모색해 보았다. 이제 영재교육 프로그램의 경향과 전망을 살펴봄으로써 앞으로의 방향성과 과제를 탐색하려 한다. 나는 최근 영재교육 프로그램의 5가지 키워드를 **전문화**, **다양화**, **특성화**, **개별화**, **확산**이라고 생각한다.

영재교육의 전문화

실천적 의지 대 이론적 의지 우리나라가 짧은 영재교육의 역사에도 불구하고 눈부신 가시적 성과를 이룬 데는 영재교육 참여자의 실천적 의지가 큰 역할을 하였다고 볼 수 있다. 미국의 영재교육은 영재교육을 이론적으로 연구하는 영재교육학자가 주도하였다. 따라서 영재교육에서의 이론적 의지는 강하나 실제 프로그램을 심도 있게 연구하고 개발할 수 있는 실천적 의지는 상대적으로 약하다고 평가할 수 있다. 반면, 우리의 경우는 수학, 물리, 화학 등 교과나 교과 교육을 전공한 사람이 영재교육을 주도하였기 때문에 영재교육의 실천적 의지 및 전문성이 매우 강하다고 생각한다. 영재교육의 교과 전문성이 강조되는 측면을 고려할 때, 우리 영재교육의 미래는 매우 긍정적이다. 이러한 맥락에서 개발된 프로그램들이 영재교육 전문가와의 협업을 통해 영재교육의 취지에 적합하게 개발되고 운영된다면, 현재 상대적으로 부족한 영재교육의 이론적 의지가 어느 정도 보완될 수 있고 프로그램 경쟁력도 확보할 수 있다.

양적 팽창 대 질적 성장 영재교육 프로그램은 대학 부설과 교육청 중심으로 개발되어 있으나, 앞서 말한 것처럼 교재의 질적 수준은 제고의 여지가 많다는 지적이 끊이지 않고 있다. 개발된 교재는 많으나 쓸 만한 교재는 적다는 것도 부인할 수 없다. 이제는 프로그램의 양적 팽창을 지양하고 질적 향상을 위한 노력을 경주해야 한다. 영재의 특성을 고려하고 영재교육 프로그램의 원칙에 근거를 두어 학생의 동기를 효과적으로 유도할 수 있는 질 높은 교재의 개발이 필요하다. 그러나 영재의 지적, 정서적 특성에 부합하면서 영재교육이 지향하는 거시적 목표와 각 기관의 영재교육 목표를 잘 실현하며 적용이 용이하여 효율성과 효과성이 동시에 높은 프로그램을 개발하는 것은 쉬운 일이 아니다. 특히 영재는 제공되는 영재교육을 통해 학문적 소양을 기르고 심도 깊은 지식의 습득과 창의적으로 문제를 발견하고 해결하는 능력을 계발하여야 하며 장차 자기주도적인 학습자로 성장하게 도울 수 있어야 하므로, 영재교육의 일반적인 교수-학습 및 프로그램 원리와 구체적인 교과 영역의 조화를 잘 꾀할 수 있는 교육 프로그램의 고안 및 적용을 위한 많은 노력과 지원이 필요하다.

심화형 속진 대 속진형 심화 심화냐? 속진이냐? 이분법적 논란은 영재교육의 시작부터 지금까지 계속 이어지고 있다. 또한 기존의 영재교육원 프로그램이 지나치게 속진 위주이며 이것을 심화 중심으로 지향해야 한다는 지적도 많다. 그러나 영재교육 프로그램 개발에서 속진형 프로그램으로 개발할 것인지, 심화형으로 나아갈 것인지를 획일적으로 구분하기보다는, '언제 어떻게 학습을 속진하고 어떻게 심화할 것인가?'라는 상보적 관계로 파악해야 한다. "심화가 속진이고, 속진이 심화다."라는 Passow(1985)의 주장은 양자의 균형 속에서 프로그램을 개발하라는 의미로 해석된다. 이렇듯 심화 대 속진의 이분법적 구도는 학생의 도구적, 동기적 수준을 고려하여 심화형 속진, 속진형 심화 등 학생이 흥미를 잃지 않으면서 제공하려는 내용의 폭과 깊이를 동시에 좇을 수 있는 창의적인 방안이 모색되어야 한다.

진단 대 진단+교육 영재성의 판별과 교육의 이원화는 최근 영재교육의 추세로 볼 때 그리 바람직하지 않다. 최근의 연구는 제공되는 프로그램이 새로운 지식을 습득하는 과정이자 학생의 반응과 태도와 영재성을 관찰할 수 있는 진단 형태로 이루어져야 한다고 주장한다. 아직은 영재성의 진단과 교육이 거의 연계되어 운영되지 못하고 이분화되어 있으나, 영재성의 진단을 통한 영재아의 교육 혹은 교육을 통한 영재아의 진단이 영재교육의 전문성 확보를 위해 새롭게 요구되는 사항 중의 하나라고 볼 수 있다. 궁극적으로는 영재성의 판별이 일회적 판단이 아닌 수업과 교육을 통한 진단이 되어야 하며 수업마다의 활동이 관찰, 기록되고 이 자료를 바탕으로 교육 프로그램이 설계되며 향후 교육 방향을 설정하는 근거가 되어야 한다. I 대학 부설 과학영재교육원 수시 선발 과정의 4단계(〈표 5-3〉 참조)와 한국영재학교의 3단계 캠프 전형은 이러한 영재성 진단을 통한 교육 효과를 꾀하는 좋은 예라고 할 수 있다.

연구 기능 강화와 프로그램의 효과성 검증 영재학자들은 영재교육이 다른 학문 분야와 비교하여 새롭거나 대안적인 연구 철학이나 연구방법 선택에 상대적으로 뒤처져 있음을 날카롭게 지적한다(Coleman, Sanders, & Cross, 1997; Cross et al., 2003). 이는 우리나라의 경우도 예외가 아니다. 영재교육이 본격적으로 시행된 지 8년을 맞이하고 있으나 그동안의 영재교육의 효과는 솔직히 오리무중이다. 이것은 앞서 제기한 영재교육의 이론적, 실천적 의지와도 연결된다. 영재교육이 실천적 의지 중심으로 접근되다 보니 영재교육의 연구 기능은 소홀할 수밖에 없다. 영재교육의 효과와 의미가 그저 학생과 학부모의 입으로 구전될 뿐 이와 관련한 과학적 자료가 제대로

표 5-3
표 5-3 Ⅰ 대학교 부설 과학영재교육원의 수시 선발 단계

	판별방법	서 식	시 간
1단계	• 학부모 및 학생 면담	• 교사 추천서 • 학부모 관찰 기록 및 면담지	• 1시간 내외
2단계	• 영재성 검사 • 창의성 검사 • 기초 인성 검사	• 표준 검사지	• 3시간 내외 (각 검사별 제한 시간 준수)
3단계	• 자체 문제은행 문제를 이용한 문제해결력 검사	• 문제지	• 90분
중간 검증	• 평가단의 개인별 평가 후 향후 단계 진행 결정	• 1차 평가 의견서	
4단계	• 해당 분야 교수 사사를 통한 세부 관찰	• 분야별 정밀 관찰 일지	• 2~3개월 장기간 관찰
5단계 최종 결정	• 평가단의 개인별 평가 후 교육 시행 및 향후 진행 결정		

존재하지 않는 안타까운 상황이다(한기순, 2007). 영재교육의 효과성과 관련하여 학자들은 영재교육이 효과가 있다는 근거도 많지 않지만, 반대로 영재교육이 효과가 없다는 근거 역시 없다고 주장한다. 그러나 이것은 관련 연구의 부재에서 오는 구차한 변명일 수 있다.

이제 프로그램 효과성 검증에 대한 요구는 시대적이라고 할 수 있다. 프로그램은 있으나 프로그램에 대한 평가는 없다. 영재교육이 전문성을 더욱 확보하기 위해서는 지금 투입되고 있는 프로그램의 효과에 대한 과학적이고 체계적인 평가가 수반되어 문제로 지적되거나 부족한 부분에 대한 지속적인 보완이 이루어지고 그에 대한 재검증도 요구되어야 한다. 또한 현재 진행 중인 영재교육이 지향하는 구체적인 목표, 예를 들어, 창의적 문제해결력 및 상위 사고력, 진로의 설정, 과학적 사고방식 및 태도의 형성 등에 얼마나 부합하고 있는가에 대한 단기적, 중장기적 평가도 동시에 수반되어야 한다.

적용적 교사연수를 통한 프로그램 개발의 질적 향상 도모 교육의 질은

당연히 교사의 질에 따라 좌우되고, 교사의 질의 상당 부분은 교사연수로 결정된다고 할 수 있으며, 연수의 질은 교사가 개발한 프로그램의 질로 연결된다. 그러나 현재의 상황을 살펴보면 영재교사 연수를 받더라도 실제 프로그램을 개발하고 적용하는 데는 상당한 어려움을 느끼고 있다. 이론 중심의 연수 내용과 방법, 그리고 바람직한 영재교육 프로그램에 대한 개념 정의 및 자료와 기술의 부족 등이 이러한 결과에 부분적인 책임이 있다고 생각한다. 영재교육의 핵심은 무엇보다 좋은 프로그램이다. 교사가 적절한 프로그램을 개발하기에 부족함이 없도록 교사연수의 내용과 방법의 조정이 필요하다. 유사한 맥락에서 개발원이나 대학에 위탁해 개발한 교재가 실제로 활용되는 경우 역시 매우 드문 것이 현실이다. 이는 교재 개발자가 실제 사용자와 다른 상황에서 교재 개발을 한 후, 이를 활용할 교사를 대상으로 연수 및 세미나를 실시하지 않아 발생하는 문제이기도 하다. 교재 개발 후 그 교재에 대한 개발 원리, 방법, 그리고 활용 방안에 관한 적용적 교사연수가 현 문제점의 대안으로 모색될 수 있다.

프로그램의 다양화

연령의 다양화: 유아 및 초등 저학년에 대한 프로그램 마련 시급 영재교육의 성패는 조기성에 크게 좌우된다. 또한 영재교육의 핵심이 창의성 교육이라는 연구에 따르면, 만 3~7세가 창의성 교육에 가장 중요한 시기다. 따라서 가능하면 이른 시기에 영재성을 발굴하고 교육하는 것이 필요하다. 유아나 초등 저학년 아동을 위한 프로그램 제공은 영재교육의 연계성 측면에서도 매우 중요하다. 이 시기에 해당하는 프로그램이 부재한 영재교육은 불균형적이며 그 효과성 역시 극대화할 수 없다. 현재의 영재교육 운영 체제에서 커다란 무리와 역기능 유아 및 초등 저학년 아동을 대상으로 하는 영재교육이 없이 시행될 수 있는 방안은 이미 모색되어 있다(한기순, 2005, 2006). 또한 "어떤 아동도 뒤처져서는 안 된다.(No child left behind.)"라는

미국의 강력한 교육정책에서도 나타나듯이, 전문가들은 유아 영재교육 이제 더 이상 교육제도권 범위 밖에서 이런저런 이유로 서자처럼 취급되어서는 안 된다고 지적하고 있다(이영석, 2002). 이 부분에 대한 내용은 이 책의 6장에서 상세하게 다루고 있다.

조직의 다양화: 교과 내용의 분과 조직 대 통합-간학문적 조직 영재교육에서 학문적 합리성을 강조하는 입장을 취하면 교과는 분과형으로 선정, 조직되는 경향이 강하며, 개인적 적합성이나 사회적 유용성을 강조하면 교과는 문제 중심의 통합형으로 구성된다(최호성, 2003). 이 두 가지는 장단점을 지닌다. 분과형은 교과 내용의 논리성과 체계성을 온전히 보존하므로 영재가 학문적 전통에 입문하기가 용이하다. 반면에 학문적 지식 분야 간의 상관성이나 연계성을 파악하기 어려워 통합적인 사고나 응용 능력 신장에 적합하지 못하다는 지적이 있다. 한편, 통합형은 쟁점이나 문제에 대한 민감성을 제고하고, 학제적 학습으로 지적 안목이 넓어진다는 장점이 있으나, 학습의 계통성과 체계성이 부족하여 학문 분야별 기본 능력 배양에 적합하지 않을 수도 있다(최호성, 2003). 현재 한국의 과학영재교육기관에 국한하면, 영재의 판별 자체가 학문적 구분에 따라 실시된 만큼, 학문 간 연계성이나 통합성보다는 단일 학문 분야 내에서의 속진 중심 프로그램이 지배적이다. 따라서 과학적 주제 중심의 통합적 학습 기회 제공에 제약을 받고 있다. 분과형 교육 조직은 학년 기반 학습자 집단을 고정화할 수 있고, 상대적으로 학생의 학습 선택권을 제약할 수도 있다. 따라서 학문적 지식의 계통성을 유지하기 위한 분과적 접근과 함께 학문적 지식 간의 연계성을 인식할 수 있도록 간학문적 혹은 통합적 접근을 병행하는 방안이 적극 모색되어야 한다(최호성, 2003). 이스라엘 예술·과학 고등학교(IASA)나 I 대학 부설 과학영재교육원의 통합형 교재 개발 등은 영재교육의 통합적 접근을 시도하는 좋은 예라 할 수 있다.

영역의 다양화 1: 인지 영역 중심 프로그램 대 사회·정서 프로그램 Renzulli의 과제집착력이나 Feldhusen의 동기유발 및 자아개념, Sternberg

의 실천적 지능 등과 같이 영재성의 정의적 특성이 강조되기는 하지만, 영재교육은 여전히 인지 영역 중심으로 프로그래밍되어 있다. 그러나 많은 전문가가 높은 재능을 타고난 아동은 사회정서적 측면에서 좀 더 미성숙할 위험성을 가진 것을 연구를 통해 입증하면서 사회 · 정서 영역 프로그램의 중요성을 강조하고 있다. 그들은 동급생과의 교제에 어려움을 겪고 있으며, 교제를 피하는 성향이 있거나 반대로 너무 민감하게 주변인을 대하는 것으로 나타났다. 영재아는 대체로 정서적으로 긴장과 각성 상태에 있기 때문에 혼자 있고 싶어 하거나, 집단 활동을 드물게 하거나, 인지 능력과 사회정서적 발달의 부조화를 겪는 것으로 나타났다.

더욱이 영재아는 선명한 창의적 성향과 더불어 높은 자기중심적 성향으로 어떤 정형화된 작업 리듬에 종속되는 것을 좋아하지 않는 것으로 보고되었다. 이런 사실은 영재교육을 운영하면서 그들의 심리적 성숙과 성장을 지원할 만한 체제를 반드시 마련할 당위성을 명확히 시사한다. 따라서 영재를 위한 프로그램 운영에서도 반드시 심리 전문가가 영재아의 심리적 성장을 구체적으로 지원할 수 있는 지원 체제를 마련하여 운영할 필요가 있다. 몇 가지 예를 들어보면 다음과 같다.

- 성장 거부 또는 거부 행동 및 학습에 문제가 있는 학생에게는 사회적 · 심리적 · 교육적 도움을 제공한다.
- 심리적 · 사회적으로 위험한 상태에 있는 가정에 속한 영재아를 찾아내고 교육적 도움과 양육을 지원한다.
- 운동부, 창조 스튜디오, 연구 활동 및 건강 활동을 위한 집단, 동아리 등을 조직하고 지원한다.

우리나라에서는 점차 이 부분의 중요성을 인식하고 체제 마련을 위해 여러 가지 노력을 시도하고 있다. 영재교육의 원활한 운영을 위해서는 영재아의 심리적 성장을 지원할 수 있는 지원 체제 및 프로그램을 반드시 마련해야 한다.

대부분 영재교육기관에서의 모든 만남은 학습을 목적으로 한다. 영재아동의 사회정서적 안정을 위해 공부 이외의 목적으로 친밀하게 교류할 수 있는 시간과 공간, 그리고 프로그램이 필요하다. 영재아동은 친구와 사귀는 것이 공부하는 것만큼 어렵다고 지적하면서, 영재교육원에서 아이들이 자연스럽게 친해질 수 있는 계기를 마련해 주는 것이 필요하다고 말한다. 현장의 교수들도 공부를 목적으로 하지 않는 자유로운 만남이나 아동의 인성 혹은 리더십을 키워 줄 수 있는 프로그램의 중요성을 강조하였다(한기순, 2006a).

연구자들은 성공한 영재의 대부분이 대개 반듯하고 친밀도가 있는 아동이며 영재성이 아무리 높더라도 인성 부분이 결여되면 영재성을 모두 발휘하기가 힘들다고 지적하면서 인성교육의 중요성을 점차 강조하고 있다(한기순, 2006a). 인성교육의 접근방식상의 문제에서는 별도로 분리된 인성교육 프로그램을 제공하는 것이 바람직하다는 입장(Betts, 1985)과 학문과 인성교육은 분리되어 다뤄져서는 안 된다고 지적하는 입장(조용환, 2000)이 공존한다. 인성교육 담론의 가장 큰 문제점은 '공부'와 '인성교육'을 별개의 것으로 인식하는 데 있다는 주장이 영재의 문제행동 등을 통해 설득력을 얻고 있다. 분과 교육을 통한 자연스런 인성교육의 체득과 함께 영재아동을 위한 다양한 사회-정서 프로그램의 연구 및 개발이 시급하다.

영역의 다양화 2: 수학, 과학에서 인문사회와 예술까지 Gardner(1983)의 다중지능이론, Taylor(1985)의 재능 토템 기둥모형, Gagné의 재능계발모형 등은 영재성이 다양한 영역에 걸쳐 발현되며 각각의 영역에 대한 개별적인 고려가 중요함을 시사하지만 이에 대한 우리의 대응은 매우 초보적인 단계다. 영재가 수학과 과학에서만 발현되는 것이 아님에도 불구하고, 대부분의 영재교육은 수학과 과학 중심이다. 교육청을 중심으로 언어나 예술 영역에서의 영재교육 프로그램이 부분적으로 시범 운영되고 있지만 수학과 과학을 제외한 다른 영역에서의 영재교육은 영재성의 개념, 특성, 판별, 프로그램 등 여러 가지 측면에서 제대로 된 운영을 기대하기 어렵다. 영재교육 프로그램의 운영은 해당 분야의 영재 판별, 교육과정 개발 및 수업 혁신, 교원 양성 등 영재교육 체제 전반에 걸친 성장의 계기를 마련하는 것이므로, 전문가들은 국가나 지방자치 단체에서 과학 이외의 분야별 영재교육에 대한 관심과 투자를 늘려야 한다고 지적한다(최호성, 2003).

    내용의 다양화: 문제해결 대 문제발견   영재의 경우 문제해결력보다 문제발견력이 더 중요함에도 국내 과학영재교육 프로그램에서 문제발견력에 대한 이해와 적용은 거의 부재하다(한기순, 2005a). 외국의 경우 문제발견력에 관한 연구는 예술 영역(Getzels & Csiksentmihalyi, 1975) 및 문학 영역(Moore & Murdock, 1991), 과학 영역(Hoover & Feldhusen, 1994)에 적용시켜 이루어지고 있으나, 우리의 경우는 아직까지 문제해결이나 해결 과정의 확산적 사고 측면에 집중되어 있다. 최근 영재교육에서 창의성의 중요성은 영재교육의 전부라고 해도 과언이 아니며 창의성에서 문제발견력의 중요성은 매우 강조되고 있다.

    Greeno(1978)는 문제의 유형에 따른 학생의 능력을 조사하면서 비구조적인 상황 속에서 문제를 발견하는 능력이 창의성과 더 밀접한 관계가 있다고 주장하였다. 가장 위대한 과학자의 한 사람으로 인정받는 아인슈타인은 다음과 같이 문제발견의 중요성을 강조했다. "문제의 발견은 단순히 수학적 혹은 실험적 기술을 사용하여 문제를 푸는 것보다 더 중요하다." 새로운 질문과 가능성을 떠올리는 것은 상상력을 요구하며, 과학에서 창의성이 가장 요구되는 중요한 순간이기도 하다. 즉, 새로운 문제를 제기하고 오래된 문제를 새로운 시각으로 바라보는 것은 과학의 진정한 발전을 가져온다고 주장함으로써 과학에서 문제발견력의 중요성을 강조하였고(Runco, 1994), 문제발견 능력이 문제해결 능력보다 창의적 산출물에 더 큰 영향을 준다는 것이 밝혀지면서(Getzels & Csikzentmihalyi, 1975), 문제발견력을 측정하려는 많은 시도가 있었다(Hoover & Feldhusen, 1994). 문제발견이란 문제의 인식,

문제의 재정의, 문제의 변화 등의 형태로 나타난다. Mackworth(1965)는 문제발견과 같은 활동이야말로 과학에서의 창의적 사고와 독창성의 핵심이라고 하였으며, 문제발견과 해결의 질적인 차이와, 문제를 해결하는 사람과 발견하는 사람의 차이를 지적하면서 발견의 중요성을 강조하였다. 또한 Smilansky(1984)는 문제창출 능력이 문제해결 기술보다 상위 능력이라는 Getzels(1975)과 Dillon(1982)의 가설을 Raven Progressive Matrices를 이용해 검증하는 연구를 수행하였는데, 문제해결 능력과 새로운 문제를 만들어 내는 능력 사이에 매우 낮은 상관관계가 나타나 문제해결과 문제생성(problem invention)은 서로 다른 인지과정임을 확인하였다. 또한 연구를 통해 문제해결 점수가 낮고 문제생성 점수가 높은 사람은 없게 나타나 문제발견이 문제해결보다 어려운 과정임을 보여 주었다.

그러나 이와 같은 연구결과와 창의성에서 강조되고 있는 문제발견에 대한 중요성에도 불구하고, 현재 영재교육 프로그램의 개발에서 문제발견을 어떻게 효과적으로 접근하고 적용할 수 있을 것인가의 문제는 거의 제기되지 못하고 있는 실정이다. 영재교육의 내용적 다양성과 차별성을 담보하기 위해 문제해결과 함께 문제발견에 대한 관심은 필수적이다.

매체의 다양화: 온라인, 오프라인, 그리고 블렌디드 최근에는 영재교육의 수혜자 확대와 영재교육의 질적 향상을 위한 요구가 증가하면서 영재교육을 위한 새로운 대안 중 하나로 인터넷을 활용한 사이버 영재교육이 주목을 끌고 있다. 기존의 영재교육 프로그램들은 대부분 오프라인상에서 이루어지지만 부분적으로 온라인을 통한 프로그램 제시가 이루어지고 있다. 웹을 사용한 교수-학습 체제는 새로운 교육환경으로, 하이퍼텍스트 형식의 멀티미디어 정보 교환이 자유롭고 학습자가 학습에서 주도적인 역할을 담당하게 되며, 학습자의 능력과 수준에 맞는 교수-학습 활동이 가능해진다. 이러한 특성은 학습자들로 하여금 자신의 학습 수준에 맞는 개별화 학습을 가능하게 하고, 학습자들 간에 다양한 경로를 통해 상호작용 활동을 수행할

수 있게 할 뿐만 아니라, 저렴한 비용에 풍부한 교육 자료를 제공할 수 있기 때문에 면대면 교육과는 비교할 수 없을 만큼 많은 교육 수혜자를 확보할 수 있다는 장점도 있다(임정훈, 1998). 따라서 웹을 활용하는 사이버 영재교육 방식은 기존의 면대면 영재교육에서 제기되어 온 시간적·공간적인 제약을 극복하고 영재교육의 수혜자를 확대할 수 있을 뿐만 아니라, 영재가 자신의 학습능력과 관심도에 따라 자기주도적인 학습을 수행할 수 있으며, 다양한 최신 영재교육 관련 정보를 활용할 수 있다는 장점이 있다.

그러나 사이버 영재교육 시스템을 구축하고 운영하는 것만으로 영재교육의 질적 수월성 향상과 수혜 대상 확대가 저절로 이루어지는 것은 아니다. 즉, 기존의 영재교육 프로그램을 사이버 공간으로 그대로 옮겨서 운영하는 것만으로는 성공적인 사이버 영재교육이 이루어질 수 없다는 것이다. 웹을 활용한 사이버 교육에 관한 기존의 연구에 따르면, 웹의 장점과 사이버 교육의 특성을 적절히 고려하지 않은 교육은 실패할 가능성이 매우 높다고 지적되었다. 영재의 심리적 특성이나 고유의 학습 태도, 방법 등을 적절히 고려하지 못한 사이버 교육 프로그램은 새롭고, 창의적이며, 다양한 문제해결 방법을 지향하는 영재의 요구에 적절히 부응하지 못함으로써 오히려 비효율적인 학습 결과를 도출할 가능성도 적지 않다. 따라서 바람직한 형태의 사이버 영재교육 프로그램을 개발하고 운영하기 위해서는, 영재교육이라는 특성을 적절히 고려하면서도 다른 한편으로 웹의 교육적 장점과 유용성을 충분히 활용하는 형태의 프로그램이 제시되어야 할 것이며, 이는 영재교육 프로그램의 다양성 확보를 위해 매우 주요한 연구과제이기도 하다.

프로그램의 특성화

차세대 영재교육 시스템의 구축: 대학 부설 과학영재교육원 대 교육청 영재교육 프로그램의 차별화 우리나라 영재교육의 구조는 크게 과학기술부 지원의 대학 부설 과학영재교육원과 교육인적자원부 지원의 교육청 중심

한국영재교육의 새로운 지평

의 영재교육원으로 이루어져 있다. 지원 체제와 교육이 이루어지는 환경적, 인적 주체가 다를 뿐 교육의 대상, 영역, 내용 등의 측면에서의 차별성은 거의 부재하다. 각 기관의 특수성을 고려하여 대학 부설 영재교육원과 교육청 중심의 영재교육원이 특성화되어야 하고, 또한 각 기관의 특수성은 두 기관이 상호협력 체제를 구축하는 데 기여하여야 하며, 이는 다시 각 기관의 특성화로 환원될 수 있어야 한다. 각 영재교육원의 특성화 요구는 각 기관의 윈윈(win-win)을 위한 피할 수 없는 시대적 대세다. 실제로 지원 주체에서는 현행 영재교육 시스템을 넘어서는 차세대 영재교육 시스템의 구축을 요구하고 있다. 이러한 시대적 흐름 속에서 각 기관의 영재교육 프로그램이 특성화의 초점을 어디에 맞출 것인가는 심각하게 고려하여 할 문제이며 차후 연구과제다. 예를 들어, 대학 부설 영재교육원이나 교육청 영재교육 프로그램 모두 기초, 심화, 사사 교육 시스템을 구축하고 있으나, 교육청에서 기초와 심화과정의 영재교육 프로그램을 전담하고 대학 부설에서 사사 프로그램이나 R & E(Research & Education) 프로그램 등을 전담하는 시스템을 심도 있게 고려할수 있다. 수혜 대상의 측면에서도 초등 과정은 교육청에서 전담하고, 중등 과정은 대학부설 영재교육원에서 전담하는 방안도 대안이 될 수 있다.

프로그램의 개별화

영재교육의 양극화 해소를 위한 개인차 고려   영재라는 명칭은 같지만 그 속에서 영재아동 간의 개인차는 과히 주목할 만하다. 다시 말하면, 영재교육에서 소위 양극화 현상이 대두되었다. 영재아동의 관심이나 능력이 수업내용이나 방식에 좀 더 적극적으로 고려되지 못하는 것은 공교육의 문제가 영재교육에서도 그대로 드러나는 것이기도 하다. 영재교육은 개별화, 맞춤교육을 지향하고 있으나 실제로 영재학생 간에 나타나는 개인차를 고려하여 수업이 진행되어야 한다는 인식이 거의 부재한 상황이므로, 영재교육 안에서 교육 소외를 경험하는 영재아동이 적지 않을 것으로 예상된다. 영재

집단 내에서의 교육, 홍미, 학습양식 등의 편차는 일반 집단 내에서 만큼 다양할 수 있다. 따라서 '영재이니 다 비슷하겠지' '영재교육 자체가 개별화 교육인데 별도의 개별화 교육이 왜 필요한가'라는 생각은 영재아동들의 교육적 요구와 현실을 무시하는 위험한 발상일 수 있다. 현재 영재교육에서 이루어지고 있는 소집단 활동 중심의 R & E 활동이나 사사 교육 시스템은 이러한 영재교육 내에서의 개인차 문제를 적절히 해소할 수 있는 효과적인 방안이라고 생각한다.

개별화 방안으로서의 학생의 선택권 강화 교육의 순서, 다양한 과목에 대한 교육 내용의 선정과 속도, 교육과목 내에서의 교육제도의 통합 및 활동 유형의 순차적 교체 등의 모든 교육 노선은 개별화 전략에 따라 운영될 수 있다. 교사는 각 학생에 대한 구체적이고 차별화된 목표를 설정하고 그 목표 수행을 위해 가장 적합한 교육과정을 도출함은 물론, 학생을 개별적으로 돕기 위해 부족한 면이나 방법의 수정 및 기술적인 부분 등을 적절히 돕는다. 학생의 폭넓은 선택 허용을 비롯해 학생이 선택한 교육 계획을 존중한 교육방법의 적용이 가능하고 필요하다. Amabile(1996)은 이러한 선택권의 부여가 학생의 동기와 홍미를 향상시키는 가장 확실한 교수-학습 방법이라고 제안한다. 학생에게 부여되는 모든 선택은 교육과정 측면이나 학생의 개인적 측면을 고려해 적용될 수 있는데, 학생이 자유롭게 선택할 수 있는 범위와 내용은 아래와 같다.

- 학습 형태 선택(집단, 교실수업, 개별 수업)
- 교수 선택
- 협력자 선택
- 프로그램 선택
- 교과목과 학습량 선택
- 주제 선택과 주제 학습의 순서 선택

- 과제 선택
- 활동의 유형과 방법, 학습 소제의 자기화 방법 선택
- 평가방법 선택(지필고사, 수행평가, 발표평가)

이와 같이 학생의 선택권을 보장하고 학생의 개별화 프로그램을 효과적으로 추진하기 위해서는 개별교육계획안(Individualized Education Plan: IEP)의 효과적 활용이 필수적이다.

영재교육 프로그램의 확산

영재교육 대 재능 계발 미국은 이미 영재교육(gifted education)의 개념이 재능 계발(talent development)의 개념으로 옮아간 지 오래되었다. 영재교육이 많이 연구되고 발달된 러시아는 많은 잠재적 영재아동을 대상으로 그들의 숨겨진 능력 계발에 많은 노력과 투자를 해 오고 있다. 우리의 경우처럼 가시적인 영재성을 보이는 극소수의 아동만을 대상으로 하는 것과는 매우 차별화된 형태의 영재교육이 운영되고 있는 것이다. 그 이유는 여러 가지가 있겠으나 가장 근본적인 다음의 두 가지로 요약할 수 있다. 첫째, 영재교육이 극소수의 최상위 영재만을 대상으로 할 경우 정치적 입지(political status)를 공고히 하기도 힘들며(특히 정부의 예산 지원 면에서), 영재교육은 엘리트 교육이라는 참으로 오래되고 여전히 팽배해 있는 인식에서 벗어나기 힘들다는 암묵적 합의에 기인한다. 둘째, (더 중요하다고 생각하는데) 일반아동을 대상으로 영재교육이 표방하는 창의성 계발 및 사고력 계발 프로그램 등을 적용했을 때 그 효과가 매우 바람직하다는 연구결과에서 기인한다고 할 수 있다. 최근 대유행하는 과학문화의 확산 운동도 이와 같은 맥락에서 이해되고 접근될 수 있다.

Borland(2005)는 영재아동이 부재한 가운데 영재교육이 운영될 수 있고, 운영되어야 하며, 심지어 바람직하다는 의견까지 내세웠다. 우리 정부도

2007년까지 영재교육의 수혜 대상을 상위 5% 정도로 끌어올린다는 입장이다. 최상위 수준의 가시적 영재성을 보이는 극소수 아동에만 영재교육을 국한하지 말고, 다수 아동의 잠재력 계발을 도울 수 있는 프로그램 개발에 많은 관심과 지원이 이루어져야 한다. 대학이나 교육청에서 분리된 영재교육과 함께 일반학교, 일반학급에서 용이하고 효과적으로 구현될 수 있는 프로그램의 개발이 필요하다. 물론 이런 일반아동 혹은 잠재된 영재를 위한 프로그램 개발과 적용은 최상위 수준의 영재에 대한 관심과 지원을 퇴색하는 의미가 아니라 동시 구현의 맥락에서 이해되어야 한다.

도구적 징후 대 동기적 징후 영재성에는 '할 수 있는 것'과 '하고 싶어 하는 것' 등의 두 측면의 통합적 평가가 필요하다. 즉, 영재성의 징후를 '도구적 차원'과 '동기적 차원'으로 분류해 판별과 프로그램에 적용할 수 있다. 여기서 '도구적 징후'란 아동이 보이는 활동 방법 및 능력을 말하며, '동기적 징후'란 아동이 어떤 활동에 대해 보이는 태도를 말한다. 도구적 징후와 동기적 징후가 모두 뛰어난 아동도 있지만, 동기적 징후는 매우 뛰어나나 도구적 징후가 부족한 아동에게도 영재성 진단이나 프로그램의 기회를 제공하는 것이 바람직하다. 오랜 영재교육의 역사를 지닌 러시아의 경우, 영재교육 프로그램의 적용 여부 결정에서 아동의 동기적 징후를 가장 중요한 관건으로 삼고 이에 대한 타당성을 지속적인 연구결과를 통해 제기하고 있다. 특히 어린 영재아나 미성취 영재의 경우 뛰어난 잠재력이 있으나 구체적 능력이 길러지지 못했을 때, 동기적 차원의 영재성 징후는 이들의 영재적 잠재성을 진단할 수 있는 중요한 준거로 큰 의미가 있다. 성취 위주의 영재성 판별과 교육이 주를 이루는 현재 우리나라의 영재교육 현실을 감안할 때, 학생의 동기와 태도를 영재성의 진단과 교육에 어떻게 활용할 것인가의 여부는 매우 중요한 연구과제라고 생각한다.

나가며

이제까지 우리나라 영재교육 프로그램의 현실을 되짚어 보고 전문화, 다양화, 특성화, 개별화, 확산 등 다섯 가지 영재교육 프로그램의 경향을 중심으로 국내 영재교육 프로그램의 향후 방향성을 모색해 보았다. 영재교육에서 프로그램은 영재교육의 성패를 결정짓는 가장 중요한 요건인 만큼, 영재들의 교육적 요구에 부응하고 영재교육의 원칙과 모형에 적합한 프로그램의 질 관리와 향상을 위한 노력은 대단히 중요한 과제다. 영재교육의 발전은 영재교육 프로그램의 진보에서 비롯된다. 이것이 가능할 때 '영재의 인증'으로서의 영재교육이 아닌 '영재성의 심화와 발현'으로서의 영재교육으로 자리매김할 수 있을 것이며 비로소 영재교육의 의미가 한층 더 부각될 수 있을 것이다.

참고문헌

강인애(1997). 왜 구성주의인가? 서울: 문음사.

김묘정(2001). 과학영재교육원의 교육과정 분석 연구. 인천대학교 석사학위논문.

송인섭, 이신동, 이경화, 최병연, 박숙희 (2000). 영재교육의 이론과 실제. 서울: 학문사.

양태연, 박인호, 한기순(2005). 과학영재의 과학 관련 태도와 지능 및 과학탐구능력과의 관계. 한국과학교육학회지, 23(5), 531-543.

이영석(2002). 유아 영재의 진단과 교육 프로그램 운영 방법. 아동 교육, 11(2).

이해명(2002). 영재교육과정 개발과 과제. 영재와 영재교육, 1(1), 91-124.

임정훈(1998). 웹 기반 가상수업의 상호작용 과정에서 발생하는 학습자의 인지적·심리적 변화: 사례 연구. 교육공학연구, 14(3), 331-358.

전윤식(2003). 창의성 교육의 새로운 접근: 문제찾기. 교육학연구, 41(3), 215-238.

정병훈(2001). 초등과학영재 프로그램의 개발 방향. 청주교육대학교 과학교육연구소 논문집 제22집.

정현철(2003). 문제기반학습의 이론과 실제. 인천대학교 과학영재연구소 초등영재
　　교사 연수자료집.

조석희(1999). 과학영재교육을 위한 교육과정 개발연구. 한국교육개발원, CR 99-
　　15.

조연순(2001). 창의적, 비판적 사고력과 교과지식의 융합을 위한 교수-학습 모형으
　　로서의 문제기반학습 고찰. **초등교육연구**, 14(3), 295-316.

조용환(2000). '교실붕괴'의 교육인류학적 분석. **교육인류학연구**, 3(2), 43-66. 서
　　울: 한국교육인류학회.

최호성(2003). 중등 영재판별과 교육 프로그램의 비판적 검토. 한국영재학회추계
　　학술대회논문집.

한기순(2005). 유아영재의 판별, 교육, 운영에 관한 연구. 한국과학재단 정책연구보
　　고서.

한기순(2005a). Problem-finding, real-world divergent thinking test, and young
　　children. *Gifted and Talented INTERNATIONAL, 23*(1), 47-52.

한기순(2006). 유아 및 초등저학년 영재교육시스템 구축방안. 한국과학재단 정책
　　연구보고서.

한기순(2006a). 과학영재교육원을 통해서 본 영재교육의 가능성과 한계. **교육인류
　　학연구**, 9(1), 123-151.

한기순(2007). 대학부설 과학영재교육원 프로그램 효과성 분석: 영재교육 이수자와
　　비이수자의 인지적, 비인지적 특성에 관한 차이 검증. 한국과학재단 정책연
　　구보고서.

한종하(1987). **과학영재교육론**. 서울: 학연사.

Amabile, T. M. (1996). Creativity in context: Update to the social psychology
　　of creativity. Boulder, CO: Westview.

Ausubel, D. P. (1965). A Cognitive Structure View of Word Meaning. In R.
　　Anderson and D. Ausubel (Eds.), *Readings in the Psychology of
　　Cognition.* New York: Holt, Rinehartand Winston.

Betts, G. T., & Neihard, M. F. (1985). Eight effective strategies to enhance the
　　emotional and social development of the gifted and talented. *Roeper
　　Review, 8,* 18-23.

Brendwein, P. (1988). Gifted young in science. Washington D.C.: NSTA.

Coleman, L., Sanders, M., & Cross, T.(1997). Perennial debates and tacit assumptions in the education of gifted children. *Gifted Child Quarterly, 41*, 105-111.

Cross, T., Stewart, R., & Coleman, L. (2003). Phenomenology and its implications for gifted studies research. *Journal for the Education of the Gifted, 26*(3), 201-220.

Dillon, J. T. (1982). Problem Finding and Solving. *Journal of Creative Behavior, 16*(2), 97-111.

Gallagher, S. A., Stepien, W. J., & Rosenthal, H. (1992). The effects of problem-based learning on problem-solving. *Gifted Child Quarterly, 36*, 195-200.

Gardner, H. (1983). *Frames of mind.* NY: Basic Books.

Getzels, J. W. (1975). Problem-finding and the inventiveness of solutions. *Journal of Creative Behavior, 9*(1), 12-18.

Getzels, J. W., & Csiksentmihalyi, M. (1975). 'From Problem Solving to Problem Finding', in L. A. Taylor. & J. W. Getzels (ed.), *Perspectives in Creativity.* Chicago, Aldine Publishing Co.

Greeno, J. G. (1978). Natures of problem-solving abilities. In W. K. Estes (ed.), *Handbook of learning and cognitive processes* (Vol. 4). Hillsdale, NJ: Erlbaum.

Hoover, S. M., & Feldhusen, J. F. (1994). Scientific problem solving and problem finding: A theoretical model., in M.A. Runco(ed.), *Problem finding, problem solving, and creativity*, pp. 201-219.

Mackworth, N. H. (1965). Originality. *American Psychologis, 4*(20), 51-60.

Maker, C. J. (1996). *Curriculum development and teaching strategies for gifted learners.* Austin, TA: Pro-ed.

Moore, M., & Murdock, M. C. (1991). On problems in problem-finding research. *Creativity Research Journal, 4*, 290-293.

Passow, A. H.(1985). Intellectual development of the gifted. In F. R. Link(ed.), *Essays on the Intellect.*(pp. 23-43). Alexandria, VA: Association for Supervision and Curriculum development.

Runco, M. A. (1994). *Problem Finding, Problem Solving, and Creativity*(p.

40). Norwood, NJ: Ablex.

Runco, M. A., & Nemiro, J. (1994). Problem finding, creativity, and giftedness. *Roeper Review, 16*(4), 235-240.

Smilansky, J. (1984). Problem solving and the quality of invention: An empirical investigation. *Journal of Educational Psychology, 76*(3), 377-386.

Taylor, C. W. (1985). Multiple talents. *Journal for the Education of the Gifted, 8*(3), 187-198.

VanTassel-Baska, J. (1996). The development of talent through curriculum. *Roeper Review, 18*(2), 98-102.

06

델파이 조사를 통한
유아 영재교육의 방향 탐색

서 론

현행의 영재교육은 주로 초등학교 4학년부터 고등학교 학생 가운데 영재성이 나타난 학생을 대상으로 한다. 그러나 인간의 영재성이 그 단계부터 나타나는 것이 아니며 또한 그 단계부터 시작되는 것도 아님은 자명한 사실이다. 그러나 이들만을 대상으로 영재교육을 실시하는 것은 영재교육의 포괄성, 적기성 및 효과성의 원칙에 비추어 문제가 아닐 수 없다.

Семенов(1994)의 연구에 따르면, 98% 이상의 아이가 다양한 형태의 창의적 재능을 타고난 것으로 보이지만, 7세가 되면 37%, 8세가 되면 17% 등으로 연령이 더해감에 따라 창의적 재능이 감소하는 현상이 나타났다. 많은 전문가가 유아기 및 초등 저학년 때 이루어지는 영재교육의 중요성을 폭넓게 인정하고 있지만, 현실적으로 이 시기의 영재아 및 영재교육에 관한 연구는 매우 미흡하며, 이들을 대상으로 하는 교육적 조치는 거의 전무하다. 한편 유치원 및 일반 유아교육기관의 교육 프로그램은 유아의 보편적 성장에

---

1) 한기순 (2006), 델파이 조사를 통한 유아 영재교육의 방향 탐색, 미래유아교육학회지, 13(3)의 내용을 일부 수정하여 수록하였음.

초점을 맞추고 있어 영재아의 특성을 감안한 교육과정의 운영이 매우 어려운 상태다.

영재라고 해서 교육의 도움 없이 뛰어난 성취를 이루는 것은 아니다. 적절한 교육의 도움으로 그들의 잠재력이 최대한 발휘될 수 있다고 보면 다른 어느 시기보다도 교육 잠재력이 가장 풍부하다는 유아기는 그냥 지나칠 수 없다. 교육학자와 교육 전문가들은 한결같이 인간 형성 과정에서 인생 초기의 경험에 대한 교육적 의의를 중시하고 있다. 이는 영재아의 경우도 예외가 아니다. 유아 영재는 국가의 귀중한 인적 자원이다. 미래 경쟁 사회에서 요구되는 인적 자원을 개발하기 위한 실천 방안으로 우리는 모든 유아에게 적합한 교육을 진단하고 계획하며 지원해 주어야 할 것이고, 더 나아가 유아 영재를 위한 교육에 관심과 지지를 기울여야 한다. 저명한 신경심리학자 Diamond와 Hopson(1998)은 뇌 성장의 가장 급속한 시점은 만 2세 전후, 만 4세 전후, 만 6세 전후로 대부분의 주요한 뇌 성장은 만 6세 이전에 집중되어 있다고 하였다. 특히 만 2~5세 사이에 유아가 풍부한 지적 자극을 제공받지 못하면 대뇌피질의 두께가 얇아진다고 지적하면서, 인간 뇌 성장 측면에서 영재의 진단 및 교육 프로그램의 적기가 유아기임을 강조하였다.

Bloom(1985)의 연구에 따르면, 환경 변화가 아동 조기 발달의 급속한 변화 시기에 큰 영향을 미친다고 제안한다. 환경적 조작의 가장 큰 효과를 얻기 위해서 영재교육은 유아기에 시작되어야 함을 강조하고 있다. Gogul, McCamsey 및 Hewett(1985)의 연구 역시 연구대상인 1,039명의 영재아 중 13%만이 만 6세 이후에 발견되었음을 보고하면서 유아기 시절 영재교육의 가능성과 중요성을 시사하고 있다. 국내에서도 최순실, 김복순, 한석실(1995)은 유치원, 초등 저학년 학부모 450명을 대상으로 한 설문조사에서 자녀의 영재성 발견 시기로 만 3세 이전이 74%, 만 6세 이후는 단지 1%에 불과한 것으로 나타났다고 보고하였다.

그러나 우리나라의 경우, 유아는 영재교육에서 철저하게 배제되어 있다. 2000년 1월 28일에 제정된 영재교육진흥법에도 '재능이 뛰어난 사람을 조기에 발굴하여 타고난 잠재력을 계발할 수 있도록 능력과 소질에 맞는 교육을 실시함으로써 개인의 자아실현을 도모하고 국가와 사회 발전에 기여하게 함'이라고 명시하고 있으나, 유아 영재교육은 여전히 영재교육진흥법과 그 시행령 어디에도 언급되지 않았으며 2004년 발표된 수월성 교육 종합대책에서도 유아 영재에 대한 언급은 전혀 없었다. 유아 영재는 영재교육의 진흥 대상에서도 완전히 배제된 상태다. 유아 영재교육에 대한 우리의 국가적 인식은 매우 미흡하여 특정한 분야에 뛰어난 능력을 보이는 유아가 조기에 적절한 교육을 받지 못하여서 그 재능이 사라지는 경우도 종종 있어 왔다. 헌법 제31조에서는 국민의 교육기본권, 즉 '누구나 능력에 따라 균등하게 교육을 받을 권리'를 국가 차원에서 명시하고 있고 전문가 집단(예, 박성익 외, 2003; 이영석, 2004; 한석실, 2005; 황해익, 2003) 역시 유아 영재교육의 당위성을 지속적으로 주장하고 있으나 유아 영재교육은 아직까지 공교육의 테두리 안에서 전혀 전개되지 못하고 있다.

교육의 목적은 국가적으로는 인재를 양성하고, 개인적으로는 인간이 타고난 능력과 소질을 계발하는 것이다. 개인이 자신의 능력을 최대한 계발하고 그 성취를 사회와 공유할 수 있다면 그것은 교육의 국가적, 개인적 목적을 모두 달성하는 것이다. 우리나라와 같이 자연 자원이 부족한 실정에서는 우수 인적 자원의 확충이 더욱 절실히 요구된다. 그럼에도 불구하고 영재교육의 잠재력이 가장 큰 유아 영재집단을 외면하는 것은 개인적, 국가적 손실이 아닐 수 없다. "The earlier, the better; the longer, the better." 의 유아교육 슬로건은 교육이 적기성, 기초성, 누적성, 불가역성의 기제에 성실하여야 함을 시사한다. 또한 "No child left behind." 라는 미국의 강력한 교육정책에서도 알 수 있듯이, 유아 영재교육은 더 이상 교육제도권 밖에서 이런저런 이유로 서자처럼 취급되어서는 안 된다고 지적하고 있다(이영석, 2004).

유아 영재는 이제 막 그 관심과 연구의 새로운 장을 열고 있으나 유아기는 영재교육의 보고라고 불릴 만큼 무한한 가능성을 안고 있다. 유아기는 재능 발달의 민감기(senstive period)이므로 유아의 재능 발달에 각별한 주의를 기울여야 한다. 어린 시기의 영재에 대한 심층적인 연구를 통해 특성을 파악하고, 조기에 탁월한 선천적 재능을 타고난 영재를 선발함은 물론, 무엇보다도 적절한 교육적 중재가 빨리 이루어져야 하며, 교육 프로그램을 개발하고 보급하여야 한다. 올바른 영재교육의 정신을 실현하기 위해, 그리고 영재 판별 및 교육에서의 포괄성과 연계성의 원칙에 충실하기 위해 유아 영재를 위한 교육은 반드시 국가 영재교육정책의 테두리 안에서 적극적으로 구상되고 실현되어야 한다.

이에 여기에서는 미취학 아동 및 초등 저학년 학생을 대상으로 하는 영재교육의 효과적인 구현 방안을 전문가의 델파이 조사를 통하여 조명해 보고, 이를 토대로 앞으로의 유아 및 초등 저학년을 위한 영재교육의 방향을 제시하려 한다. 유아 영재를 효과적으로 진단, 판별하며 적절한 교육을 제공할 수 있는 방법 및 운영 체제에 관한 논의는 작금의 영재교육의 현실에서 매우 시의적절하다고 생각한다.

연구방법

이 연구에서는 전문가의 의견 수렴을 위해 델파이 방법을 사용하였다. 델파이 방법은 예측하려는 문제에 관하여 전문가의 견해를 유도하고 종합하여 집단적 판단으로 정리하는 일련의 절차다. 이 방법은 추정하려는 문제에 관한 정확한 정보가 없을 때는 '두 사람의 의견이 한 사람의 의견보다 정확하다'는 계량적 객관의 원리와 '다수의 판단이 소수의 판단보다 정확하다'는 민주적 의사결정의 원리에 논리적 근거를 두고 있다. 협의회와 얼굴을 맞대고 토의하는 과정에서는 소수 의견의 무시, 권위자의 발언 영향력, 사전 조율에 따른 집단 역학의 약점, 입장의 고수 등 심리적으로 바람직하지 못한 효과가 작용할 수 있는데, 델파이 방법은 이러한 단점을 제거하면서 토론자 사이에 의사소통 과정을 구조화한다. 델파이 방법의 특징인 의사소통 과정의 구조화는 절차의 반복과 통제된 피드백, 그리고 통계적 집단 반응 분석의 절차를 통해 이루어진다. 델파이 방법은 일반적 여론조사 방법과 협의회의 장점을 결합한 방법이다. 미래에 대한 예측, 이해 집단의 갈등 관계 추정, 다수인의 의견 수렴을 위한 중재 등을 위한 도구로 이용되었다(류경준, 2000).

이 연구의 델파이 조사에서는 전국의 대학, 영재연구소 및 유아 영재교육 실시 기관 등에 종사하는 13명의 영재교육 전문가가 참여하였다(영재전공 관련 대학교수 10명, 영재교육연구소 전문연구원 2명, 유아 영재교육기관장 1명). 이들은 영재교육 관련 박사학위를 소지하고 있으며 유아 영재교육에 경험이 있는 전문가다. 물론 통계적인 유의도의 측면에서는 더 많은 전문가를 동원하는 것이 예측 결과의 신뢰도를 높이기 위하여 바람직할 수 있으나, 주제의 특성상 단순히 다수의 의견이 옳다고는 할 수 없으며 관련 영역의 전문가도 많지 않은 상황을 고려해 13명으로 하였다. 두 차례에 걸쳐서 실시한 델파이 조사는 1차에서는 유아 및 초등 저학년 대상 영재교육(이하 유아 영재교육) 실시 전반에 관하여 전문가가 자신의 생각과 의견을 자유롭게 기술하도록 하였으며, 1차 전문가 응답을 토대로 작성된 2차 설문에서는 제기된 주요 관건에 대한 각 전문가별 의견 일치도를 파악해 효율적인 유아 영재교육 운영 방안을 도출하고자 하였다. 1차와 2차 조사 모두 전자 우편과 우편 발송 방법 모두를 사용했으며, 대부분의 응답자가 편의에 따라 전자 우편을 선택하여 회신하였다. 2차 조사는 유아 영재교육 관련 핵심 사항을 크게 8가지로 분류해 세부 항목을 만들고 그 항목에 대한 동의도 6점 척도(1 = 매우 동의하지 않는다, 2 = 동의하지 않는다, 3 = 동의하지 않는 편이다, 4 = 동의하는 편이다, 5 = 동의한다, 6 = 매우 동의한다)를 표기하는 방식으로 이루어졌다. 2차 조사에서 핵심 사항으로 삼았던 8가지 영역의 내용은 아래와 같다.

- 유아 영재교육 실시에 관한 타당성
- 유아 영재교육의 부재에 따른 문제점
- 유아 영재교육 실시 시기

- 유아 영재교육 대상 학생 선발방식
- 유아 영재를 위한 교육 내용과 수업방식
- 유아 영재교육의 교육 영역
- 유아 영재교육 운영 방식
- 유아 영재교육이 실시될 경우 최우선적으로 고려해야 할 사항

연구결과

유아 영재교육의 실시는 타당한가?

1차 델파이 조사에서 전문가가 제시한 의견을 바탕으로 2차 델파이 설문을 작성하였다. 유아 영재교육의 필요성에 대하여 응답자들은 한 목소리를 내었지만 왜 필요한가에 관해서는 다양한 의견을 제시하였다. 유아 영재교육 실시와 관련한 타당성에 대한 2차 설문 결과를 살펴보면 다음과 같다.

〈표 6-1〉에 나타나듯이 전문가들은 유아 영재교육의 타당성에 대해서 매우 높은 수준의 동의를 보였다. 설문에 나타난 내용 중 동의도가 높은 순으로 살펴보면 '교육자의 역할은 학생의 재능을 최대한 발휘할 수 있도록 도와주는 일이다'가 평균 6.0으로 모든 응답자가 가장 높은 수준으로 동의하였으며, 다음으로 '유아 영재교육의 실시로 타고난 재능이 지속적으로 신장될 수 있다' '어린 시절 재능 영역의 풍부한 환경적 자극은 미래의 업적 산출에 필수적이다' '개인적 차원뿐 아니라 국가 경쟁력 제고를 위한 국가적 차원에서도 인재를 조기에 발굴·육성해야 한다' 등이 평균 5.67로 유아 영재교육의 필요성과 관련하여 응답자들의 높은 동의 수준을 끌어내었다. '영재성은 대체로 유아기부터 나타난다'($M = 4.33$)를 제외하고는 유아 영재교육의 필요성과 관련한 모든 항목이 평균 5.0 이상의 높은 동의도를 나타낸 것으로 볼 때, 유아 영재교육 실시에 대해 전문가들 사이에는 깊은 공감대가

표 6-1 유아 영재교육 실시에 관한 타당성

순 위	설문 내용	동의의 정도 동의 안 함(1)~매우 동의(6)	
		평 균	표준편차
1	교육자의 역할은 학생의 재능을 최대한 발휘할 수 있도록 도와주는 일이다.	6.00	0
2	유아 영재교육의 실시로 타고난 재능이 지속적으로 신장될 수 있다.	5.67	0.52
2	영재성을 나타내는 유아기 영재아의 특성에 맞는 교육 시스템이 필요하다.	5.67	0.52
2	어린 시절 재능 영역의 풍부한 환경적 자극은 미래의 업적 산출에 필수적이다.	5.67	0.52
2	개인적 차원뿐 아니라 국가 경쟁력 제고를 위한 국가적 차원에서도 인재를 조기에 발굴·육성해야 한다.	5.67	0.526
6	뇌의 성장적 측면에서 유아 영재교육은 반드시 필요하다.	5.17	0.98
6	지능, 학습 습관, 사고양식 등이 어려서 결정되며 영재교육의 성패는 조기에 크게 좌우된다.	5.17	0.75
6	영재성이 발현되는 시기에 적절한 교육활동이 제공되지 않으면 영재성이 사장되며 정서적 측면에서도 부정적인 영향을 미칠 가능성이 높다.	5.17	0.75
6	고학년이 될수록 입시에 얽매이게 되는 교육 현실에서 시간적 여유를 갖고 올바른 영재교육을 할 수 있는 시기를 활용해야 한다.	5.17	0.75
10	창의성 교육의 가장 중요한 시기인 3~7세에 영재성을 발굴하고 교육해야 한다.	5.00	0.63
11	영재성은 대체로 유아기부터 나타난다.	4.33	0.52

형성되어 있음을 파악할 수 있다.

물론 전문가들은 유아 영재교육의 중요성을 인식하면서도 구체적 시행에 관하여 적지 않은 논란을 예상하고 이와 함께 유아 영재교육과 관련한 여러 제반 사항을 우려하고 있음을 알 수 있다. 1차 설문에서는 유아 영재교육과 관련하여 가장 커다란 문제점이나 부당함으로 부모의 지나친 개입과 과열, 유아 영재의 경우 대상의 범위 선장과 판별의 어려움, 교육 목표와 프로그램 내용 선정 등과 관련하여 많은 논란이 발생할 수 있다고 지적하면서, 본격적인 실시에 앞선 사전 연구 및 시범 사업의 필요성을 제기하였다. 유아 영재교육 실시와 관련하여 문제점이 발생될 여지는 있으나 이러한 이유가 유아 영재교육의 실시를 지연하거나 막는 이유가 될 수는 없으며, 오히려 이러한 예상 가능한 문제점을 적극 검토하고 대비하여 문제를 최소화하고 효율적으로 시행할 수 있는 방법에 대해 연구해야 할 것이다. 따라서 앞으로 더욱 관심을 두어야 할 것은 유아 영재교육 시행의 찬반 여부가 아니라, 향후 유아 영재교육에 대한 연구의 미비, 과열 양상, 판별의 어려움, 사교육의 팽창 등 유아 영재교육 실시에 따를 수 있는 여러 부작용을 최소화할 수 있는 운영 방안의 도출이라고 할 수 있다. 그러므로 단계적으로 지속적인 연구를 병행하며 유아 영재교육에 조심스럽게 접근하고 시행해 나가야 할 필요가 있다.

유아 영재교육의 부재로 발생하는 문제점은 무엇인가?

현재 공교육 차원의 유아 영재교육의 부재로 어떠한 문제가 발생하고 있는가? 이와 관련한 세부 항목에 대한 동의도를 조사한 결과, 전문가들은 유아 영재교육의 부재로 다양한 문제가 현존하거나 현존할 가능성이 있음을 지적하였다(〈표 6-2〉 참조). 전문가들이 지적하는 유아 영재교육의 부재에 따른 문제점 중 상대적으로 높은 동의 수준을 이끌어 낸 항목은 '적절한 환경적 자극의 부재로 영재성이 사장될 수 있다' '국가 경쟁력 강화를 위한 우수한 인적 자원의 손실이 예상된다' '저소득층, 농촌, 바쁜 부모를 둔 아동의 경우 재능을 제대로 발휘할 환경을 제공받지 못한다'($M = 5.33$) 등으로 유아 영재교육의 부재로 우수 인력의 조기 영재성 사장을 가장 염려하는 것으로 나타났다. 다음으로 '교육적 잠재력이 가장 큰 유아기를 배제함으로써 영재

표 6-2 유아영재교육의 부재에 따른 문제점

순 위	설문 내용	동의의 정도 적극 반대(1)~매우 동의(6)	
		평 균	표준편차
1	적절한 환경적 자극의 부재로 영재성이 사장될 수 있다.	5.33	0.82
1	국가 경쟁력 강화를 위한 우수한 인적 자원의 손실이 예상된다.	5.33	0.82
1	저소득층, 농촌, 바쁜 부모를 둔 아동의 경우 재능을 제대로 발휘할 환경을 제공받지 못한다.	5.33	0.82
4	교육적 잠재력이 가장 큰 유아기를 배제함으로써 영재교육의 효과성이 감소된다.	5.00	0.63
4	유아 영재성에 대한 합의된 인식이 부재하고 오해가 많다.	5.00	0.63
6	사설 영재교육기관의 부적절한 운영으로 영재교육에 대한 부정적 인식이 확산된다.	4.83	0.41
7	잘못된 영재교육에 따른 후유증이 크다.	4.67	0.52
7	영재아를 둔 학부모의 불안감과 책임감이 가중된다.	4.67	0.52
9	유아 영재교육의 부재로 체계적인 영재교육이 어렵다.	4.50	0.55
10	일반교육 시스템에 적응하지 못한 영재의 반사회적 경향이나 행위가 우려된다.	4.33	0.82
10	개인의 능력에 맞는 교육 기회 제공이라는 교육의 본질적 취지와 다르다.	4.33	1.63
10	영재아의 올바른 정서발달을 저해한다.	4.33	0.52
10	사교육비가 증가한다.	4.33	1.03

교육의 효과성이 감소된다' '유아 영재성에 대한 합의된 인식이 부재하고 오해가 많다'($M = 5.00$)의 항목도 유아 영재교육의 부재로 나타나는 주요 문제점으로 꼽았다. 이 외에도 '사설 영재교육기관의 부적절한 운영으로 영재교육에 대한 부정적 인식이 확산' '학부모의 불안' '영재의 사회적, 정서적 문

제 유발' 등 다양한 문제점이 구체화되었다. 이처럼 전문가들이 지적한 문제는 영재 개인에게만 국한된 것이 아니라, 교육과 사회 전반에 큰 영향력을 줄 수 있는 사회적 문제라고 볼 수 있으며 공교육 차원에서의 유아 영재교육의 실시는 이러한 문제들에 대한 가장 확실한 해결책이 될 수 있다고 지적한다.

유아 영재교육은 언제부터 실시하는 것이 바람직한가?

영재교육은 언제부터 실시하는 것이 바람직한가? 조사결과 '유아 영재교육 실시 시기'에 대한 전문가의 입장은 '가급적 조기에 실시하는 것이 좋다'에 평균 5.0의 높은 지지를 보이고 있다. 〈표 6-3〉에 나타나 있듯이 구체적 연령에는 전문가 간에 다양한 견해가 있었으나 '영재 판별 과정에 반응할 수 있는 만 4~5세에 시작하는 것이 적절하다'에 평균 4.67로 가장 높은 동의를 나타냈다. 이와 함께 유아 영재교육의 대상을 만 4세 이상으로 하되, 영재교육 실시로 발생할 수 있는 역기능을 우려해서 다수의 4세 이상 아동을 대상으로 하기보다 구체적으로 영재성이 나타나는 소수의 아동을 대상으로 해야 한다는 의견도 4.17로 상대적으로 높은 동의를 나타냈다. 이렇듯 전문가들은 유아 영재교육을 미취학 아동에게 해야 한다고 보고 있으며, 현행대로 초등학교 4학년부터 영재교육을 실시하는 것에는 영재교육의 적기성 및 효과성 등을 고려하여 모두 반대($M=1.83$)를 표시하였다.

유아 영재교육 대상자는 어떻게 선발하는가?

유아 영재성의 선발 기준과 관련하여 전문가들은 1차 델파이 조사를 통하여 서로 다른 의견을 나타냈다. 하나는 가시적 영재성을 보이는 일부 유아만을 대상으로 해야 한다는 입장이며, 또 다른 입장은 잠재적 가능성을 보이는 많은 유아를 대상으로 해야 한다는 입장이다. 유아 영재교육의 대상자 선정에 관해 전문가 사이에서도 의견에 차이가 있음을 알 수 있다. 제기된 두 가지 입장에 대한 2차 조사결과는 유아의 경우 가시적 영재성을 보이는 사례

표 6-3 유아 영재교육 실시 시기

순 위	설문 내용	동의의 정도 동의 안 함(1)~매우 동의(6)	
		평 균	표준편차
1	잠재성 계발을 위해 가급적 조기에 실시하는 것이 좋다.	5.00	0.63
2	영재 판별 과정에 반응할 수 있는 만 4~5세 사이에 시작하는 것이 적절하다.	4.67	0.52
3	만 4세 이상부터 대상자로 하되, 영재성이 구체적으로 나타난 경우에 한정해야 한다.	4.17	0.75
4	언어 소통이 가능해지는 만 2세부터 영재성이 나타나는 유아를 대상으로 실시하는 것이 적당하다.	3.67	0.52
5	뛰어난 재능을 보이는 아동만을 대상으로 교육해야 하므로 시기를 정하는 것은 바람직하지 않다.	3.50	1.64
6	우리나라 공교육이 시작되는 초등 1학년(만 6세경) 정도가 적절하다.	3.17	1.17
7	공교육 차원의 영재교육은 교과의 특성이 나타나기 시작하고 부모의 도움 없이 교육기관 이동이 가능한 초등 4학년 정도가 적당하다.	1.83	0.75

가 매우 드물기 때문에 잠재적 가능성이 있는 다수의 아동을 대상으로 영재성을 판별하는 것이 바람직하다고 보는 입장이 더 우세하였다. 보다 구체적으로 '가시적 영재성을 보이는 소수 아동을 대상으로 영재성 검증을 거치는 것이 바람직하다'는 의견이 평균 4.33의 동의 수준을 나타냈으며, '유아의 경우 가시적 영재성을 보이는 사례는 매우 드물기 때문에 잠재적 가능성이 있는 다수의 아동을 대상으로 영재성을 판별하는 것이 바람직하다'는 의견은 평균 4.8의 동의 수준을 보였다(〈표 6-4〉 참조).

한편, 선발 절차에 관해 다양한 의견이 제시되었으나 '추천, 관찰 등 간단한 절차로 1차 판별하고 프로그램을 경험하도록 한 후 프로그램 관찰 결과로 잔류 여부를 판단하는 방식'의 수업을 통한 영재성 진단을 강조하는 항목에 평균 5.33으로 가장 많은 동의를 나타냈다. 이와 같은 결과는 유아기 영재의 경우 연령이 어려서 판별 과정에서 객관적 검사결과를 얻기가 어려운 점을 감안하여 형식적 검사 단계를 대폭 줄이고, 간단한 절차로 1차 판별 후 구체적 프로그램 참여 결과를 관찰해 판별에 적용해야 한다고 보는 데서 기

표 6-4 유아 영재교육 대상 학생 선발방식

순 위	설문 내용	동의의 정도 동의 안 함(1)~매우 동의(6)	
		평 균	표준편차
	유아 영재성의 선발 준거: 가시적 영재성 대 잠재적 영재성		
1	유아의 경우 가시적 영재성을 보이는 사례는 매우 드물기 때문에 잠재적 가능성이 있는 다수의 아동을 대상으로 영재성을 판별하는 것이 바람직하다.	4.80	0.84
2	가시적 영재성을 보이는 소수 아동만을 대상으로 영재성 검증을 거치는 것이 바람직하다.	4.33	0.82
	세부 선발 전형 방식		
1	추천, 관찰 등 간단한 절차로 1차 판별하고 영재 프로그램을 경험하도록 한 후 프로그램에서의 관찰 결과로 잔류 여부를 판정하는 것이 좋다.	5.33	0.52
2	교사 추천, 학부모의 행동 관찰 및 성장 과정 보고서, 표준화 검사, 영재 프로그램의 시범 실시 결과 등의 여러 자료를 수집하여 선발한다.	5.00	0
2	유아 영재성 판별을 위한 검사도구를 새롭게 개발하여 적용해야 한다.	5.00	0.63
4	부모 상담 및 부모용 체크리스트 실시 후 창의성 검사와 지능검사를 통하여 판별한다.	4.67	0.52
5	프로그램의 성격에 따라 선발방식은 달라지므로 각 영재교육기관에 전담한다.	4.33	0.82
6	구체적인 전형 방식이나 단계보다 영재성이 나타나면 해당 분야의 전문 기관에서 전문가가 판정하는 것이 좋다.	4.17	0.98

인한 결과라고 할 수 있다. 또한 '유아 영재를 위한 검사도구를 따로 개발하여 적용해야 한다'와 '교사 추천, 학부모의 행동 관찰 및 성장 과정 보고서, 표준화 검사, 영재 프로그램의 시범 실시 결과 등의 여러 자료를 수집하여 선발해야 한다'에도 5.0의 높은 동의가 모아졌는데, 이것은 유아 영재 진단과 선발에서의 발달적 특성을 반영하는 적절한 검사도구의 부재와 영재성 선발에서 다양한 준거의 원칙을 반영한 결과라 볼 수 있다. 이 밖에도 '부모 상담 및 부모용 체크리스트 실시 후 창의성 검사와 지능검사를 통하여 판별한다' '프로그램의 성격에 따라 선발 방식은 달라지므로 각 영재교육기관에 전담한다' '구체적인 전형 방식이나 단계보다 영재성이 나타나면 해당 분야의 전문 기관에서 해당 분야의 전문가가 판정하는 것이 좋다' 등의 의견이 1차 델파이를 통해 모아졌다. 제시된 의견을 모아 보면, 유아 영재교육의 대상 선정과 선발방식은 기존의 초등 4학년 이상의 영재아 선발방식과는 분명히 차이가 있어야 함을 알 수 있다. 이는 유아기 영재의 특성을 심도 깊게 연구하고 그 특성을 잘 반영한 선발방식이 적용되어야 함을 전문가들이 공통으로 인식하고 있는 결과라고 볼 수 있다.

유아 영재를 위한 교육 내용과 수업방식은 어떠해야 하는가?

1차 설문을 통하여 전문가들은 유아 영재를 위한 교육 내용으로 각 영재의 다양한 관심사를 위주로 한 수업, 창의성, 사고력, 문제해결력을 키울 수 있는 내용, 재능을 보이는 영역의 학습, 그리고 정서 및 인성 발달과 관련한 내용 등을 주요 학습내용으로 제시하였다. '유아 영재를 위한 교육 내용'에 대한 2차 설문 결과, '영재 각자의 다양한 관심사를 위주로 한다'와 '창의성, 사고력, 문제해결력 등의 학습을 위주로 한다'에 각각 4.83으로 가장 많은 동의를 보였다(〈표 6-5〉 참조). 그러나 이와 함께 아동 각자의 재능 영역에 대한 학습과 인성교육에 대한 내용도 소홀히 다루어지면 안 될 부분이라고 지적하고 있다.

'수업방식'과 관련하여서는 놀이 활동을 중심으로 하는 통합 방식, 프로젝트 학습방식, 아동 중심의 소집단 활동 방식, 과정 중심의 활동 수업방식, 창의적 산출물이 가능한 수업, 도구 및 교구를 활용하는 수업방식, 학생과 학부모과 함께 하는 사이버 교육, 재능 영역의 전문가와 사사 교육방식으로 진행 등이 유아기 영재를 대상으로 한 적합한 수업방식으로 1차 설문을 통하여 제시되었다. 이러한 응답 중에서 전문가들은 2차 설문을 통하여 유아에게 적합한 수업방식으로 '창의적 산출물이 가능한 수업'에 5.17, '아동 중심의 소집단 활동 방식'에 5.0, '놀이 활동을 중심으로 하는 통합 방식'과 '프로젝트 학습방식'에 각각 4.83으로 상대적으로 높은 지지를 보였으나, 제시된 다양한 수업방식이 상호 보완적인 맥락에서 이해되고 활용되어야

표 6-5 유아 영재교육의 내용과 수업방식

순 위	설문 내용	동의의 정도 동의 안 함(1)~매우 동의(6)	
		평 균	표준편차
교육 내용			
1	영재 각자의 다양한 관심사를 위주로 한다.	4.83	0.41
1	창의성, 사고력, 문제해결력 등의 학습을 위주로 한다.	4.83	0.75
3	재능을 보이는 영역의 학습을 위주로 한다.	4.00	0.89
4	정서 및 인성 발달 관련 내용을 위주로 한다.	3.50	1.05
수업방식			
1	창의적 산출물이 가능한 수업	5.17	0.41
2	아동 중심의 소집단 활동 방식	5.00	0
3	놀이 활동을 중심으로 하는 통합 방식	4.83	0.75
3	프로젝트 학습방식	4.83	0.75
3	과정 중심의 활동 수업방식	4.83	0.41
6	도구 및 교구를 활용하는 수업방식	4.50	0.55
7	재능 영역의 전문가와 사사 교육방식으로 진행	4.00	1.09
8	학생과 학부모가 함께하는 사이버 교육	3.67	0.52

한다는 것이 기타 의견으로 지적되었다. 이러한 결과를 종합해 볼 때 유아 대상 영재교육 수업방식은 무엇보다도 창의적 산출물이 가능한 수업방식일 것과 아동 중심의 소집단 활동 방식이되, 이 시기 아동의 발달적 특성을 고려하여 아동의 개별성을 인정한 놀이와 프로젝트 중심의 활동 수업방식으로 이루어져야 한다고 의견을 모을 수 있다. 더불어 유아기는 연령별 발달 특성이 기존의 영재교육 테두리 안에 있는 초등학생과 차별화되는 점을 감안해 교육 내용 및 수업방식의 적용에 보다 융통성 있고 탄력적인 운영이 요구된다고 할 수 있다.

유아 영재교육은 어느 영역에서 우선적으로 실시되어야 하는가?

유아 영재교육을 실시할 경우 어느 영역에서의 교육이 우선적으로 실시되어야 할까? 흥미롭게도 전문가들은 유아기의 경우 '예체능 영역'을 꼽았다. 전문가들은 유아가 예체능 영역에서 영재성을 나타내는 경우 반드시 조기에 전문적인 교육을 해야 함을 강조하며, 영재성이 있음에도 불구하고 이 영역과 관련하여 체계적인 교육을 받지 못하는 경우 이 영역에서의 영재성이 조기에 사장될 수 있음을 지적하였다. 다음으로 높은 동의를 이끌어 낸 교육 영역은 아동이 나타내는 영재성의 영역과 상관없이 중요하다고 전문가들이 지적한 '창의성과 사고력' 영역이다. 전문가들은 유아기는 예체능 영역을 제외하고는 수학, 과학 등 구체적인 영역에서의 교육보다는 기초적인 창의성과 사고력의 계발에 치중해야 하거나 영재성이 나타나는 영역과 관련한 교육과 함께 영역 초월적인 창의성 및 사고력 훈련이 반드시 동시에 이루어져야 함을 강조하고 있다. 즉, 유아기 아동이 어떠한 영역에서 영재성을 나타내더라도 이 시기 아동의 인지능력 계발을 위하여 문제해결력과 창의성 및 사고력의 계발은 공통적으로 수반되는 중요한 발달 과업이라고 할 수 있다.

'수학, 수리 프로그램' 및 '과학 탐구 프로그램' 그리고 '언어, 독서, 토론

표 6-6 유아 영재교육의 교육 영역

순위	설문 내용	동의의 정도 동의 안 함(1)~매우 동의(6)	
		평균	표준편차
1	예체능 영역	5.17	0.41
2	창의성, 사고력	5.00	0.63
3	수학, 수리 프로그램	4.67	0.52
3	과학, 탐구 프로그램	4.67	0.52
5	언어, 독서, 토론 프로그램	4.50	0.55
5	고른 발달을 위한 다양한 영역의 통합	4.50	0.55
7	사회성 기술 및 리더십	4.33	0.52

프로그램'과 '고른 발달을 위하여 다중지능이론에 근거한 여러 영역을 아동이 골고루 접하게 하는 방식 등 다양한 영역의 통합' 등도 이 시기에 이루어질 수 있는 교육 영역으로 제기되었다. 그러나 전문가들은 한결같이 나이 어린 유아기 아동의 경우 현재 초등 고학년에서 실시되는 수학, 과학 영역 위주로 편중된 영역 중심의 영재교육보다는 다양한 내용과 학습방식이 시도되어야 한다는 의견을 제시하였다. 이는 유아 영재를 위해 다양한 정부 부처 간의 협의와 협력에 따라 다양하고 질 높은 프로그램이 준비되고 제공되어야 할 것임을 시사하는 것이다.

유아 영재교육은 어떠한 방식으로 운영되는 것이 바람직한가?

유아 영재교육이 실시될 경우 어떠한 운영 방식이 바람직한가? 조사결과, 전문가들은 유아 영재의 경우 '지역을 중심으로 권역을 지정하여 권역별로 현행의 영재교육원들과 별도로 유아 영재교육원을 공모, 지정'하여 운영하는 방식에 4.83으로 가장 높은 동의를 보였다. 이 밖에 '유아교육학과가 있는 대학에 유아 영재교육원 개설'에 4.33, '현행 대학 부설 영재교육원 중 유아 영재교육원을 공모, 지정'해서 운영하는 방식에 4.17, '1~2개 유아

표 6-7 유아 영재교육 운영 방식

순 위	설문 내용	동의의 정도 동의 안 함(1)~매우 동의(6)	
		평 균	표준편차
1	권역별로 유아 영재교육원을 별도로 공모, 지정	4.83	0.98
2	유아교육과가 있는 대학에 유아 영재교육원 개설	4.33	1.03
3	현행 대학 부설 영재교육원 중 유아 영재교육원 공모, 지정	4.17	0.75
4	1~2개의 유아 영재교육기관 지정 및 시범 운영	4.16	0.98
5	일반 유치원 및 대학 부설 유치원에 유아 영재 특별반 설치 및 운영	3.83	0.75
6	병설 유치원을 중심으로 주중 혹은 주말 영재학급 운영	3.66	0.82
6	사설 영재교육기관 중 인증받은 기관을 포함하여 실시	3.66	0.82
6	뛰어난 영재만을 대상으로 맞춤형 교육 실시	3.66	1.21
9	일반 유치원 및 대학 부설 유치원의 학급 내에서 통합적으로 유아 영재교육 실시	3.33	0.52
10	현행 대학 부설 영재교육원 모두를 유아 영재교육원으로 확장 운영	3.00	0.63

영재교육기관을 지정 및 시범 운영'하는 안에 4.16 등의 비교적 높은 동의를 나타냈다. 각 전문가별로 조금씩 의견 차이가 있었지만 많은 전문가가 초등 4학년 이상을 대상으로 하고 있는 현행 영재교육원 시스템이 유아 및 초등 저학년 영재아를 위한 교육 시스템으로는 적합하지 않을 수 있음을 지적하였다. 결국 구체적 시행을 위해 다양한 대안이 제시될 수 있으나 유아 영재의 경우 연령적 특성을 감안한 운영 방식이 반드시 이루어져야 할 것이며, 앞서 제시된 것처럼 본격적인 시행에 앞서 1~2곳을 지정, 시범 운영하는 것이 반드시 선행되어야 할 것이다.

유아 영재교육이 실시될 경우 최우선으로 고려해야 할 사항은 무엇인가?

전문가들은 '유아 영재교육이 실시될 경우 최우선으로 고려해야 할 사항'에 대해, '아동과 영재교육에 전문적 지식과 자격을 갖춘 교사를 양성해야 한다'에 5.5로 가장 높은 동의를 나타냈다. 어린 연령의 영재이므로 아동의 발달적 특성과 영재교육 전반에 관한 전문적 지식과 자격을 갖춘 교원의 확보가 중요한 관건임을 알 수 있다. 그 외에도 '양질의 교육과정과 영재교육 프로그램 개발' '부모 교육 프로그램 개발' '상급 프로그램과의 연계성' 등에 5.33으로 높은 동의를 보였다. 유아의 경우 부모가 미치는 영향이 고학년에 비해 크기 때문에 부모 교육을 병행한 영재교육 시스템의 운영이 매우 중요하다는 의견은 국내외 유아 영재교육 연구결과와 일치하는 것이라 볼 수 있다(예, Smutny, 2003).

이 밖에도 '유아 영재교육의 영역과 범위에 대한 논의' '시범 운영을 통한 사례연구 및 분석' '개별 영재에 대한 세심한 처치의 필요' '유아 영재를 위한 판별도구 개발' 등의 항목도 비교적 높은 동의를 나타내어 유아 영재교육 실시에 우선적으로 연구되고 고려되어야 할 주요한 사안임을 알 수 있다. 유아 영재교육이 본격적으로 실시되기에 앞서 전문가가 제시하는 이러한 사항이 충분히 사전 준비되고 수렴 적용될 수 있다면, 유아를 위한 영재교육이 본격적으로 실시될 경우에 발생할 혼란과 문제점을 최소화할 수 있을 것이다.

논의 및 시사점

이상으로 유아 영재교육 실시와 관련한 주요한 사항에 대한 전문가의 의견을 묻고 제시된 의견과 관련하여 동의 수준을 조사하였다. 각 전문가별로

표 6-8 유아 영재교육이 실시될 경우 최우선으로 고려해야 할 사항

순 위	설문 내용	동의의 정도 동의 안 함(1)~매우 동의(6)	
		평 균	표준편차
1	아동과 영재교육에 전문적 지식과 자격을 갖춘 교사를 양성해야 한다.	5.50	0.84
2	부모 교육 프로그램이 함께 이루어져야 한다.	5.33	0.52
2	양질의 교육과정과 영재교육 프로그램이 개발되어야 한다.	5.33	0.52
2	상급 프로그램과의 연계성을 고려해야 한다.	5.33	0.82
5	개별 영재에 대한 세심한 처치가 필요하다.	5.17	0.41
5	시범 운영을 통한 사례연구 및 분석이 필요하다.	5.17	0.75
5	유아 영재교육의 영역과 범위에 대한 논의가 선행되어야 한다.	5.17	1.17
8	아동의 발달적 특성을 고려해야 한다.	5.00	0.63
8	유아 영재 판별방법 및 도구를 개발해야 한다.	5.00	0.75
10	유아 영재교육을 담당할 교육기관이 선정되어야 한다.	4.83	0.75
10	공동체 의식과 사회적·정서적 발달에도 관심을 가져야 한다.	4.83	0.41
12	교육 대상 아동의 범위를 넓게 하여 영재교육의 기회를 많이 제공해야 한다.	4.67	0.52
13	사회의 이해 및 협조가 필요하다.	4.50	0.84
13	유아 영재교육을 위한 교구가 개발되어야 한다.	4.50	1.05
15	과열 및 역기능을 피하기 위해 특출한 능력을 지닌 소수의 영재만을 대상으로 해야 한다.	3.00	0.89

세부 항목에 대해 동의 정도는 차이가 있었지만 대부분 유아 영재교육의 당위성과 구체적 필요성을 인식하고 있음을 확인할 수 있었고, 유아 영재교육 실시에 구체적인 판별, 교육, 운영 방안 및 최우선으로 고려해야 할 사항에 대한 의견을 파악할 수 있었다. 연구를 통해 전문가들이 지적하듯이, 유아 영재교육의 시행에 관한 필연성은 이제 더 이상 언급할 필요가 없다. 다만

효율적 운영을 위한 구체적인 준비와 유아 영재교육 시행으로 발생할 수 있는 다양한 문제와 부정적 양상을 최소화할 수 있도록 대안을 준비하는 것이 당면 과제다. 따라서 여기서는 전문가 델파이 조사결과를 바탕으로 유아 영재의 판별, 교수-학습 방법, 운영 등의 측면에서 유아 영재교육에 대한 심층적인 방향 및 시사점을 모색해 보고자 한다.

유아 영재의 판별은 어떻게 해야 하는가?

이 연구에서 전문가들은 유아를 위한 영재교육은 가급적 조기에 실시하는 것이 바람직하며, 영재 판별 과정에 반응할 수 있는 만 4~5세가 적절하다고 지적하였다. 이는 최근의 한 설문조사에서 유치원 교사가 제시하는 유아 영재 판별을 위한 적절한 시기와 일치하는 결과다(한기순, 2004). 설문에 참여한 123명의 유치원 교사는 영재교육의 실시 시기로 유치원 연령의 유아가 가장 바람직하다는 의견(34.7%)을 제시하였으며, 유치원 이전 연령부터 시행해야 한다는 교사(29.7%)도 많았다. 초등학교 4~5학년이 되어서야 영재교육이 실시되는 우리나라의 상황을 고려하면 만 4~5세의 나이가 너무 이른 것처럼 느껴진다. 그러나 실제로 유아를 위한 영재교육이 우리보다 일찍 시작된 미국의 경우를 살펴보면, Hollingworth Center for High Ability Children, Hunter College Elementary School, 그리고 University Primary School 등의 대표적인 유아 영재교육기관이 만 3세부터 프로그램을 제공하고 있으며, 만 3세부터 영재성 판별을 위한 검사에 적응할 수 있고 나름의 타당한 결과를 제시할 수 있다고 지적한다.

한편, 우리나라에서 유아 영재교육을 다수의 4~5세 아동을 대상으로하면 유아기부터 학부모의 과열 및 사교육을 통한 준비 등 다양한 역기능이 발생할 수 있다는 현실적인 문제를 고려해야 한다. 따라서 유아 영재교육에 대한 인식이 확산되고 올바르게 자리매김을 하기 전까지는 가시적 영재성을 보이는 소수의 영재아동을 대상으로 영재성을 판별한 후 점차적으로 다수의 영재를 대상으로 유아 영재교육을 확산하는 것이 바람직하다. 유아 영재성의 선발 준거로 가시적 영재성과 잠재적 영재 가능성 중 무엇을 기준으로 할 것인가의 문제는 전문가 사이에서도 일치를 보기 어려운 사안이다. 전문가들은 유아가 잠재적 영재성이 있더라도 가시적 영재성을 보이는 경우는 매우 드물기 때문에 잠재적 가능성이 있는 다수의 아동을 대상으로 영재성을 판별하는 것이 바람직하다는 의견($M = 4.80$)과, 과열 및 역기능 등의 문제를 미연에 방지하기 위해 가시적 영재성을 보이는 소수의 아동만을 대상으로 영재성을 검증하는 것이 바람직하다는 의견($M = 4.33$)에 유사한 수준의 동의를 나타냈다. 영재교육의 확산이 대세인 최근의 경향을 고려할 때(한기순, 2006a, 2006b; Borland, 2005; Porter, 2005), 다수의 잠재적 영재를 대상으로 유아 영재교육이 실시되어야 하는 것이 궁극적인 방향이어야 하지만, 유아 영재교육 초기에 발생 가능한 다양한 역기능을 미연에 방지하고 과도기적 운영의 시행 착오를 최소화하기 위해 가시적 영재성을 보이는 소수의 영재를 대상으로 유아 영재교육을 시작하는 것도 바람직하다. 그러나 이는 최근 과학기술부에서 제시한 '신동학교'의 개념과는 구분되는 것이다. 신동학교는 유아이지만 수학과 과학 분야에서 고등학생 이상의 성취 수준을 보이는 극도로 우수한 아동을 대상으로 한다(김재식, 2006). 유아 영재의 개념이 신동 수준에서 이해될 때 그 대상자가 되는 아동은 아주 극소수임을 감안한다면, 신동 수준은 아니지만 유사한 수준으로 특정 영역에서 가시적 영재성을 보이는 최상위 수준의 유아기 영재를 발굴하기 위해 그 개념과 범위가 구체적이고 명확하게 연구되고 제시되어야 한다.

유아 영재를 선발하는 세부 전형 방식에서 전문가가 제시하는 안은 국내외의 최근 영재 판별의 경향(예, 이영석, 2004; Han, 2005; Han, Marvin, & Walden, 2003; Porter, 2005)과 유사하다고 볼 수 있다. 전문가들은 추천, 관찰 등 간단한 절차로 1차 판별을 하고 영재 프로그램을 경험하도록 한 후 프로그램에서의 관찰 결과로 잔류 여부를 판정하는 것이 바람직하다고 지적하면서, 일회성 판별이 아닌 일정 기간의 교육을 통한 영재성 검증으로 영재 판별 과정의 신뢰성을 확보할 것을 강조한다. 또한 교사 추천, 학부모의 행동 관찰, 성장 보고서, 표준화 검사 실시 등 다양한 통로를 통한 영재성의 검증을 요구한다. 그러나 이를 위해 최우선으로 해결되어야 할 문제점으로 지적하였듯이, 유아 영재의 지적 능력과 창의적 문제해결 능력 등을 측정할 수 있는 유아용 영재성 판별도구 및 방법의 개발과 타당화 작업이 시급하다. 다양한 영역에서의 잠재적 영재성을 측정할 수 있는 검사도구뿐 아니라 교육을 통한 영재성의 판별 및 검증에 요구되는 프로그램 등의 개발도 유아 영재교육이 본격적으로 실시되기 전에 선행되어야 할 과제다. 유아 영재의 판별과 관련하여 반드시 고려되어야 할 몇 가지 원칙을 정리하면 다음과 같다.

첫째, 아동의 행동과 활동 등 다양한 측면에서의 종합 평가가 이루어져야 한다. 이를 위해 다양한 판별 정보원의 정보를 수집할 수 있는데 아동의 재능을 좀 더 폭넓게 이해할 수 있도록 돕는다. 다양한 정보원을 활용하되, 높은 지능, 창의성, 동기적 측면, 전문 교과의 구체적 재능이나 수행능력 등의 진단은 반드시 포함되어야 한다. 그러나 유아 영재성 판별에서 무엇보다 중요한 것이 선천적 소질의 탁월성과 아동의 창의적 활동에 대한 '성향'이다. 창의적 활동에 대한 능력과 성향, 의지, 태도는 아동의 창의적 잠재력을 이해하고 평가하는 매우 중요한 잣대임이 판별 과정에서 고려되어야 한다.

둘째, 해당 아동의 행동을 다양한 상황에서 관찰 조사할 수 있도록 충분한 판별 기간을 갖는다.

셋째, 아동이 가장 흥미를 느끼고 선호하는 활동 영역에서의 행동 분석을 판별 절차에 포함시켜 아동의 재능 영역과 수준을 파악한다.

넷째, '훈련 수업방법'을 통해 해당 아동이 성장할 수 있는 자극을 주고 영재성의 측정과 교육을 동시에 꾀할 수 있도록 한다. 특히 판별 초기 단계에서 유아기 연령의 비구조화된 영재성을 진단하기 위한 놀이형 인지 진단 검사의 개발과 적용 등이 필요하다.

다섯째, 해당 분야의 권위자(수학자, 심리학자, 기술자, 예술가 등)를 연결해 특정 영역에서의 영재성을 직접 평가할 수 있는 기회를 갖는다. 이를 통해

한국영재교육의 새로운 지평

전문가가 어린 창조자의 산출물에 대해 평가하는 의견을 신중히 참고한다.

여섯째, 아동에 대한 평가는 단순히 영재아가 보이는 현실적 발달 상태뿐만 아니라 근접 발달영역을 반드시 고려한다.

일곱째, 아동 성장 과정에 대한 생태학적 접근에 따른 관찰, 즉 다양한 검사와 현실 상황에서 아동의 행동, 아동의 산출물, 관찰, 대화, 교사와 부모의 평가자료 등의 다양한 결과를 전문성 있고 신중하게 통합해 총체적으로 반영한다.

여덟째, 영재성의 진단은 선발을 위한 목적이 아니라 가장 효율적인 교육과 계발을 위한 수단으로 적용되어야 한다. 영재성의 진단과 계발, 교육과정은 하나의 통일된 체계로 운영되어야 한다. 이 세 영역 중 어느 하나도 자체만의 독립적 목적을 가져서는 안 되며 서로 밀접한 유기적 관계를 가져야 한다.

아홉째, 유아기 영재성은 성인의 영재성과 현저한 차이가 있다. 현저히 조건부적인 성격을 지닌다고 보는 입장이므로 유아기 영재성은 탁월한 성취를 보일 수도 있고 점차 또는 확연히 사라질 수도 있다는 가능성을 인정하고 판별에 임한다. 따라서 '영재아'라는 확정된 검증적 차원이 아닌 '영재성의 징후' 또는 '영재적 성향을 가진 아동'의 판별과 교육이라는 인식을 가지고 가능성에 입각한 판별 접근을 시행하는 것이 더 바람직할 것이다.

끝으로, 영재교육의 성패는 판별로 크게 좌우될 수 있다는 점을 감안할 때 초등학생 이상의 현행 영재 판별 절차 그대로 유아에게 적용하려는 시도는 반드시 지양해야 한다. 영재성 판별의 내용이나 절차는 영재성이 나타나는 영역과 아동의 발달적 상황을 포함한 아동의 개인차에 따라 융통성 있게 운영되어야 한다. 어느 정도 합의에 따른 전형 방식과 단계를 정하는 것은 바람직할 수 있으나, 이것이 영재성이 발현되는 영역과 시기 및 아동의 성향 등과 무관하게 운영되는 획일화되고 경직된 전형 단계가 되어서는 절대 안 된다.

유아 영재를 위한 교수-학습 방법은 어떻게 차별화되어야 하는가?

전문가들은 델파이 조사를 통해 유아 영재를 위한 교육 내용으로 영재 각자의 다양한 관심사 및 재능을 키워 줄 수 있는 영역 특수적인 접근에서의 교육과, 창의성, 사고력, 문제해결 능력 및 정서와 인성의 발달을 위한 영역 일반적인 접근에서의 교육 모두를 강조하고 있다. 전문가가 제기하는 창의성, 사고력, 문제해결 능력 등의 계발은 또다시 영역을 초월하여 적용 가능한 영역 일반적인 능력의 계발과, 아동의 재능 영역과 관련하여 구체적인 영역 내에서의 사고력 및 창의성의 계발을 강조하는 영역 특수적인 접근의 두 가지 맥락으로 이해될 수 있다. 정서나 인성의 정의적인 특성의 계발은 영역적 성격이 완전히 배제될 수는 없으나 영역 초월적인 특성을 지닌다고 볼 수 있다. 영재교육과 창의성 교육에서 영역의 문제는 여전히 많은 논란이 되고 있는 문제다(Han, 2002, 2003). 영역 특수적인 접근과 일반적인 접근을 이분법적인 맥락으로 구분하기보다는 상호 보완적으로 이해하고 활용하는 것이 영재성의 전인적 계발에 더 효과적일 것이다.

그러나 여기서 무엇보다 주의해야 할 사항 중 하나는 영재아 각자의 다양한 관심사와 재능을 돕고자 하는 내용이 단순히 속진 위주의 수업이어서는 안 된다는 것이다. 일반적으로 영재아가 일반 아이에 비해 뛰어난 지적 능력을 보유하므로 동일 연령보다 훨씬 앞선 성취도를 보일 수 있지만, 그런 특성으로 단순히 나이 많은 상급생과 동일한 수업을 받게 하거나 단지 상위 학년의 교과과정을 제공하는 속진학습은 바람직하지 않다. 예를 들어, 나이 많은 평재가 풀 수 있는 문제를 나이 어린 영재가 풀었더라도 두 집단이 사용한 사고과정 또는 문제해결 과정은 전혀 다를 수 있다. 따라서 유아 영재의 특성에 대한 이해 없이 단순히 속진수업을 제공하는 것은 매우 비합리적이며 비효율적이다. 유아 영재의 재능과 관심사에 대한 접근은 프로젝트 학습 등을 통한 심화적 접근이나, 유아가 관심과 재능을 보이는 영역의 멘터의 사사적 접근이 하나의 대안으로 대두될 수 있다.

이러한 맥락에서 전문가들은 수업방식 측면에서 창의적 산출물이 가능한 수업, 아동 중심의 소집단 활동, 놀이 활동, 프로젝트 학습 등을 제기하고 있는데, 이러한 방법은 상호 배타적인 것이 아니라 상호 교환적이고 통합적인 측면에서 이해될 수 있다. 유아는 자신을 위한 특별한 교육을 통해 지식을 습득하고 이 시기에 필요한 기초 기능을 획득하며, 이런 활동을 하는 과정에서 자연스럽게 창의 활동과 문제해결에 대한 긍정적 체험을 경험하여야 한다. 유아기는 아직 지식의 문화화가 되지 않은 상태다. 영재아는 뛰어난 흡입력과 학습 속도로 기존의 지식을 빠르게 터득하여 어떤 면으로는 상당히 긍정적인 재능이라고 볼 수 있으나, 자칫 지식의 보편화 과정에서 아동만의 독특한 생각과 상상력의 성장이 저지될 수도 있다. 너무 빠르게 '어른화'될 수 있다는 말이다. 어른화가 된다는 것은 좋은 측면도 있겠지만 선천적으로 타고난 유아의 창의적 잠재력을 상실하고 조그마한 어른의 모습으로 전락할 수 있다는 점을 인지해야 한다. 따라서 유아기 영재교육의 진행 과정에서는 기존의 지식을 전달하는 것도 필요하지만, 특히 아이만의 무한한 상상력과 창의적 잠재력을 표출할 수 있는 열린 활동의 장을 마련해 주는 것이 주요 과제일 것이다. 유아 영재의 지적 재능 발달을 위하여 지식 자체가 중요한 것이 아니며, 어떤 형태로 아이에게 전달되고 그들이 자기화하였는지의 여부가 더 중요하다는 인식이 강조되어야 한다. 즉, 유아기 학습에서 임의의 지식과 숙련은 아이의 행동을 구성하고 정신적 도구를 형성하기 위한 방향이어야 한다.

영재성의 발달은 선천적 소질, 사회적 환경 및 아동의 활동(놀이, 학습, 작업) 간의 복잡한 상호작용에 따른 결과라 볼 수 있다(Семенов, 1994). 동시에 영재아 스스로가 자신의 선천적 재능을 구체화하고 현실화하기 위해 자기 성장에 대한 의지 및 품성 등의 심리적 요인을 적절히 조화시켜야만 뛰어난 성취를 이룰 수 있다. 따라서 이 네 가지 요인이 서로 효율적인 상호작용을 하여 최적의 결과를 도출하도록 조화를 추구할 수 있는 교육방법을 적용하는 것이 바람직하다. 그러나 유아를 포함한 대부분의 영재교육 프로그램은 인지능력의 계발에만 집중되어 있고 아동의 자기 성장에 대한 의지나 품성 부분은 그 인식이나 계발이 매우 미진한 상황이다. Семенов(1994)은 아동 스스로 자기 성장에 대한 의지와 평생 학습자로서의 품성을 다지는 것이 매우 중요하며, 심리 전문가가 교육 현장에서 영재아의 심리적 성장을 위한 프로그램을 별도로 운영할 것을 제안하였다. 이는 앞서 전문가들이 지적한 정서와 인성적 측면의 발달을 위한 교육 내용과 맥락을 같이한다고 볼 수 있다.

끝으로 유아는 초등 고학년 이상의 영재와 달리, 아직 매우 어린 연령이므로 부모의 도움이 더욱 절실하다. 따라서 유아 대상 영재교육을 운영할 때 가정에서 부모가 유아의 영재성을 자극하고 촉진하며 계발할 수 있는 활동을 하도록 반드시 구체적인 교육을 받아야 한다. 이와 함께 아이와 학부모가 함께 상호작용하며 참여할 수 있는 프로그램의 고안도 필요하다.

유아 영재교육의 운영은 어떻게 이루어져야 하는가?

유아 영재를 위한 영재교육은 영재교육이 일찍 시작되고 발달한 미국과 러시아를 중심으로 상당히 다양한 형태로 존재하고 있다. 유아 영재교육의 대표적인 교육기관인 미국의 Hunter College Elementary School은 헌터 대학에서 실시하는 공립학교 프로그램으로 존재하며, Hollingworth Center for High Ability Children의 경우는 컬럼비아 대학교 사범대에서 운영하는 사립 유치원 형태라고 볼 수 있다. Evergreen School이나 Seattle County Day School 등 영재를 위한 사립학교의 형태로도 존재한다. 러시아도 정부 지원이 있으나 사립기관 형태의 벤게르 유아 영재교육연구소나 국가에서 지원하는 Intellectual School 등의 유아 영재를 포함하는 대표적인 영재교육기관이 있다(한기순, 2004, 2005). 이렇듯 다양한 유형의 유아 영재교육기관이 있고 앞으로도 생겨날 것이다. 그러나 우리의 현실을 감안할 때 유아 및 초등 저학년 영재교육은 이미 영재교육의 기술이 축적된 현행 대학 부설 과학영재교육원과 교육청 영재교육원을 확장, 운영하는 시스템이 검토될 수 있다. 현행 공교육 차원의 과학영재교육기관 중 유아 영재를 위한 프로그램 지원이 가능한 인적 자원 및 시설과 공간을 갖춘 기관을 대상으로 권역별로 유아 영재교육원을 공모, 지정하는 방안이 고려될 수 있다. 유아를 위한 영재교육원의 공모 및 지정에는 유아 영재의 특성을 이해하고 프로그램 개발을 담당하는 인적 자원에 대해서 무엇보다 중요하게 고려되어야 한다. 유아 영재 프로그램의 다양화 및 활성화를 추구하는 측면에서 공모 및 지정을 통하여 대학 부설 유치원에 유아 영재를 위한 특별반을 설치하거나 병설 유치원을 중심으로 유아 영재를 위한 주말 프로그램 등을 운영하는 방안도 적극 검토될 필요가 있다. 이렇듯 구체적인 시행을 위해 다양한 대안이 제시될 수 있으나 유아 영재의 경우 연령적 특성을 감안한 운영 방식이 반드시 이루어져야 하며, 본격적인 시행에 앞서 1~2곳을 지정하여 시범 운영하는 노력이 반드시 선행되어야 본격적인 시행에서 시행착오를 줄일 수 있다. 또한 전문가가 제시하는 유아 영재교육 실시에 최우선으로 고려되어야 하는 사항들(〈표 6-8〉 참조)에 대한 개별적인 관심과 유아 영재교육을 위한 교사 양성 및 유아 영재교육 프로그램의 개발 등은 성공적인 유아 영재교육의 실현을 위해 무엇보다 필수적인 요소이므로 이에 대한 연구가 반드시 선행되어야 한다.

맺는 말

어린 아동일수록 교육 효과가 크지만 교육의 부재에 따른 폐해 또한 크다. 영재성이 나타나는 시기가 개인에 따라 다름에도 불구하고 초등 고학년이 되어서야 영재교육을 받을 수 있다면 영재교육의 본래 취지와는 사뭇 다르다. 검증되지 않은 사설 영재교육기관의 난무와 이에 따른 부작용 및 영재교육에 대한 부정적 인식이 확산되는 것도 안타깝지만, 유아기 아동의 영재성을 발견한 경우도 그 영재성을 계발할 수 있는 기관이나 제도가 없어 적절한 지원을 받지 못하거나 부모가 생업을 접고 아동의 교육에 직접 매달리는 안타까운 현실에 직면해 있다. 유아기의 경우 선별된 영재가 극소수라는 것을 방패로 아무런 제도적 지원이나 적절한 교육적 조치 없이 뛰어난 유아를 방치해서는 안 될 것이다.

전문가들의 지적처럼 유아 영재교육의 시작은 빠를수록 그 효과를 극대화할 수 있다. 그러나 이는 적절한 프로그램의 준비를 전제로 했을 경우를 의미하는 것이다. 유아나 저학년인 경우 영재성을 가장 먼저 알아볼 수 있는 사람이 부모나 유치원 교사 또는 초등학교 교사이지만, 발현된 재능이 과연 영재성인지 단순히 발달이 빠른 것인지의 파악이 어렵기 때문에 이를 검증할 수 있는 시스템(영재성을 항시 판별해 줄 수 있는 센터 설립 등)의 설치도 필요하다. 유아 영재교육이 본격적으로 실시되려면 많은 시간적, 제도적, 재정적 지원과 준비가 필요하므로, 유아 영재교육이 본격화되기 이전에라도 매우 뛰어난 것으로 확인된 유아를 대상으로는 전문가 솔루션 팀(유아교육, 영재교육, 분야별 전문가 등)을 구성하여 개인별 맞춤형 영재 프로그램을 운영하는 것도 바람직하다.

끝으로 이 연구는 전문가들의 의견을 바탕으로 유아 영재교육 실시를 위한 유아 영재교육의 타당성, 판별, 교육, 운영의 측면에서 거시적인 방향성을 모색한 것이다. 유아 영재교육의 현실화를 위해 실제적이고 미시적인 안이 후속 연구를 통해 도출되어야 한다. 연령적 특수성과 사회적 분위기로 유아 영재교육의 실시 및 운영에 관한 시각이 다양할 수 있으며 발생 가능한 부정적 문제도 간과할 수 없다. 그러나 보다 많은 전문가와 학부모, 그리고 정책 결정자의 관심 가운데 유아 영재교육에 대한 연구가 활성화되고 바람직한 유아 영재교육이 조속히 시행되기를 기대해 본다.

📑 참고문헌

김재식(2006). 21세기 지식기반사회를 이끌어갈 과학영재 정책방향. 인천대학교 영재교사 직무연수 자료집.

류경준(2000). 델파이. 서울: 중앙교육진흥연구소.

박성익, 조석희, 김홍원, 이지현, 윤여홍, 진석언, 한기순(2003). **영재교육학원론**. 교육과학사.

이영석(2004). 유아 영재의 진단과 교육프로그램 운영방법. 미래유아교육학회지, 11(1), 81-113.

최순실, 김복순, 한석실(1995). 자녀의 영재성과 영재교육에 관한 부모의 인식 및 실태조사 연구. 미래유아교육학회지, 1, 209-240.

한기순(2004). 유아 영재의 판별, 교육, 운영방안연구. 한국과학재단 정책연구보고서.

한기순(2005). 유아 및 초등 저학년 영재교육 체계구축방안에 관한 연구. 한국과학재단 정책연구보고서.

한기순(2006a). 과학영재교육원을 통해서 본 영재교육의 가능성과 한계. 교육인류학연구, 9(1), 123-151.

한기순(2006b). 국내영재교육 프로그램의 현황과 과제. 영재교육 프로그램 개발 어떻게 할 것인가? (pp. 1-26). 제9회 한국영재교육학회 춘계학술대회.

한석실(2005). 발달에 적합한 유아 영재교육. 미래유아교육학회지, 12(1), 25-56.

황해익(2003). 유아 영재판별모형 개발을 위한 영재성 탐색. 유아교육논집, 11, 39-56.

Bloom, B. S. (1985). *Developing talent in young people*. New York: Ballantine.

Borland, J. (2005). *Rethinking gifted education*. NewYork: Teachers' College Press.

Diamond, M., & Hopson, J. C. (1998). *Magic trees of the mind*. New York: Dutton.

Gogul, E., McCamsey, J., & Hewett, G. (1985). *What parents are saying*. GCT, 7-9.

Han, K. S. (2002). Multiple creativities?: Investigating domain-specificity of creativity in young children. *Gifted Child Quarterly, 46*(2), 98-109.

Han, K. S. (2003). Domain-specificity of creativity in young children: How quantitative and qualitative data support it. *Journal of Creative Behavior, 37*(2).

Han, K. S. (2005). Problem-Finding, Real-World Divergent Thinking Test, and Young Children. *Gifted and Talented International, 23*(1), 47-52.

Han, K. S., Marvin, C., & Walden, A. (2003). A classroom-based observation approach. *Journal of Assessment for Effective Intervention, 28*(2), 1-16.

Porter, L. (2005). *Gifted young children.* New York: Open University Press.

Smutny, J. (2003). *The young gifted child: Potential and promise, an anthology.* Cresskill, NJ: Hampton Press.

Семенов И.Н. (1994). Возрастныеособенностиодаренныхдетей // Инновационнаядеятельностьвобразовании №1. С. 56-64.

한국영재교육의 새로운 지평

07

영재교육 효과성 검증에 대한 고찰[1]

영재교육의 효과성 검증에 대한 요구 – 영재교육은 효과적인가?

영재교육은 효과적인가? 대학 부설 과학영재교육원이 본격적으로 운영된 지 어느덧 10년이 다가오는 현 시점에서, 과연 영재교육과 제공된 영재교육 프로그램은 효과적이라고 할 수 있는가? 영재교육이 지향하는 구체적 목표를 달성하였다고 평가할 수 있는가? 영재교육원에서 교육을 받는 동안 학생은 인지적, 비인지적 측면에서 어떻게 달라지며 수료 후에 영재교육을 받지 않은 학생과 어떠한 측면에서 차별화되는가?

영재교육이 대학 부설 과학영재교육원과 시·도 교육청 중심의 영재교육원, 영재학급에서 활발히 운영되고 있으나 영재교육의 효과에 대한 평가는 부재하다. 국내외를 불문하고 '영재교육이 효과적인가?'의 물음에 명쾌한 답을 줄 수 있는 연구는 드물다. 영재교육의 효과성 연구를 분석한 연구(Delcourt, Loyd, Cornell, & Goldberg, 1994)는 지난 20년간 수행된 연구 중 단 10편이었으며 이마저도 다양한 프로그램 형태의 학문적, 정서적 효과를 총체

---

1) 한기순 (2006), 대학 부설 과학영재교육원 프로그램 효과성의 총체적 진단과 분석, 한국과학재단 정책연구보고서의 일부 내용을 일부 수정하여 수록하였음.

적으로 다루지 못했다고 지적받고 있다. 이러한 이유로 Borland(2003)는 영재교육이 효과적이라는 증거도, 혹은 영재교육이 효과적이지 않다는 증거도 없다고 하면서 효과성 연구 부재에 대한 문제점을 제기하였다. 이는 외국의 경우도 별반 다르지 않다. 최근에 발간된 『Handbook of Gifted Education』(Collangelo & Davis, 2003)에 참고문헌으로 수록된 논문은 모두 2,830편이나 되지만 영재교육의 중장기 효과성에 대한 연구 논문은 하나도 없다(조벽, 2004). 영재교육의 권위자 Borland(2003) 역시 영재의 판별 및 선발, 영재교육제도와 운영 방안 등과 관련한 연구는 다수이나 영재교육 효과성에 대한 연구는 창피할 정도로 전무하다고 지적하였다.

영재교육의 효과와 의미는 그저 학생과 학부모 사이에서 구전될 뿐 이와 관련한 과학적 자료가 제대로 존재하지 못하는 안타까운 상황이다. 학자들은 영재교육의 효과성과 관련하여 효과가 있다는 근거도 많지 않지만, 반대로 영재교육이 효과가 없다는 근거 역시 부재하다고 주장한다. 이 역시 관련 연구의 부재에서 오는 구차한 변명이다.

이제 영재교육 프로그램 효과성 검증에 대한 요구는 과히 시대적이라고 할 수 있다. 영재교육이 전문성을 더욱 확보하기 위해서는 현재 투입된 프로그램의 효과에 대한 과학적이고 체계적인 평가가 이루어져서 문제로 지적되거나 부족한 부분에 대한 지속적인 보완이 이루어지고 그에 대한 재검증이 요구되어야 한다. 무엇보다 현재 진행 중인 영재교육이 지향하는 구체적인 목표, 예를 들면, 창의적 문제해결력 및 상위 사고력, 진로의 설정, 과학적 사고방식 및 태도의 형성 등에 얼마나 부합하는가에 대한 단기적, 중장기적 평가는 더 이상 기다릴 수 없는 매우 중요하고 시급한 과제다.

조벽(2004)은 이러한 영재교육의 효과성 부재, 검증된 영재교육 프로그램 부재의 문제점을 다음과 같이 지적하였다. 첫째, 영재교육 프로그램에 대한 논의가 개인적 의견이나 주장에 불과하게 된다. 둘째, 예산을 확보하기 어렵다. 교육 정책자의 입장에서 볼 때 영재교육 프로그램의 효과가 제시되지 못하였으므로 영재교육 프로그램 확대가 설득력을 얻기 어렵다는 주장이

한국영재교육의 새로운 지평

다. 그리하여 영재교육이 활발히 이루어진다는 미국의 경우도 경제 상황에 따라 영재 관련 예산이 가장 먼저 삭감되는 일이 발생하는 것이다. 예를 들어, 일리노이 주의 경우 2000년에 주 내의 공립 초중고를 위한 주정부 예산이 137억 달러(약 16조 4천억 원)였는데, 그중 영재교육에 1,900만 달러(약 228억 원)가 책정되었지만 그마저도 2004년에는 경제 침체로 힘들어지자 전액 삭감되기도 하였다. 다행히 2005년 예산에는 완전 복구되었다.

물론 영재교육 프로그램 효과성에 관한 문제 제기는 현재의 영재교육이 일반학교 교육과 얼마나 차별화된 교육 프로그램을 제공하였고, 영재교육이 최근 학교교육이 받고 있는 비판과 관련하여 학교교육의 문제점에 대한 진단과 처방에 어떠한 방향성을 제시해 주었으며, 또한 그 목적에 얼마만큼 부합하였는가의 문제와 결부되어 논의되어야 할 과제임에는 틀림없다. 그러나 현 시점에서 영재교육이 과연 영재교육답게 운영되고 있는가의 문제와 함께 무엇보다 중요한 것은 현 영재교육 프로그램이 얼마나, 또 어떠한 측면에서 효과적인가의 문제다. 앞으로 영재교육이 확대되고 활발히 운영될 것을 고려할 때 영재교육의 효과성 진단은 영재교육의 향후 방향 설정 및 현 시스템의 수정, 보완, 정교화 작업을 위해 시의적절하고 의미 있는 주제임에 틀림없지만, 이와 관련한 연구가 전무한 것은 영재교육 발전에 큰 걸림돌이다. 영재교육의 효과성 검증과 관련한 연구는 그 수와 함께 방법론상에서도 문제점을 지적할 수 있다(Callahan, 2004; Callahan, Landrum, & Hunsaker, 1989). 영재교육의 경우 비교집단을 선정하기 어려운 측면, 교육효과가 중장기적으로 발현되는 경향이 있다는 측면, 교육의 효과성을 분석할 정도로 프로그램과 운영이 적절하지 않다는 여타 측면의 이유가 영재교육 프로그램 효과성 분석의 걸림돌로 작용해 온 것도 사실이다. Gallagher, Weiss, Oglesby 및 Thomas(1983)에 따르면, 영재교육의 효과성을 확인한 연구는 40여 편이지만 거의 모든 연구가 비교집단이나 통제집단 없이 단순히 영재 집단의 사전-사후만 비교했기 때문에 연구결과의 타당성에 문제가 제기된다고 지적하였다. Carter와 Hamilton(1985)의 연구에서도 효과성 연구가 단지 학생의 비인지적 측면에서의 태도 변화에 급급한 것이 현실이라고 문제를 제기하였으며, Archambault(1993)의 연구 역시 영재교육 프로그램 효과성 연구에서의 질적 분석의 부재를 문제로 제기하였다.

효과성 연구가 활발한 학교교육에 비해 영재교육의 효과성을 살펴보려는 연구는 거의 없어서 영재교육의 효과성의 개념 및 효과성을 결정짓는 변인에 대한 분석틀조차 정리되지 않은 상태다.

영재교육 프로그램의 특성을 분석하면서 Reis와 Renzulli(1984)는 성공적인 영재교육 프로그램의 요소를 다음의 9가지로 제시하였으나, 학교교육 효과성 관련 연구에 비하면 매우 초보적이다.

- 황금률: 영재교육 모형에 대한 명확한 이해를 제공하라
- 프로그램 수행 전에 철저한 계획
- 연수와 행정적 지원
- 기획 부서 설치
- 프로그램에 대한 열정
- 학생에 대한 동기부여
- 집단 간 효과적인 의사소통
- 프로그램의 융통성
- 프로그램의 모니터링과 평가

이러한 이유로 미국의 국립영재연구소 자문위원회(National Research Center Advisory Counsil: NRCAC)는 영재교육과 관련한 최우선 과제로 영재교육의 효과에 관한 중장기적 효과성 검증을 꼽았으며(〈표 7-1〉 참조), 영재교육이 효과적인가에 따른 원인과 이유의 분석을 무엇보다 주요한 연구과제로 삼았다.

영재교육의 기능을 당위적인 측면에서 볼 때, 영재교육의 효과성은 각 영재교육기관의 교육 목표를 준거로 그 성취 수준을 측정하여 판정할 수 있으

표 7-1 미국 국립영재연구소 자문위원회가 제시하는 영재교육 관련 최우선 과제

우선순위	과제 내용
1	영재교육 효과성에 대한 중장기적 평가
2	일반학급 내에서의 교육과정 수정
3	교육과정 수정과 개발을 위한 교사연수
4	집단편성 유형과 학습효과
5	교수-학습 방법
6	동기
7	미성취 아동을 위한 차별화된 프로그램의 효과
8	자기효능감
8	문화적/지역사회적 홍보
10	영재교육 정책
11	평가자로서의 교사
11	특수 집단의 집단편성
13	학생의 특성에 따른 프로그램 선택
14	과정 대 내용
15	평가에서 연구의 사용
16	영재교육에서 차별화의 이해
17	미성취
18	성공과 관련한 학생의 특성 이해
19	협동학습
20	지역사회와 프로그램 간의 관계

나, 전문가들은 그 성취 수준 준거의 측정이 용이한 것은 아니라고 지적한다.

영재교육 효과성 연구의 시사점

Sapon-Shevin(1994)은 영재교육원의 교육이 영재성 계발이라는 명목이 아니어도 과학에 대한 흥미 유발에도 영향을 미치며, 수료생은 영재교육을 통해 과학에 흥미를 더 갖게 되었다고 영재교육을 긍정적으로 평가하였다. Hertzog(2003)는 영재교육 효과에 대한 질적 연구를 통해 영재교육이 기여한 가장 큰 역할 중 하나가 교육을 통해 학생이 자신과 유사한 지적 능력과

흥미를 가진 동료를 만나는 것이라고 하였다. 몇 안 되는 영재교육 효과성 연구를 살펴보면 〈표 7-2〉와 같다.

Freeman과 Josepsson(2002)은 아이슬란드에서 1985~1996년에 수료생 11명을 대상으로 수행되었던 영재 심화 프로그램의 효과성을 추적하여 분석하였다. 결과를 살펴보면, 이 기간에 영재 프로그램을 교육받은 학생이 그렇지 않은 학생에 비하여 높은 성취를 보이는 면에서 영재교육이 효과적이라고 말할 수는 있으나, 영재교육 대상자가 이미 비교집단에 비해 가정환경이 우수하고 상대적으로 더 높은 학습 동기를 보였다는 제한점을 보인다. 이와 같은 결과를 토대로 Freeman과 Josepsson(2002)은 영재성의 발현과 영재교육의 효과성 담보를 위해서, 영재아를 위한 학교에서의 프로그램뿐 아니라 가정에서의 적극적이고 효과적인 양육 경험이 중요함을 제기하고 있다.

영재교육의 효과가 항상 긍정적으로 제시되는 것은 아니다. Marsh와 동료들(2003, 2004)은 영재의 학업적 자아개념이 영재교육을 통해 오히려 낮아진다고 지적하였다. 즉, 영재가 영재학급이나 영재학교 등에서 유사한 능력의 아이와 함께 학습하는 경우, 일반학급에서 다양한 능력의 아이와 접하여 학습하는 경우에 비해 상대적으로 이들의 학업적 자아개념이 낮아진다는 결과를 '빅 피쉬 리틀 폰드 효과(Big-fish little pond effect)'로 설명하였다. 그리고 이러한 결과가 26개국에서의 다문화연구를 통해 문화적 보편성을 띠고 있음을 밝혔다.

이제까지 수행된 영재교육 효과성 검증과 관련한 연구 중 가장 대표적인 연구는 '학습 성과에 관한 프로그램 효과성 평가'(Delcourt, Loyd, Cornell, & Goldberg, 1994)로 초등학교에서의 다양한 영재교육 프로그램의 효과를 평가하기 위한 국가적 수준의 연구다. 이 연구는 초등학교 2~3학년 1,000명을 대상으로 2년간 진행되었고 10개 주의 14개 학교가 참여하였다. 이 연구에서는 프로그램의 유형별로 4개의 집단으로 나누어 프로그램의 효과성을 분석하였는데, 학급 내 영재 프로그램, 풀 아웃 프로그램, 영재학급, 영재학

한국영재교육의 새로운 지평

표 7-2 영재교육 효과성 관련 연구

저자, 학술지	예 시	프로그램	주요 연구 목적
Aldrich & Mills, 1989, GCQ	5~6학년, 2학급에서 32명과 통제집단 20명	1년간 1일/1주 풀 아웃	독서와 어휘력 향상/ 자부심 없음
Carter, 1986, JEG	풀 아웃 학급 3학년 48명, 비영재 통제집단 13명	높은 수준의 사고와 자기주도 학습에 초점을 맞춘 8주간의 풀 아웃	HLT에서 영재학생을 위한 높은 성취
Coleman, 1983, GCQ	2~3학년 38명과 통제집단 24명	9주 동안에 3일/1주 창의적 글쓰기, 풀 아웃	쓰기 능력과 태도 향상
Feldhusen, Sayler, Nielsen, & Kolloff, 1990, JEG	3~6학년 24명과 통제집단 20명, 7~8학년 16명, 통제집단	시간제, 풀 아웃과 심화, 1년간	초등학교에서 2척도 향상, 중학교에서 2척도 향상
Olenchak & Renzulli, 1989, GCQ	학생 1,698명, 교수 66명, 학부모 120명, 교장 10명과 1통제 학급	1년간 학교전체 심화, 풀 아웃과 학급 내의 조합	학생, 교사, 부모, 교장에 의한 영재교육에 대한 향상된 태도
Parke, 1983, GCQ	유치원 2학년 22명, 고능력 학생 22명, 일반학생 22명	수학 자기교수법 10주간, 3시간/1주	수학능력 향상
Roberts, Ingram & Harris, 1992, JEG	3~6학년 중 36명의 풀 아웃, 학교전체 심화 평균 56명 영재 통제집단 27명 평균 통제집단 57명	1년간 풀 아웃과 학교전체 심화	높은 인지과정 능력 향상
Stedtmiz, 1986, TECHSE	4~6학년 높은 수준의 학생 11명과 다른 54명(33명 연구, 32명 통제)	8주간 자기효능감을 높이기 위한 프로그램 30분/1주	자기효능감 변화 없음
Stoddard & Renzulli, 1983, GCQ	4구역 내의 5~6학년 180명, 2학급 풀 아웃, 1학급 내, 1통제집단	풀 아웃과 학급 내 프로그램 중 6주 동안 1주에 2시간	두 집단 모두 쓰기 능력 향상
VanTassel-Baska, Willis & Meyer, 1989, GCQ	3~4학년 1학급 19명, 20명 통제	1년간 전일제 분리학급	분석 능력 향상, 다른 능력은 사후 검증이 안 됨

출처: Marcia A. A. Delcourt. (et al., 1994). Evaluation of the Effects of Programming Arrangements on Student Learning outcomes. The University of Virginia.

교 등이다. 자료 수집은 학생, 학부모, 교사를 포함한다. 효과성을 보기 위해 분석된 자료는 성취도검사, 학습과정에 대한 태도, 자아인지, 내재적·외재적 동기, 학생 활동, 행동에 대한 판단, 교사의 학습 평가, 동기, 창의성이다.

연구결과를 살펴보면, 영재교육 프로그램에 참여하는 영재아는 프로그램에 참여하지 않은 유사한 수준의 아동에 비하여 전체적으로 성취 수준이 높았다. 특히 영재학교, 영재학급, 풀 아웃 프로그램에 속한 영재아동이 영재교육을 받지 않거나 학급 내에서 영재교육을 받는 아동에 비해 훨씬 더 높은 성취 수준을 보여 프로그램의 유형별로 효과성의 차이가 있음을 나타냈다. 그러나 이 연구의 비교집단 아동(영재교육을 받고 있지 않은 잠재적 영재아), 풀 아웃 프로그램, 학급 내 영재교육 수혜 학생이 영재학급과 영재학교 학생에 비해 그들의 학업적 역량에 대해서 더 높게 인지하는 것으로 나타났다. 이러한 연구결과는 Marsh와 동료들(2003, 2004)의 사회비교이론의 연구결과와 명백하게 일치한다. 사회적 수용, 동기 등 정의적 측면에서는 집단 간의 차이가 존재하지 않았다. 학급 내 영재 프로그램과 영재학교 학생은 학교에서 무엇을 해야 하는가 하는 판단 능력에서 비교집단 학생에 비해 능력이 있는 것으로 나타났다. 영재학급의 학생들은 문제를 풀거나 평가를 완성하는 데 교사의 지도에 가장 많이 의존하였다. 도전에 대한 선호도에서 가장 낮은 점수를 보인 집단은 가장 바람직한 학습환경에 속해 높은 수준의 성취를 보인 영재학급과 영재학교 학생이었다. 이러한 결과는 집단별로 차별화된 과제의 양과 질 때문으로 여겨지며, 따라서 이러한 결과는 학생 집단 내 혹은 집단 간에 생기는 비교뿐만 아니라 과제별 차이에 대한 기대, 학생 동기와 자아인지와 관련되어 논의되어야 할 부분이다. 학습 관련 태도에서 영재학교에 있는 학생의 점수가 가장 높았으나, 흥미롭게도 교사로부터 받는 평점은 영재학교 학생이 가장 낮았다. 이러한 연구결과는 어떤 프로그램도 학생의 모든 심리적, 정서적 요구를 완벽하게 채워 줄 수 없다는 사실을 말해 주는 동시에 여러 프로그램 유형의 장점을 수용할 수 있는 효과적인 프로그램에 대한 요구를 시사한다고 볼 수 있다.

한국영재교육의 새로운 지평

영재교육 효과성 – 추적 연구를 통한 접근

세계에서 신동을 장기적으로 추적했던 대표적 연구는 Terman의 연구가 손꼽힌다. Terman의 연구는 1920년에 9~12세의 IQ 140 이상인 아동 1,500여 명을 30년 동안 추적하여 아동기, 초기 성인기, 중년기에 관한 자료를 수집, 분석한 것이다. 이 연구를 시작하기 전 Terman은 지능이 개인의 성공에 가장 결정적인 요인으로, 지능이 높은 사람이 사회의 중요한 자리에서 일할 것이라는 가설을 세웠다가, 연구가 끝나자 이 가설을 부정하였다. 즉, 개인이 사회적으로 성공하기 위해서는 지능이 높아야 할 뿐 아니라 긍정적인 성격과 학습 및 일할 기회가 모두 갖추어져야만 영재가 잠재력을 최대로 발휘할 수 있다는 결론을 내렸다(Terman, 1959).

지금도 계속되고 있는 장기간에 걸친 추적 연구 중 하나는 존스홉킨스 대학 부설 영재교육센터가 수행하는 수학 조숙아에 관한 연구다(Benbow, 1992; Lubinski & Benbow, 1995). 이 연구에는 13세에 SAT 수학에서 가장 높은 점수를 나타낸 4,000명의 학생이 참가하고 있다. 이들이 13세였을 때에 실시하였던 Strong-Cambell 흥미검사 결과가 28세가 되었을 때 이들의 직업 선택 결과를 잘 예언한다고 최근 발표된 연구 논문에 제시되어 있다(Lubinski, Benbow, & Ryan, 1995).

Swiatek와 Benbow(1992)는 수학적 영재를 대상으로 속진학습의 결과가 어떤 영향을 미치는지에 대한 종단 연구를 수행하였다. SAT에서 뛰어난 점수를 보인 영재에게는 특별 영재 프로그램을 제공하여 지적인 도전감을 가질 수 있도록 하였다. 이 연구는 영재의 능력과 성취를 이끄는 과정을 보다 정확히 이해하려는 목적을 가지고 주기적으로 조사를 하였다. 자기 보고 조사 설문지에는 학업, 심리사회적 특성, 태도 흥미, 가정환경, 미래 계획을 보고하도록 하였는데 자유기술, 선다형, Likert 척도, 객관적 검사점수 등이 포함되었다. 고등학교를 졸업하는 18세경에 1차 조사, 대학을 졸업하는 23세경에 2차 조사, 대학 졸업 후 33세경에 3차 조사를 하였다. 여기에서는 일반적인 속진과 특정 학과 영역에서의 속진의 결과를 살펴보았으며, 그 외 학업과 심리사회적 특성의 발달을 조사하였다. 연구결과, 속진은 영재의 학업적 요구를 만족시키는 효과적인 방법으로 제안되기는 하지만, 개인 변인을 고려할 때 속진은 유의미한 차이를 보이지는 않았다. 즉, 속진을 한 학생과 그렇지 않은 학생 모두 높은 학업성취 수준을 보였다. 두 집단 간 학업성취에서의 차이가 별로 높지 않은 것은 속진이 영재의 높은 학업성취를 반드시 보장해 주지 못한다는 증거다. 심리사회적 측면에서의 속진과 비속진 학생 간 차이는 속진을 한 학생이 자신의 속진 경험에 대해 만족을 표시하였으나, 속진과 비속진 학생 간에 통제 소재에서는 차이가 없었다(Brody & Benbow, 1987; Swiatek & Benbow, 1991). 자아존중감은 속진 학생의 점수가 다소 낮았으나, 두 집단 모두 높은 자아존중감을 보였다(Richardson & Benbow, 1990). Festinger(1954)는 속진 학생의 점수가 조금 낮게 나오는 것은 이들이 우수한 능력을 가진 동료와 함께할 기회가 더 많았기 때문이라고 설명하였다. 이는 속진이 영재의 학업성취와 심리사회성의 발달에 크게 기여하지는 못함을 시사하는 것이다.

Perleth와 Heller(1994)는 영재성을 설명해 주는 요인이 각각 독립적 영역인지를 검증하고, 영재성, 성격 그리고 환경이 성취 결과에 어떻게 영향을 미치는지 알아보기 위한 연구를 수행하였다. 이 연구에서는 1985년에 1, 3, 5, 7, 9, 11학년을 대상으로 26,000명을 무선으로 선정한 후, 1986년에 이들의 30%를 선정하고, 1987년에 영재성 검사도구를 사용하여 각 학년당 250여 명의 학생을 다시 선발하였으며, 1988년에는 이들에게 영재성 검사, 성취 결과, 인성, 환경적 요인을 고려하여 최종 연구대상자를 선정하였고, 1992(93)년까지 5~6년 동안 종단 연구를 수행하였다. 연구결과, 영재성의 각 영역, 즉 지능, 창의성, 심리적 능력, 사회적 유능감, 음악적 능력 등은 독립적 영역임이 증명되었다. 그리고 지능은 학업성취를 가장 잘 예언해 주고, 세부 영재 영역 검사는 각 영역에서의 영재성을 잘 예언할 수 있다고 결론지었다.

한국영재교육의 새로운 지평

표 7-3 대표적인 종단 연구 비교(Perleth & Heller(1994))

연구명(연구자)	연구대상	자료 수집 시점	주요 연구 목적	자료 수집 방법
The Illinois Vale-dictorian Project(Arnold)	남자 고등학교 1, 2등 졸업생 - 35명	시작: 1981 기간: 1981~1985 의 매년, 1990	• 남자 지적 영재의 학업성취와 학업성취에 미치는 요인 확인	• 면담 • 대학 입학 성적 • 질문지
Adult Manifestations of Academic Talent in Science (Subotnik & Steiner)	1983년 남녀 Westinghouse Science Talent Search Winners - 98명	시작: 1993 기간: 1984, 1988, 1990	• 과학영재의 특성과 관련된 변인 확인	• 면담 • 질문지
Munich Longitudinal Study of Giftedness (Perleth & Heller)	교사 추천과 검사점수로 판별된 독일 초등학생, 중학생 - 1,414명	시작: 1985 기간: 1986, 1987, 1988	• 영재아동, 영재청소년 판별방법 • 영재성에 대한 다차원이론모형 검증 • 성취의 기원	• 검사 • 질문지 • 면담 (선정된 대상)
Development of Technical Creativity(Hany)	독일 초등학생, 중학생 - 195명	시작: 1988 기간: 1988, 1989, 1990	• 판별방법과 기술적 창의성의 이론적 모형 검증	• 검사 • 수행평가 • 학업성적 기록
Musical Giftedness in Pre-School Tears (Davidson & Scripp)	1~6세 유아들 중 맏이 - 9명	시작: 1978 기간: 1978~1982 중 격년	• 유아기 음악성 발달 과정 • 음악영재의 발달	• 관찰 • 아동 노래 녹음과 기록
Giftedness and Musical Training in Conservatory Students (Scripp & Davidson)	남녀 음악학교 학생 - 120명	시작: 1985 기간: 코호트당 12년 코호트 1: 1986~1987 코호트 2: 1988~1989	• 음악 수행과 음악적 이해, 인지 구조 간 관계	• 관찰 • 성악, 기악 녹음과 기록 • 학생의 과거 자술 기록
Creative Thinking and Performance in Adolescents as Predictors of Adult Creative Attainments (Milgram & Hong)	남녀 1973년 이스라엘 고등학교 2학년 - 67명	시작: 1973 기간: 1973, 1990	• 성인기 성취 예언에서의 창의성 검사와 여가 시간 활동의 예언타당도	• 창의적 사고력 검사 • 학업성취 기록 • 활동과 성취의 특징
Torrance Tests of Creative Thinking: Design and Predictive Validity	1958~1964 미네소타 초등학생, 고등학생 (부가적인 소규	시작: 1958 기간: 1958~1964, 1969, 1971 1979~1980	• 창의성 발달 • 창의적 잠재력 측정 • Torrance 창의적 사고력 검사의 예언타	• 창의성 검사 • 창의적 성취의 지표

표 7-3 대표적인 종단 연구 비교(Perleth & Heller(1994))(이어서)

연구명(연구자)	연구대상	자료 수집 시점	주요 연구 목적	자료 수집 방법
(Cramond)	모 코호트 표본) – 500명		당도	
Mathematically Precocious Students (Lubinski & Benbow)	SAT-M에서 높은 점수를 받은 12~13세의 5개 코호트 – 5,000명	시작: 1972 기간: 각 코호트마다 13, 18, 23세에 측정	• 수학영재 중에 수학과 과학 성취에서의 결정 요인	• SAT 검사점수 • 심리능력검사 • 질문지 • 면담 (일부 선정)
Gifted Boys and their Families (Albert)	12세 높은 IQ와 수학영재 – 52명	시작: 1977 기간: 1977, 1982, 1986	• 직업 선택과 성인기 성취에서의 가족, 인지, 인성, 창의성 요인의 영향	• IQ와 수학 검사 점수 • 종합 검사 • 면담
Project Choice: Gifted and Talented Woman (Fleming & Hollinger)	국립, 사립, 종단 고등학교 각 2군데에 다니는 15~16세 고등학교 여학생 – 168명	시작: 1976 기간: 1976, 1978, 1979, 1982, 1990	• 여성 영재 직업 성취의 결정 요인 • 소녀를 위한 직업 교육의 결과	• 검사 • 학업성취 기록 • 질문지
A Generation of Leaders in Gifted Education (Rubnitski)	7개 대학에서 영재교육을 받은 1977~1981의 5개 코호트 학생 – 38명	시작: 1977 기간: 1977~1981, 1990	• 영재교육에서 리더십의 결정 요인 • 졸업생들의 리더십 • 교육 프로젝트	• 가족 면담 • 질문지
PACE Program a Follow-Up Study Ten Years Later (Moon & Feldhusen)	PACE 영재프로그램에 참여한 초등학생과 부모 – 학생 23명 – 부모 22명	시작: 1980~1985 기간: 1980~1985, 1990	• 이론에 기반을 둔 영재 프로그램의 결과	• 가족 면담 • 질문지
Characteristics of High Level Creative Productivity (Delcourt)	다양한 학교와 주에서 Renzulli 세 고리 모형에 따라 영재로 판별된 9~12학년 고등학생 – 18명	시작: 1987~1988 기간: 1987~1988, 1991	• 창의적 · 생산적 행동의 결정 요인 • 이론에 기반을 둔 영재 프로그램의 결과	• 문서 분석 • 학생 면담 • 학교, 학생, 부모 특성과 관련된 질문지

이상의 종단 연구와 그 외 수행된 종단 연구의 연구대상, 자료 수집 시점, 연구 목적, 자료 수집 방법 등은 〈표 7-3〉에 정리하였다.

영재교육 효과성 연구의 문제점

전반적으로 영재교육의 효과에 관한 연구결과는 긍정적이지만, 그럼에도 불구하고 영재교육의 효과성을 살펴보려는 연구는 매우 드물고 방법론적인 측면에서 다양한 한계를 안고 있다. 영재교육 효과성을 살펴보는 연구에서 지적되는 한계점은 다음과 같다.

첫째, Gallagher, Weiss, Oglesby 및 Thomas(1983)는 효과성 관련 연구논문을 검토하면서 그 논문의 수가 40편도 채 안 된다는 것을 발견하였으며 그중 대부분은 통제집단이나 비교집단이 없었다고 지적하였다. 즉, 일반적으로 단순 사전-사후 모델(simple pre-post model)이 영재교육을 통해 지적 성숙을 가져왔는가를 증명하기 위해 사용되었으므로, 이는 진정한 의미에서의 효과성을 검증하기에 큰 한계를 지닌다고 평가된다.

둘째, Feldhusen과 Treffinger(1985)는 전일제(full time) 독립 영재 교실에 대한 모든 연구를 검토하면서 영재교육에서 수료생에 대한 추적 연구의 필요성을 절실히 느낀다는 결론을 제시하였다. 영재교육의 중장기적 효과성 검증을 위해 영재교육 수료생을 대상으로 하는 효과성 검증이 매우 중요하다.

셋째, Carter와 Hamilton(1985)은 프로그램의 효과성을 입증하기 위하여 학생 성장이나 변화에 대한 자료보다는 태도나 인식의 변화에 관한 자료에 의존하는 문제를 지적하였다. 프로그램 효과성을 인식된 변화에 의존하기보다 직접적인 학생의 성장이나 변화를 나타내는 실제적 자료에 근거하여 측정하는 작업이 필요하다.

넷째, Archambault(1993)는 영재교육 프로그램의 효과를 측정하기 위하여 양적 절차뿐만 아니라 질적 설계의 사용을 옹호하였다. 체계적인 절차를 준수하고 효과에 대한 상호 검증이 여러 자료에서 얻어진다면 영재교육과 같은 특별 프로그램의 영역에서는 자연스러운 질적 평가가 유용하다고 지적하였다.

이 밖에도 영재교육의 효과성 관련 연구는 실험처치 기간의 단기성, 실험을 위한 인위적인 처치 프로그램의 활용, 효과성을 확인하기에 너무 적은 표본 수, 프로그램 내용과 효과성 측정을 위한 검사도구 내용의 유사성 등으로 몇몇 연구는 그 문제점을 지적받아 왔다.

따라서 앞으로 진행될 영재교육 효과성의 분석에 관한 연구에서는 단순 사전-사후 모델이 아닌 영재 집단에 상응하는 비교집단을 두고 실험이 이루어져야 하며, 영재교육의 단기적 효과와 이들을 대상으로 중장기적 효과도 함께 검증되어야 한다. 이와 함께 학생이 인식하는 변화와 실제적 자료를 통한 변화와 성장에 대한 분석, 양적인 효과와 함께 질적인 효과에 대한 분석 등 다각적이고 총체적인 측면에서 살펴볼 필요가 있다. 향후 우리나라 영재교육의 개선과 방향 설정에 기초 자료를 제공해 줄 수 있는 국내 영재교육 프로그램에 대한 효과성 분석연구가 조속히 수행되기를 기대해 본다.

📝 참고문헌

조벽(2004). 차세대 성장동력과 영재교육. 코리아 리더스 포럼.

Archambault, F. X. (1993). Regular classroom practices with gifted students: Results of a national survey of classroom teachers (Research Monograph 93102). Storrs, CT: The University of Connecticut, The National Research Center on the Gifted and Talented.

Benbow, C. P. (1992). Mathematical talent: Its origins and consequences. In N. Colangelo, S. Assouline, & D. L. Ambroson (Eds.), *Talent development: Proceedings of the 1991 Henry B. and Jocelyn Wallace*

한국영재교육의 새로운 지평

National Research Symposium on Talent Development (pp. 95-123). Unionville, NY: Trillium Press.

Borland, J. H. (2003). (Ed.). *Rethinking gifted education*. New York: Teachers' College Press.

Brody, L., & Benbow, C. P. (1987). Accelerated strategies: How effective are they for the gifted? *Gifted Child Quarterly, 31*, 105-110.

Callahan, C. M. (2004). Program evaluation in gifted education. *Essential Readings in Gifted Education Series Vol. 11*. Thousand Oaks, CA: Corwin Press.

Callahan, C. M., Landrum, M. S., & Hunsaker, S. L. (1989). Suggestions for program development, revision, and extention in gifted education, Richmond, VA: Department of Education.

Carter, K. R., & Hamilton. W. (1985). Formative evaluation of gifted programs: A process and model. *Gifted Child Quarterly, 29*(1), 5-11.

Collangelo, N., & Davis, G. (2003). *Handbook of gifted education*(3rd ed.). New York: Allyn & Bacon.

Delcourt, M. A., Loyd, B. H., Cornell, D. G., & Goldberg, M. D. (1994). Evaluating of the effects of programming arrangements on student learning outcomes. (Research Monograph 94108). Storrs, CT: The University of Connecticut, The National Research Center on the Gifted and Talented.

Feldhusen, J. F & Treffinger, D. J (1985). Creative Thinking and Problem Solving in Gifted Education. Dubuque: Kendall-Hunt.

Festinger, L. (1954). A theory of social comparison processes. *Human Relations, 7*, 117-140.

Freeman, J., & Josepsson, B. (2002). A gifted programme in iceland and its effects. *High Ability Studies, 13*(1), 35-46.

Hertzog, N. (2003). Impact of Gifted Programs From the Students' Perspectives. *Gifted Child Quarterly, 47*(2), 131-143.

Gallagher, J. J., Weiss, P., Oglesby, K., & Thomas, T. (1983). The status of gifted/talented education: United States surveys of needs, practices, and policies. Ventura County, CA: Ventura County Superintendent of

Schools Office.

Lubinski, D., & Benbow, C. P. (1995). Optimal development of talent: Respond educationally to individual differences in personality. *Educational Forum, 59,* 381-392.

Lubinski, D., Benbow, C. P., & Ryan, J. (1995). Stability of vocational interest among the intellectually gifted from adolescence to adulthood: A 15-year longitudinal study. *Journal of Applied Psychology, 80,* 90-94.

Marcia, A. A. Delcourt (et al., 1994). Evaluation of the Effects of Programming Arrangements on Student Learning outcomes. The University of Virginia.

Marsh, H. W., & Hau, K. (2003). Big fish little pond effect on academic self concept. *American Psychologist, 58*(5), 364-376.

Marsh, H. W., Hau, K., & Craven, R. (2004). The big fish little pond effect stands up to scrutiny. *American Psychologist, May-June,* 269-271.

Perleth, C., & Heller, K. A. (1994). The Munich longitudinal study of giftedness. In R. F. Subotnik & K. K. Arnold (Eds.), *Beyond Terman: Contemporary longitudinal studies of giftedness and talent* (pp. 77-114). Norwood, NJ: Ablex

Reis, S. M., & Renzulli, J. S. (1984). Key features of successful programs for the gifted and talented. *Educational Leadership, 41,* 28-34.

Richardson, T. M., & Benbow, C. P. (1990). Long-term effects of acceleration on social and emotional adjustment of mathematically precocious youth. *Journal of Educational Psychology, 82,* 464-470.

Sapon-Shevin, M. (1994). Playing favorites: Gifted education and the disruption of community. Albany, NY: State University of New York Press.

Swiatek, M., & Benbow, C. P. (1991). A 10-year longitudinal follow-up of participation in a fast-paced mathematics course. *Journal for Research in Mathematics Education, 22,* 138-150.

Swiatek, M. A., & Benbow, C. P. (1992). Nonacademic correlates of satisfaction with accelerative programs. *Journal of Youth and Adolescence, 21,* 699-723.

한국영재교육의 새로운 지평

Swiatek, M. A., & Benbow, C. P. (1991). A ten-year longitudinal follow-up of ability matched accelerated and unaccelerated gifted students. *Journal of Educational Psychology, 83*, 528-538.

Terman, L. M. (1959). Genetic studies of genius: The gifted group at mid-life. Stanford, CA: Stanford University.

08

일반학교 교원의 수월성 교육 적용을 위한 연수 및 지원 방안[1]

들어가는 말

미국의 2002년 No Child Left Behind Act, 영국의 1997년 Excellence in School에서도 볼 수 있듯이, 선진국은 최근 급변하는 무한 경쟁시대에 비교우위를 선점하기 위해 교육의 수월성 향상을 통한 우수 인재 발굴 및 양성을 고심하며 이를 위한 교육개혁에 국가의 역량을 집중하고 있다. 우리도 이에 발맞추어 2004년 12월에 정부가 '창의적 인재 양성을 위한 수월성 종합 대책'을 내놓았으며 이제는 대책을 넘어 구체적인 방안을 논의하고 있다.

수월성 교육(excellence in education)의 의미는 기본적 교육 평등의 기초에서 사람이 타고난 능력을 최대한 신장시키고 능력과 노력으로 성취한 업적을 존중하는 교육이다. 수월성 교육은 영재교육과는 다른 개념으로, 평준화의 틀을 유지하면서 잠재력이 뛰어난 학생을 골라 잠재성을 극대화시킨다는 뜻에서 보편성 교육과 조화를 이루고, 학생의 능력과 적성을 조기에 계

---

1) 한기순(2006), 수월성 교육 세미나(한국교육개발원)에서 발표된 자료를 일부 수정하여 수록하였음.

발할 수 있는 다양한 기회를 제공하는 것이며, 소수의 엘리트에게 특혜를 주는 것이 아니라는 점을 강조하고 싶다. 수월성의 개념은 '교육학'에서는 1961년 미국 카네기재단 회장인 John Gardner가 쓴 『수월성: 우리는 평등과 수월성(수월론)을 동시에 성취할 수 있는가?(Excellence: Can we be equal and excellent too?)』에서 인용한 것으로 볼 수 있다. Gardner는 교육의 평등을 지나치게 강조하면 미국을 나태한 국가로 전락시킬 수 있다고 경고하면서, '수월성'을 추구하여 국민의 수준을 높이는 것이 바로 강한 미국으로 발전하기 위한 정책이라고 주장하였다. 기본적 교육 평등의 기초에서 사람이 타고난 능력을 최대한 신장시키고, 능력과 노력으로 성취한 업적을 존중하는 사회가 진정한 민주주의의 평등사회라고 주장하였다.

수월성 교육은 기본적으로 모든 학생을 대상으로 그들의 수월성을 추구함을 목적으로 하여야만 한다. 그러나 모든 학생을 대상으로 한 미국의 수월성 교육과 달리, 우리나라에서 추진하는 수월성 교육은 특정 상위 학생에 초점을 두고 있으며 이 때문에 수월성 교육이 일부 엘리트를 위한 교육 또는 영재교육의 대상 확대라는 오해를 사고 있는 면이 없지 않다. 그러나 앞서 개념에서 제기하였듯이, 이제부터 본격적으로 전개될 수월성 교육은 모든 학생의 재능 계발(talent development), 잠재력의 발견의 측면에서 지난 30여 년간의 평준화에 대한 보완이 이루어져야 할 것이다. 영재교육은 수월성 교육 추구를 위한 하나의 맥으로 인식되는 것이 마땅하며, 영재교육과 수월성 교육이 '＝(동일선상)'이 아닌 '〈 (포함 또는 종속)'의 관계에 있음을 명확히 밝히며 이 장을 시작한다. 또한 추진을 위한 초기 목적에서 수월성 교육의 대상이 상위 '5%'로 규정되어 있으나 궁극적으로 수월성 교육의 목적과 대상은 모든 아동의 수월성 추구이어야 함을 강조하고 싶다.

이 장의 첫째 목적은 최근 영재교육과 수월성 교육의 개념이 혼미한 가운데 영재교육에서 수월성 교육이 갖는 의미를 모색하며 이를 통해 영재교육과 수월성 교육의 정체성 확립에 기여하려는 것이다. 둘째 목적은 수월성 교육의 성공 여부를 결정할 가장 중요한 변인인 '교사'와 관련하여 수월성 교육 시행을 위한 교사 양성 및 연수를 다각적으로 지원하는 방안을 제안하는 것이다.

영재교육과 수월성 교육

혹자는 '영재교육은 죽었다' '영재아 없는 영재교육 시대의 도래'를 주장한다(Borland, 2003). 이러한 주장과 역설은 이 책의 주제인 수월성 교육과 그 맥을 같이하며 동시에 영재교육의 최근 '패러다임 시프트(paradigm shift)'이기도 하다.

앞 장에서 최근 영재교육의 추세로 제기한 영재교육의 전문화, 다양화, 특성화, 개별화 및 확산은 상호 보완적이고 상호 유기적이며 동시 구현적인 의미를 갖고 수월성 교육과 밀접한 관련을 맺고 있다. 많은 영재교육 관련 연구는 영재교육의 프로그램 기법이 일반교육에 적용되었을 경우, 영재아동뿐 아니라 일반아동의 지적 호기심을 향상시키고 그들의 사고력 및 창의성의 향상에 유의미한 효과를 가져온다고 제기한다(예, Renzulli, 2000). 일반교실에서의 영재교육학적 접근은 아동의 재능(talent)과 장점(strength)에 중점을 두고 이를 계발할 수 있도록 적극적 지원을 가능케 할 수 있다. 그러나 이는 '모든 아이는 영재다. 혹은 영재가 될 수 있다.'라는 주장과는 다른 것으로, 영재교육이 일반학교와 일반학급에 속한 아동에게 재능 탐색의 기회를 제공하고, 급변하는 사회에 적응하는 데 요구되는 상위 사고력 및 창의성 등의 향상에 보다 적절하게 대처하도록 기여할 수 있다는 맥락으로 이해될 수 있다. 전문가들은 영재교육의 이론적 의지 및 방법론적 기술이 일반교육과 연계될 수 있도록 다각도의 방안이 모색되어야 한다고 주장한다(예, Borland, 2003; Renzulli, 2000). 이러한 의미에서 앞서 제기한 향후 영재교육의 방향과 전망은 수월성 교육의 전개에 시사하는 점이 클 수 있다고 생각한다.

영재교육은 일반교육과 연계하여 다수 학생의 가시적 혹은 잠재적 능력 계발 차원에서 확대되어야 한다. 이러한 과정에서 영재교육의 기술과 기능은 더욱 전문화되어 영재교육의 질을 높이고, 동시에 질적으로 향상된 영재교육이 일반교육과의 관계에서 그 파급력을 가져야 영재교육과 수월성 교육 모두에서 질적 수준을 담보할 수 있다. 또한 영재교육의 연령, 영역, 내용, 매체 등의 맥락에서 다양성 추구는 그 자체가 폭넓은 발달단계와 영재성의 범위를 다양한 내용과 방법을 통하여 접근한다는 측면에서 수월성 교육과 일맥상통하는 측면이 크다고 할 수 있다. 따라서 영재교육의 다양성 추구는 수월성 교육의 확산으로 자연스럽게 연계될 수 있는 기반을 마련해 준다고 할 수 있다. 영재교육 내에서의 개별화 교육이나 개인차 해소를 위한 학생 개인의 선택권 강화 등의 개별화 추구는 최상위 수준의 영재를 대상으로 하는 현행의 영재교육뿐만 아니라 다수 아동의 효과적인 수월성 교육의 실현에도 반드시 최우선으로 고려되어야 하는 측면임을 간과해서는 안 된다. 영재교육이나 수월성 교육이 각각의 아동을 위한 맞춤식 교육 차원에서 접근되고 확산될 때 교실 내에서의 교육 소외를 최소화할 수 있다. 끝으로 현행 영재교육원의 특성화에 대한 요구는 극소수 최상위 영재를 축으로 하는 영재교육과 다수의 잠재적 우수아를 축으로 하는 수월성 교육이 동시에 구현될 것이 예측 가능한 시점에서, 그리고 영재교육의 차별성 확보와 효과성 담보라는 측면에서 차세대 영재교육 시스템의 구축은 구체적으로 논의되어야 할 주요 연구과제다.

이렇듯 영재교육의 기술을 일반교육으로 연계하고 확산시켜 다수 아동의 수월성을 추구하려면, 영재교육은 더욱 심화된 영재교육으로 발전할 필요가 있다. 영재교육이 수월성 교육으로 점차 확산되는 것이 차후 영재교육의 방향이고 전망이라 밝혔으나, 이것은 혹자가 제기하는 영재교육이 영재교육이기를 포기하는 것과는 사뭇 의미가 다르다. 다수의 수월성을 추구하는 교육이 최상위 수준의 영재를 대상으로 하는 영재교육의 의미를 희석시킨다면, 이는 또다시 평준화의 보존일 수밖에 없음을 인식하여야 한다. 따라서 다수 아동의 잠재력 계발과 극소수 최우수 아동의 가시적 영재성의 계발

한국영재교육의 새로운 지평

을 이루려면 동시 구현적인 맥락에서 이해하고 접근하여야 한다.

수월성 교육의 실천 과제: 교사

〈표 8-1〉은 본격적으로 시행될 수월성 교육과 관련하여 현장에서 지적하는 발생 가능한 문제점이다(현장교원 참여마당 홈페이지 참조: www.madang.edunet4u.net/discuss).

표 8-1 수월성 교육과 관련하여 발생 가능한 문제점과 해결 방안

수월성 교육 추진 과정에서 발생할 수 있는 장애 요인	수월성 교육 추진 과정에서 발생할 수 있는 장애 요인
• 수월성 교육 강화로 평준화의 틀이 깨짐 • 단편적 영재교육 프로그램 운영 실시 • 수월성 교육 담당교원의 전문성 제고 • 수월성 교육 전문교사 확보의 어려움 • 수월성 교육기관의 교육시설 미비 • 수월성 교육을 위한 막대한 재정 소요 • 수월성 교육의 체계적인 제도 필요 • 수월성 교육 대상자 선정 범위 • 영재교육기관 교육 대상자와 일반학교 수월성 교육 대상자 사이의 연계의 어려움 • 영재학교, 영재학급, 영재교육원 등에서의 교육 프로그램과 수월성 프로그램과의 상호 연관성 • 수월성 교육 프로그램 개발의 어려움 • 교육의 과학 분야 편중 • 교육과정 구성의 어려움 • 수월성 교육 대상자 선발의 어려움 • 영재교육원 학습 시 일반학교 수업 단절 • 소외 계층 대상자 발굴의 어려움 • 수준별 이동 수업에 따른 우열반 편성 우려 • 조기 진급, 조기 졸업에 대한 이해 부족 • 수월성 교육의 지속적인 질적 수준 관리의 어려움 • 수월성 교육 확대로 일반학생의 열등감 조장	• 평준화 제도하에서 수월성 교육의 기회를 확대하는 데 초점을 맞춤 • 지속적인 수월성 교육 프로그램 개발 보급 • 수월성 교육 담당교원의 전문성 확보 • 수월성 교육 전문교사에 대한 고도의 전문성을 위한 전문교육 프로그램 연수 실시 • 수월성 교육기관의 교육시설 완비 • 영재교육기관의 행정적 · 재정적 지원 확대 • 수월성 교육의 체계적 추진을 위한 제도적 여건 정비 • 수월성 교육 대상자 선정 범위의 융통성 있는 조정으로 진정한 영재교육 실시 • 영재교육기관 교육 대상자와 일반학교 수월성 교육 대상자 사이의 상호 연계성 강화 • 영재학교, 영재학급, 영재교육원 등에서의 교육 프로그램 연계 및 공유 • 수월성 교육 프로그램의 활발한 개발과 보급 • 영재교육의 전문 분야 확대−예술, 문화, 정보 분야 등 • 수월성 교육과정의 전문적 시스템 구성 수립 • 수월성 교육 대상자 선발 프로그램 개발 • 수월성 교육 시 일반학교의 출석으로 간주

표 8-1 수월성 교육과 관련하여 발생 가능한 문제점과 해결 방안(이어서)

수월성 교육 추진 과정에서 발생할 수 있는 장애 요인	수월성 교육 추진 과정에서 발생할 수 있는 장애 요인
• 수월성 교육의 질적 수준 불신 • 학생 개인의 잠재력과는 무관한 학부모의 사회경제적 지위에 따른 수월성 교육 대상자 선정의 문제 • 영재 및 수월성 교육 대상자로 선정되기 위한 사교육비 증가	• 소외계층 대상자의 수월성 교육 기회 부여로 교육복지 기능 강화 • 수준별 이동 수업에 따른 반 편성 시 종합 성적 고려 • 조기 진급, 조기 졸업에 대한 운영 지침서 개발 및 보급 • 영재 및 수월성 교육의 질적 수준을 위한 지속적인 교육 프로그램 점검 및 평가 실시에 대한 제도적 관리 • 수월성 교육과는 다른 보편성 교육의 바른 인식을 위한 교육 프로그램 개발 보급으로 일반 학생의 열등감 타파 • 질 높은 프로그램의 지속적인 개발과 보급 • 학생 개인의 잠재력에 따라서만 대상자로 선정하는 판별의 공정성 확보 • 영재 및 수월성 교육 대상자 선정 프로그램 보완 시스템 운영

성공적인 수월성 교육의 정착을 위해 제시된 모든 사항은 조속히 연구되고 해결책이 제시되어야겠지만, 무엇보다 가장 시급히 해결해야 할 과제는 수월성 교육을 담당하게 될 교원 확보와 교육의 문제라 할 수 있다. 수월성 교육을 담당할 교원의 양성과 연수는 위에 제시된 다른 문제에 대한 필요조건이라 할 수 있다. 교사 양성 및 연수 문제가 먼저 해결되어야 위의 대부분 문제들(즉, 수월성 대상자의 선정, 프로그램 개발, 소외 영재 발굴 등등)을 파생적으로 해결할 수 있기 때문이다. 따라서 이 장에서는 수월성 교육의 최우선 실천 과제로서 수월성 교육 관련 전문교원의 양성과 연수에 관한 다양한 방안을 논의하였다.

수월성 교육의 키워드는 단연 '교사'다. 수월성 교육의 성패를 좌우하는 요인으로 잠재적 우수아의 선발이나 이를 위한 프로그램과 교육과정의 개발도 중요하지만, 성공적인 수월성 교육을 이루기 위해 잠재적 우수아를 교육하는 교사가 효과적인 교수-학습 방법 및 교육 프로그램에 대한 명제적, 절차적 지식을 갖는 것이나 갖고자 하는 의지를 갖추는 것이 더 중요하다고 볼 수 있다.

교육인적자원부에서 마련한 수월성 교육 대책은 거시적 제도의 조정과 같은 하드웨어 중심으로 꾸며져 있다. 교육의 질이 결코 교사의 질을 넘을 수 없듯이 하드웨어적인 대책보다는 교사와 교육 프로그램과 같은 소프트웨어 중심의 대책이 필요하다. 수월성 교육이 양적 수월성이 아닌 질적 수월성을 추구하기 위해 중요한 것이 여러 가지가 있으나, 우선 세심한 제도 준비와 이의 실천을 위해 수월성 교육을 현장에서 직접 담당해야 할 교사의 연수와 양성이 필요하다.

교육인적자원부는 영재교육 전문교사 양성을 위하여 2010년까지 약 6,000명의 담당 교사를 직무 연수와 대학 및 대학원에 영재교육 전공 학과 개설을 통해 추가로 양성하여 총 11,000명을 운용하는 한편, 사이버 연수 시스템을 활용해 연수 기회를 확대할 것이라고 밝혔다. 수준별 이동 수업을 위해 별도의 연수도 지원할 예정이다.

다음은 수월성 교육 대상자의 교육을 담당할 교원의 확보와 수급을 위해 활용 가능한 교사 양성 및 연수를 본격적으로 시행하기 위한 다양한 아이디어의 모색이다. 여기 제시된 방안의 타당성을 검증하고, 타당성이 검증된 방안을 실천하기 위한 방법을 심도 깊게 모색하는 것은 후속 연구과제로 이어져야 할 것이다.

수급 및 양성 측면

적정 규모의 인력 파악 및 확보 우선 수월성 교육을 위한 적정 규모의 인력을 파악하고 확보하는 작업이 추진되어야 한다. 적정한 규모를 정확히 파악하려면 지역별이나 수월성 교육과정 운영별로 인력 수요 조사를 전국적으로 실시할 필요가 있다. 학교마다 여건이 다양한 점을 고려하여 일부 연구 학교만을 대상으로 수요를 추정하는 것은 바람직하지 못하다. 전국의 학교를 대상으로 수월성 교육 프로그램 운영을 위하여 필요한 인력 수요 조사를 실시하고 교육과정 운영 유형별, 지역별, 학교별, 학교 규모별, 교과별 등 인력의 과부족 상황이 파악되어야 한다.

예비교원 대상의 수월성 교육 관련 전공필수 교과목 개설 및 예비교사 활용   예비교원이 대학에서 수강하는 교원 양성 과정의 교육과정에 수월성 교육에 관련한 과목을 전공필수로 추가하여, 예비교원이 미리 수월성 교육을 이해하고 적용할 수 있는 능력을 기르도록 정책적인 지원이 이루어져야 한다. 또한 부족한 교사의 충원을 위해서 교사 자격증을 소지한 예비교사의 현장 투입을 위한 별도의 적응 과정을 운영한다. 수월성 교육을 실시하는 학교가 중심이 되어 실제로 필요한 지도력을 길러야 하며, 이 과정에서 학교-전문가 간의 협의 체제를 공고히 하여야 한다.

'지역 거점 수월성 교육 지원 센터' 중심 수월성 교육 전문 지도 교사 양성-연수-관리   수월성 교육 지도를 담당할 교사를 어떻게 선정하느냐에 따라서 교육 현장의 갈등이 예견된다. 교사 간의 비교 의식이 생기면 교육 현장은 갈등이 생긴다. 따라서 이런 문제를 해결하기 위해 '지역 거점 수월성 교육 지원 센터'를 교육청 중심으로 지역 상황에 맞게 설치하고, 거점 센터가 수월성 교육 전문 지도 교사를 공개 모집으로 선발한다. 선발된 전문 지도 교사를 교육청 단위로 지역 거점 수월성 교육 지원 센터 중심으로 관리할 수 있으면 일선 교사와 현장에서의 갈등을 최소화할 수 있을 것이다. 물론 전문 지도 교사는 전국 단위로 모집을 하되, 교사자격증 소지의 문제보다 개인이 지닌 전문적 소양을 중심으로 판단하여 선발하는 것이 필요하다. 그래서 수월성 교육을 통해서 전문 분야의 탁월한 지도가 이루어지도록 하는 것이 필요하다.

멘터 커넥션(Mentor connection) 제도의 활용   영재교육, 수월성 교육, 리치아웃 프로그램(reach-out program), AP 프로그램 등에 교사-학생 일대일 멘터 커넥션 제도를 적극 활용한다. 지역 전문가, 대학생 및 대학원생, 교수 등을 학생의 개인 멘터로 공개 선발하여 활용하고 일주일에 1~2회 개인 사사의 기회를 갖는다. 지역 거점 수월성 교육 지원 센터에서 멘터의 선발, 연수, 관리를 담당한다.

영재교육 코디네이터 제도를 통한 지원 협력(resource consultation) 실시   대학원 영재교육 전공 이수자(석사, 박사), 영재교육 심화 연수자 중 석사학위 이상 소지자를 영재교육 및 수월성 교육 코디네이터로 활용한다. 영재교육 코디네이터는 일반학교에서 수월성 교육 실시와 관련한 업무 전반의 계획, 지원, 관리를 담당하는 핵심 인력이다. 각 학교 혹은 지역의 수월성 교육 지원을 위해 다양한 프로그램 개발, 지도 교사 및 멘터의 선발 및 관리, 학교 및 지역 교사에 대한 수월성 교육 관련 지원-협력-상담 업무를 일선 학교나 지역 거점 센터 등에서 맡는다. 이들은 영재교육 및 수월성 교육을 위한 전문가로서 이중 업무 부과가 아닌 수월성 교육 전담 교원의 역할만 담당하도록 제도적 지원이 마련되어야 한다.

또한 여기서 말하는 지원 협력이란 두 명 또는 그 이상의 사람 간의 상호작용을 통해 의뢰인의 문제해결에 실질적인 도움을 주는 협력적인 문제해결 과정이다(Curtis & Meyers, 1995). 여기서 제시하는 협력 모형은 전문가-교사 사이에서 전문가가 중심이 되어 문제해결의 기술을 제공하는 것이 아니라 영재교육 기술을 갖춘 교사(주로 영재교육 코디네이터)가 일반학급을 담당하지만, 일반교실 내에서 다수의 아동을 위해 수월성 교육을 실천하려는 교사, 영재교육을 담당할 교사, 혹은 영재교육을 담당하지만 교수-학습 자료 개발 등 여러 가지 측면에서 어려움을 겪는 교사에게 문제해결을 위한 상호 협력 및 상담의 과정을 통해서 문제해결을 이끌어 가는 것을 말한다. 이러한 지원 협력의 접근방식은 적은 비용으로 많은 학생을 위해 질 높은 서비

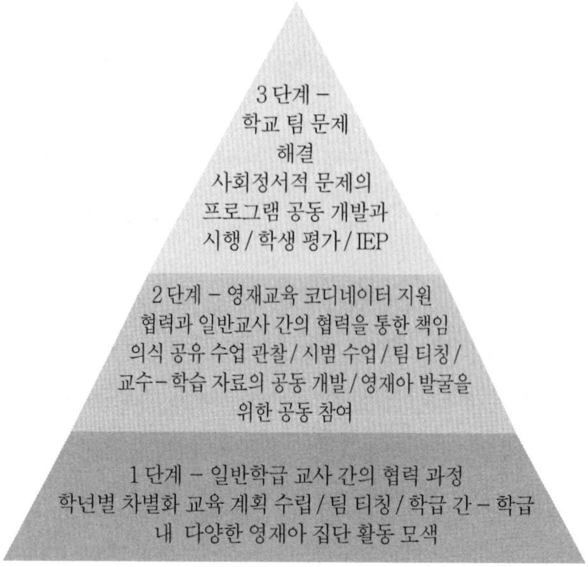

3단계 –
학교 팀 문제
해결
사회정서적 문제의
프로그램 공동 개발과
시행 / 학생 평가 / IEP

2단계 – 영재교육 코디네이터 지원
협력과 일반교사 간의 협력을 통한 책임
의식 공유 수업 관찰 / 시범 수업 / 팀 티칭 /
교수-학습 자료의 공동 개발 / 영재아 발굴을
위한 공동 참여

1단계 – 일반학급 교사 간의 협력 과정
학년별 차별화 교육 계획 수립 / 팀 티칭 / 학급 간 – 학급
내 다양한 영재아 집단 활동 모색

[그림 8-1] 지원 협력 모형(resource consultation model)

스를 하는, 매우 실질적이고 효과적인 방식으로 인식되고 있다(Ward &
Landrum, 1994).

Ward와 Landrum(1994)은 Curtis의 협력 모형을 영재교육에 적용하여 일
반교사와 영재교육 전담교사(주로 영재교육 코디네이터) 간의 지원 협력 모형
을 제시한다([그림 8-1] 참조). 1단계 수준의 활동은 주로 일반학급 교사 간의
협력 활동이다. 몇 반에 걸쳐 흩어져 있는 영재아동을 일정 시간에 모아 교
사가 돌아가며 지도하거나 팀 티칭을 논의하는 것도 이 단계에서 이루어질
수 있는 활동이다. 학년별 차별화된 영재교육 프로그램을 공동 개발하거나,
영재아동을 위해 다양한 집단 활동을 모색하는 작업을 한다. 이 단계에서도
영재교육 전담교사가 문제해결을 위한 아이디어를 제공하거나 상담을 통하
여 협력을 제공하는 활동이 이루어질 수 있다.

2단계는 이 모형의 가장 핵심적인 협력 활동이 이루어지는 단계다. 이 단
계에서 영재교육 전담교사는 일반학급 교사에게 조언자로서 협력을 제공한

다. 영재교사는 영재교육에서 그들의 경험을 살려 다른 교사가 효과적으로 영재아 혹은 잠재적 우수 아동을 교육하도록 돕기 위해 다양한 방법으로 그들의 전문성을 공유한다. 영재교사와 일반학급 교사 간의 공동수업(joint teaching), 영재교사의 시범 수업이나 수업 관찰을 통한 문제점 지적과 교수-학습 관련 기술 제공, 교수-학습 자료의 공동 개발 등 영재교사와 일반학급 교사, 혹은 경험이 많은 영재교사와 초보 영재교사 간의 다양한 협력 작업이 이 단계에서 수행된다.

3단계는 거시적이고 학교전체의 공동 사안에 대하여 다수의 관련 인원이 공동으로 문제를 해결해 나가는 과정이다. 영재아동을 위한 개별화 계획수립, 영재 판별과 선발 과정의 개선과 보완 작업, 인지적이거나 사회정서적인 프로그램 개발과 시행, 학부모 교육 실시, 영재교육 프로그램에 대한 효과 및 만족도의 조사 작업 등이 이 단계에 포함된다.

효과적인 협력이 이루어지려면 지원을 제공하는 교사의 학생 상담, 교육과정 수정, 교육과정 및 교수-학습 자료의 개발, 상위 사고력 및 질문법에 관한 기술, 진단 처방적인 교수-학습 기술 등이 매우 중요하며, 이와 함께 효과적인 대인관계 능력을 발휘하여 문제해결 과정을 성공적으로 이끌 수 있는 역량도 요구된다.

영재교육 전공 대학원 프로그램을 통한 학위 과정 및 수월성 교육 전문요원 양성 1년 과정 개설 현행 대학원에 설치된 영재교육 전공 석사학위 과정[2]이 영재교육 및 수월성 교육 담당교사 양성 기관의 역할을 담당할 수 있도록 한다. 대학원 과정을 이수한 교원에게 영재교육 및 수월성 교육 관련 자격증을 주는 방안도 고려되어야 한다. 또한 대학원에 설치된 영재교육 전공을 활용하여 영재교육과 수월성 교육을 담당할 수 있는 수월성 교육 전문요원 양성 1년 과정을 개설한다. 이 과정은 1년 동안 인턴을 실시할 수

---

2) 현재 수도권 지역에서 영재교육 전공 석사과정이 설치된 대학은 건국대학교, 경원대학교, 고려대학교, 인천대학교 등이다.

있는 대학원 수준으로 확장된 교사 양성 프로그램을 개발하고 이를 평가하는 한편, 지속적인 수월성 교육 담당 프로그램을 개발 운영한다. 이는 현직 교원을 대상으로 한 1년제 영재교육 및 수월성 교육과정의 개설로, 석사 과정 수료 수업 연한의 탄력적인 운영이라고 볼 수 있다. 영재교육을 전담할 수 있는 자격을 부여받으려면 최소한 대학원 이상의 교육 연한이나 기초-심화-전문가 과정의 연수 이수를 의무화하여 전담 교원의 전문성을 제고하여야 한다. 한편, 그러한 교사가 교육받는 데만 열중할 수 있도록 학교 업무 경감이나 보조금 지급, 휴식년제 도입 등 제반 여건을 배려해야 한다.

계약 교원제의 활용 및 확대 수월성 교육의 확대가 교사의 충원 없이 이루어진다면 교사의 업무 부과로 효과를 극대화할 수 없다. 한국영재학교의 사례에서 보듯이 역량 있는 계약 교원을 적극 활용하여 영재교육의 대상자 확대, AP 제도, 리치아웃 프로그램 등의 실시에 부족한 전문 인력을 충원한다. 교육의 질은 교사의 수준과 연계되어 있다. 그러므로 수월성 교육과 영재교육이 성공하려면 능력 있는 전문가가 있어야 한다. 이러한 전문교사를 발굴하고 검증하여 준비시키는 일은 매우 중요하다. 특별법을 제정하는 방법을 이용해서라도 교직의 문호를 개방하고 적합한 보수 체계를 만드는 일도 고려되어야 한다. 계약 교원도 평가결과에 따라 일반교사로 전환될 수 있는 방안 역시 마련되어야 한다. 그러기 위해서 학교 현장에 교원 수급의 폭을 매우 탄력적으로 적용해 주어야 한다. 가급적이면 기존 교사를 재교육하거나 선발 기회를 주는 것도 합리적이며 호응을 얻을 수 있다고 본다(물론 기존 교사를 대상으로 하는 경우 계약 기간이 만료되면 평가결과와 본인의 의사에 따라 계약 연장이나 현직으로 복귀가 보장되어야 한다.).

순환 교사(iternary teacher) 시스템 도입 현행 영재교육 시스템은 학생이 각 기관으로 이동하여 수업을 받게 되어 있다. 정규 수업시간과 수업 외의 시간에 이동거리가 멀거나 지리적으로 소외된 지역, 초등 저학년생이나 신체 장애가 있어 기관으로의 이동이 어려운 경우 등은 교사가 각 학교로 이동하면서 재능 계발 교육을 담당하는 시스템이다. 이미 미국 등의 나라에 서는 많이 활성화된 제도다. 이를 위해 계약 교원이나 기간제 교사의 활용, 공모를 통한 교육청 단위 전문 요원의 공개 모집 등이 고려될 수 있다.

대안적인 경로에 따른 수월성 교육 전담교사 양성 및 자격 프로그램 (Alternative Preparation and Certification program) 이 프로그램은 미국에서 전국 대안 교사 양성 센터(National Center for Alternative Preparation of Tachers: NCAPT)를 설립하여 조직적으로 운영하고 있을 정도 로 현장에서의 수요가 지속적으로 증가하고 있다. 대안적 프로그램이란 대 학 졸업자를 대상으로 교직을 희망하는 자에 한하여 소정의 훈련 및 자격 인 정 절차를 거쳐 일정 기간 교직에서 수월성 교육 전담교사로 활동할 수 있게 허용해 주는 프로그램이다. 이 프로그램에 지원하는 희망자는 자신이 직접 가르치게 될 학교에 배치되어 훈련 과정을 중심으로 일정 기간의 실습을 받 은 후 해당 학교에 채용된다.

연수 측면

영재교육 전문 기관 교사 파견 연수 영재교육과 수월성 교육 담당교사 가 국내외 영재교육 전문 기관에 6개월~1년 동안 파견되어 전문연구원 혹 은 전문교사의 자격으로 영재교육이 운영되는 실제를 직접 경험하고 현장으 로 돌아가 우수 사례를 현장에 용이하게 적용하도록 돕는 프로그램이다.

현장 중심 및 수업활동 중심 적용적 연수 내용 강화 현재 영재교사 직무 연수는 연구기관이나 대학을 중심으로 이루어지고 있으나, 이론에 치 우쳐 있거나 연수를 받고도 현장에서의 적용과 실천이 어렵다는 지적이 지 속되고 있다. 실제 교육활동에 적용할 수 있는 교수-학습 자료 개발을 비 롯하여 지도방식에 관한 연수 내용이 강화되어야 한다. 영재교육 및 수월성 교육 담당교사 연수 프로그램에 대한 심의를 강화하여, 기관에서 연수가 이 루어지더라도 현장에서의 사례를 체험적으로 경험하는 프로그램의 비율을 증가시키고 현장 적용이 용이한 프로그램 중심으로 이루어지게 하여, 연수의 효과성을 증가시키는 것이 바람직하다. 현장 중심 및 수업활동 중심 연수 과정에서 요구되는 프로그램 및 교수-학습 자료에 대한 전문가 집단의 연구도 동시에 추진되어야 할 과제다.

영재교사와 일반교사 간의 '일반학급에서의 재능 계발' 공동 프로젝트 지원   영재교사와 일반교사 간의 협업을 통해 일반교사가 영재교육에 대한 인식을 확산하고, 기술을 습득하도록 일반학급에서 잠재적 영재아를 발굴하여, 아동의 창의력과 사고력을 증진시킬 수 있는 교수-학습 자료 및 교수-학습 방법을 개발하려는 영재교사와 일반교사 간의 공동 프로젝트에 대해 행정적, 재정적으로 적극 지원하여 일반교실에서의 재능 계발과 인식을 활성화시킨다.

연수 기관의 질적 관리 체제 확립   창의적인 프로그램을 개발할 수 있는 우수 교사를 지원하기 위해 연수 기관으로서의 특성을 강화시킬 필요가 있다. 연수 기관이 설립 취지에 맞게 우수 교사연수를 위하여 운영되고 있는지, 교육 여건을 제대로 갖추고 있는지의 관점으로 연수 기관에 대한 엄격한 평가가 실시되어야 한다.

연수 기관 선택제 실시   교원 개인이 연수 기관을 선택하여 이수할 수 있도록 제도화한다. 이를 위해서 연수 기관을 다양화할 필요가 있다. 이러한 방식을 통하여 연수 기관을 수요자 중심으로 다양화시키고 수요자의 자율적인 선택에 따라 연수에 대한 효과 및 만족도를 높일 수 있다.

나가는 말

지금까지 수월성 교육과 영재교육 간의 연관성을 살펴보았고, 수월성 교육 시행에서 무엇보다 중요하고 선행적으로 해결되어야 할 과제인 전문교사의 양성과 연수와 관련하여 시행될 수 있는 다양한 방안에 대하여 논의하였다. 앞으로는 제기된 여러 안에 대하여 현실적이고 구체적인 시행 방안을 연구하고 보완하는 작업이 이루어져야 한다.

교육인적자원부는 수월성 교육정책을 실시하기 위하여 향후 6년간 약 2,078억 원의 예산을 배정할 것으로 계획하고 있다. 그러나 이 예산이 정책의 중요성과 사회적 관심에 비하여 적절한 예산 지원인가에 대한 의문이 제기되고 있다. 더욱이 영재교육의 성패가 우수한 교사와 교육 프로그램이라는 소프트웨어에 달려 있음에도 전체 예산의 60% 이상이 영재교육기관의 설립 및 운영이라는 하드웨어에 집중되어 있다. 영재교육 프로그램의 개발 및 보급에는 전체 예산의 약 2%에 불과한 42억 원을 배정하였으며 교육의 성패를 쥐고 있는 전문교사 양성에는 전체 예산의 약 2.3%에 불과한 48억 원을 책정하였다(현장교원 참여마당 홈페이지 참조; www. madang.edunet4u. net/discuss). 수월성 교육의 성공을 위해서는 전문교사의 확보, 양성, 연수가 매우 중요하며, 관련된 다양한 프로그램이 개발, 실시되어야 함은 더 이상 강조할 필요조차 없이 중요하다. 수월성 교육의 가장 중심축인 전문교사의 양성 및 연수가 예산 부족으로 부실화되고 이것이 수월성 교육의 부실화로 연계되지 않도록 수월성 교육 담당교원의 양성과 연수에 현실적인 예산 지원이 마련되어야 한다.

수월성 교육 대책은 시대의 흐름과 사회의 변화에 순응한 정책적 선택이다. 수월성 교육이 단지 영재교육이나 엘리트 교육이라는 편협된 관점에서 해석되어서는 안 된다. 수월성 교육은 우리의 교육 현실에서 창의적 인재를 육성하고, 다수 아동의 잠재적인 재능 계발을 위하여 교육적 수월성을 달성하게 하며, 이를 통해 국가의 경쟁력을 확보할 수 있는 교육이라는 측면으로 넓게 해석하는 것이 필요하다. 수월성 교육은 아동의 잠재력 계발을 통한 교육 효과의 향상과 함께 공교육을 통한 지역 간, 계층 간 교육 격차를 해소함으로써 교육의 형평성을 달성하는 데 일조할 것으로 기대된다.

수월성 교육이 성공적으로 구현되기 위해서는 대학입시라는 우리 교육의 현실적인 문제에 대한 대책 수립이 무엇보다 절실하다. 초·중등 시절부터 우수한 자질을 보이던 영재라도 진학 문제가 걸림돌이 되어 꽃을 피우지도 못하고 시들어 버리는 것이 우리의 교육 현실이다. 영재교육이나 수월성 교육도 대학입시를 위한 또 하나의 관문이지만 준비 교육으로 전락하지 않으려면 이 부분에 대한 전문가와 일선 담당자 간의 심도 깊은 연구가 필요하다.

교육에는 개혁이 없다. 다만 준비된 만큼의 변화가 있을 뿐이다. 이를 위해 수월성 교육의 추진을 장기적인 안목으로 추진하면서 시행에서 야기될 수 있는 문제에 대한 세심한 연구, 꼼꼼한 준비, 능동적 대처가 필요한 시점이다. 끝으로 나비 효과를 볼 수 있는 수월성 교육이 수월하게 진행되기를 바란다. 태평양 상공의 한 마리 나비의 날갯짓이 거대한 태풍을 일으키는 '나비 효과'처럼 아직은 상위 5%를 대상으로 하는 수월성 교육에서 시작하지만, 수월성 교육을 통해 우리 아이들의 숨겨진 재능을 발굴하고 향상시키려는 인식과 노력이 교육 현장 전반에 파급되기를 기대한다.

📝 참고문헌

Borland, J. H. (2003). (Ed.). *Rethinking gifted education*. New York: Teachers' College Press.

Curtis, W. J., & Meyers, E. (1995). Has consultation achieved its primary prevention potential? *The Journal of Primary Prevention, 15*(3), 285-301.

Renzulli, J. S. (2000). What makes giftedness: Reexamining a definition. In Diesner, R., & Simmons, S. (Eds.), *Notable selections in educational psychology* (pp. 373-384). Guilford, CT: Dushkin/McGraw-Hill.

Ward, S. B., & Landrum, M. S. (1994). Resource consultation: An alternative service delivery model for gifted education. *Roeper Review, 16*, 275-279.

제 3 부

한국영재교육의 평가와 전망

한국영재교육의 새로운 지평

09

최근 국내 영재교육 연구의 흐름: 2000~2006년 연구물 분석[1]

연구의 필요성

지난 10년 동안 한국 사회에서의 영재교육은 한마디로 중흥기를 맞아 숨가쁘게 활발히 진행되었다. 1998년 과학기술부의 지원으로 전국 8개 대학에 대학 부설 과학영재교육원이 설치 운영되었고, 2007년 현재 전국 25개 대학으로 확대 운영되고 있다. 2000년 영재교육진흥법 통과, 2001년 영재교육 중장기(2001~2006) 종합발전 방안 수립, 2002년 영재교육진흥법 시행령 통과, 2003년 우리나라 첫 과학영재학교 설립 및 시·도 교육청 중심의 영재교육원 및 영재학급 본격 가동, 2005년 영재교육진흥법 개정안 국회 통과 등 몇 가지 굵직한 변화들만을 나열해도 참으로 많은 변화와 발전이 있었음을 알 수 있다. 국가 차원의 지원과 관심의 결과로 우리의 영재교육이 이렇듯 가시적인 성과를 이룩하게 된 것은 부인할 수 없는 사실이지만, 질적 성장을 담보하지 않은 영재교육의 양적인 팽창, 그리고 평등주의와 엘리트

---

1) 한기순, 양태연 (2007), 최근 국내 영재교육 연구의 흐름, 영재교육연구, 17(2)의 내용을 일부 수정하여 수록하였음.

주의 사이의 갈등과 반목 등으로 현 영재교육에 대한 시선이 곱지만은 않은 것이 현실이기도 하다.

영재아동들을 표면적인 수준에서 심층적인 수준으로 이해하고, 영재교육에 대한 공감대를 이끌어 내며, 효과적인 영재교육의 수행을 위해 필요한 자료와 도구들을 개발하고, 영재교육의 현 상태를 진단함과 동시에 발전적인 방향을 탐색하는 등, 올바른 영재교육의 실현을 위해 무엇보다 중요한 것은 영재와 영재교육에 대한 과학적이고 체계적인 연구다. 영재교육과 관련된 연구들은 현재 우리가 당면한 도전과제들을 고민케 하며, 영재학생들을 위한 최적의 교육 경험을 추구하고 미래를 향한 희망적인 방향을 제공하기도 한다. 또한 이러한 연구를 통해 현재 영재교육의 구도와 방향을 설정하며, 영재교육과 관련하여 어떤 질문들이 해결되었고 어떤 의문들이 여전히 남아 있는가를 가늠케 한다. 즉, 연구를 통해 특정 문제들을 해결하도록 돕고, 지속적인 쟁점이 되는 문제들을 부각시키며, 이를 통해 이 분야에 새롭게 부각되는 과제들을 발견하게 한다.

Reis(2004)는 영재교육 관련 연구들을 통해 영재교육 영역에서 초기의 몇몇 질문들은 이미 답변이 이루어졌고, 그러한 답변들이 우리의 지식과 상식의 일부가 되기도 한다며 영재교육 연구의 중요성을 강조한다. 예를 들어, 영재성을 계발하기 위해 학교와 가정의 경험이 모두 중요하며, 학교 안팎에서의 다양하고 지속적인 서비스는 영재성 계발을 촉진시킬 수 있다는 축적된 연구결과들은 더 이상 본성 대 양육(nature vs. nurture)의 논쟁을 지속시키지 않았다. 지난 30년간 영재교육 분야에서 뜨거운 논쟁을 벌여 온 집단편성과 속진 관련 문제들은 Brody(2004)가 이와 관련한 논문을 소개하면서 지적한 것처럼 대부분 더 이상 논쟁의 여지가 없으며 불필요하게 되었다. 집단편성, 심화, 속진 모두 영재들에게 적절한 교육 기회를 제공하기 위해 필요하다는 사실이 어느 정도 일반적 합의점에 도달하였으므로, 이제 어느 하나를 고집하기 위해 소모적인 논쟁을 벌일 필요가 없는 것이다. 즉, 과거의 이러한 건전한 논쟁은 영재교육 분야를 더욱 강건하게 하는 데 많은 도움을 주었으나, 앞으로는 더 미래지향적이고 사려 깊은 연구들이 이루어져야 함을 함의하기도 한다.

우리나라에서는 1970년대 후반, 즉 고등학교 평준화가 시작된 지 얼마 되지 않아서부터 한국교육개발원을 중심으로 영재교육에 관한 연구가 실시되어 오고 있다. 초기에는 기초연구와 정책연구를 중심으로 연구가 수행되어 오다가, 1983년 과학고등학교가 설치 운영되면서 과학고등학교에서 필요로 하는 판별도구, 교육과정 개발, 다양한 교수-학습 방법 등에 관한 연구가 주로 수행되었다. 이후 1995년까지 일반학교에서 영재교육이 실시되기 시작하면서, 초·중등학교에서 학생들의 특성이나 이들을 위한 교수-학습 자료 등 현장에서 급히 필요로 하는 자료들을 개발하는 연구들을 실용적인 목적으로 많이 수행하였다고 볼 수 있다. 1998년에 대학 부설 과학영재교육센터가 설치 운영되면서 센터에서 수용하는 중학교 영재들을 대상으로 하는 연구도 대학 부설 과학영재교육센터 관련자들이 중심이 되어 많이 수행되었다. 그러나 이런 연구들이 과학적인 연구방법을 적용하기보다는 대체로 그 센터에서 이루어지는 교육방법과 내용을 소개하는 데 그치는 경우가 대부분이었다(조석희, 2002). 최근 들어 영재교육에 대한 개인 연구자들의 관심이 높아지고 영재교육 관련 사업에 대한 정부 차원의 지원이 증가하면서 개인 연구자들을 중심으로도 영재와 영재교육에 대한 기초연구들이 점차 늘어나고 있다.

이러한 맥락에서 본 연구는 영재교육이 본격적으로 시작된 2000년 이후부터 최근 2006년 상반기까지 우리나라에서 수행되어 온 영재교육 관련 연구의 흐름을 분석하고 향후 지향하여야 할 연구 방향을 탐색해 보고자 한다. 즉, 그동안 어떠한 연구 주제와 방법으로 영재교육과 관련한 연구가 수행되어 왔는가를 되짚어 보는 것은 향후 영재교육의 연구 방향과 관련하여 주요한 질문들을 제기할 때 매우 중요한 과정이며 과제라고 본다.

연구방법

자료 수집 및 연구방법

본 연구의 분석에 활용된 자료는 2000~2006년의 논문을 대상으로, 영재와 관련된 논문만을 게재하는『영재교육연구』와『영재와 영재교육』의 논문, 국회도서관의 박사학위 논문과 한국학술정보원 논문 중 '영재'를 키워드로 검색하여 수집한 논문들이다. 한국학술정보원의 자료 중 이 연구에 사용된 학회지는『교육심리연구』『교육학연구』『과학교육학회지』『미래유아교육학회지』『교육과정연구』『창의력연구』『아동교육』등 총 33종이었다. 이 연구를 위해 2000~2006년 동안의 분석된 논문의 수는 다음 〈표 9-1〉과 같다.

2000~2006년의 논문을 크게 연구 주제와 연구대상, 연구방법의 영역에서 분석하였으며, 연구방법과 관련하여서는『영재교육연구』『영재와 영재교육』에 게재된 논문만을 중심으로 별도로 분석하였다(〈표 9-2와 〈표 9-3〉 참조). 2000~2006년에 가장 많이 연구된 주제는 영재교육과정 및 프로그램에 관한 것이었고, 그 다음으로는 영재성의 요인 및 발달 부분이 많은 것으로 나타났다. 연구대상은 예상대로 수학/과학영재에 대한 연구가 가장 많았으며 언어영재와 예술영재도 꾸준히 증가하고 있다. 2005년에 미성취 영재에

표 9-1 연도별 영재교육 관련 논문 자료

연 도	게재된 논문 편수	박사학위 논문 편수
2000	52	1
2001	39	1
2002	59	5
2003	128	6
2004	77	7
2005	87	18
2006	79	11
총 합	521	49

표 9-2 2000~2006년 영재교육연구의 연도별 발표 논문 편수[2]

영역	구 분	00	01	02	03	04	05	06	총 계
연구 주제	법령, 전망과 기대, 방안, 동향, 제도	4	4	8	6	5	5	12	44
	영재성의 요인 및 발달	7	8	14	32	15	29	8	113
	영재의 특성(인지적)	3	13	12	14	17	14	64	
	영재의 특성(사회정서적)	4	2	6	14	11	17	8	62
	영재교육과정 및 프로그램, 수업모형, 교수-학습	22	5	24	44	26	27	33	181
	평 가	3	4	0	44	0	4	1	56
	선발 및 판별	2	8	8	8	7	7	9	49
	창의성	9	2	6	13	8	15	13	66
	문제해결력, 문제발견력	2	1	1	2	5	8	7	26
	부모 및 가족 관련	1	1	3	3	1	4	2	15
	교사 관련	1	1	2	5	12	5	3	29
연구 대상	외국 사례	3	2	3	2	5	2	2	19
	수학/과학영재	22	20	28	82	29	43	33	257
	언어영재	0	1	1	3	6	2	3	16
	예술/체육영재	0	3	1	4	1	5	3	17
	미성취 영재(ADHD)	0	0	1	2	1	8	1	13
	소외/장애영재	0	0	2	0	0	0	9	11
연령 및 학년	유 아	0	3	2	5	10	5	5	30
	초등학생	2	7	7	21	11	20	18	86
	중고등학생	4	5	6	19	7	10	22	73
	대학생	1	0	0	1	0	1	4	7

대해 가장 큰 관심을 보이고 있다. 연령 및 학년에서는 중·고등학생을 대상으로 한 연구보다 오히려 초등학생을 대상으로 한 연구들이 더 많이 조사되었다. 연구방법은 문헌 연구가 가장 많은 비중을 차지하였고, 그 다음으로 조사연구가 많았으며, 실험연구와 상관연구가 나머지 다른 연구방법에 비해 상대적으로 많은 것으로 조사되었다.

---

2) 연구 주제, 연구대상, 연구방법 등 상황에 따라 중복 표시하였음.

표 9-3　2000~2006년 연구방법의 연도별 발표 논문 편수

주제\년도	실험 연구	조사연구			상관 연구	질적 연구	문헌 고찰 및 제언	검사도구 및 프로그램 개발 연구, 검사도구 타당성 연구	합 계
		특 성	실태 및 인식	사 례					
2000	3	2	1				5		11
2001	3	2	3	3	1	1	12	3	28
2002	2	4		4	2		19	1	32
2003	5	4	4	1	7		12	4	37
2004	2	1	2	1	3		6	1	16
2005	1	6		1	3		8	3	22
2006	2	2			2		11	4	21
합계	18	21	10	10	18	1	73	16	167

연구결과: 2000~2006년의
국내 영재교육 연구의 흐름

연구 주제

　지난 7년 동안의 국내 영재교육 연구를 살펴보면, 영재교육과정 및 프로그램에 대한 연구(24%)가 가장 많았고, 다음은 영재의 인지(9%)와 사회정서적 특성(9%)이었으며, 재성 요인 및 발달(15%)이 그 다음으로 많았다. 시기적으로 영재교육이 초창기인 만큼 실제 영재교육에 어떤 교육과정과 교육내용이 활용되어야 하는가에 관한 높은 관심이 연구로 반영된 것은 당연한 귀추라고 보인다. 다음으로 영재의 인지와 사회정서적 특성이 많이 연구되었는데, 영재교육 초기에는 인지적 특성에 대한 연구가 다수를 차지하는 반면, 2003년 이후부터 영재들의 사회적, 정서적인 측면을 분석한 연구들이 증가하고 있는 추세라고 볼 수 있다. 즉, 영재들의 영재성 계발에서 사회정서적인 측면의 중요성이 강조되고 있는 추세를 반영한 결과로, 이러한 연구결과들을 통해 사회정서적 측면의 중요성이 영재교육에서 더욱 강조되고

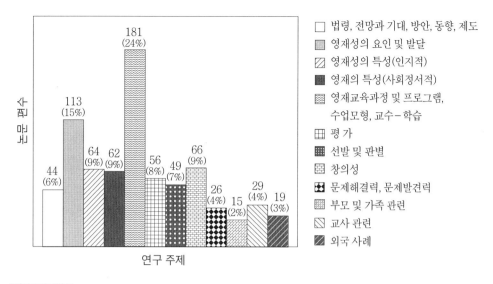

범례:
- □ 법령, 전망과 기대, 방안, 동향, 제도
- ▨ 영재성의 요인 및 발달
- ▨ 영재성의 특성(인지적)
- ■ 영재의 특성(사회정서적)
- ▨ 영재교육과정 및 프로그램, 수업모형, 교수－학습
- ▥ 평 가
- ▦ 선발 및 판별
- ▨ 창의성
- ▨ 문제해결력, 문제발견력
- ▨ 부모 및 가족 관련
- ▨ 교사 관련
- ▨ 외국 사례

y축: 논문 편수
x축: 연구 주제

막대 값: 44 (6%), 113 (15%), 64 (9%), 62 (9%), 181 (24%), 56 (8%), 49 (7%), 66 (9%), 26 (4%), 15 (2%), 29 (4%), 19 (3%)

[그림 9-1] 2000~2006년 국내 영재교육 연구의 연구 주제

있기도 하다. 그러나 조사된 대부분의 연구들이 영재들의 특성을 분석할 때 검사지나 설문지를 활용한 심리측정적 접근방법에 의존하였고, 인지적 및 정의적 특성을 정보처리적 접근방법, 초보자－전문가 비교 접근방법, 인본 심리학적 접근방법 등을 적용하여 연구하지 않았다. 이러한 영재교육 연구 방법상의 문제점은 조석희(2002) 연구에서도 지적되었다.

　2000~2006년의 영재교육 연구 주제의 연도별 흐름과 관련하여 보다 구체적으로 살펴보면, 2000년도에 가장 많이 연구된 주제는 영재교육과정 및 프로그램(35%)이었으며 그 다음으로는 창의성(15%)에 대한 논문이 많았다. 앞서도 잠시 언급되었듯이 1998년부터 영재교육이 처음 시작되었는데, 영재교육이 상대적으로 초창기라는 점을 감안하면 이 시기에는 영재교육 현장에 투입될 영재교육과정 및 프로그램에 대한 논문이 가장 시급하였기에 가장 많이 연구된 것으로 보인다. 다음으로 창의성에 대한 연구의 비중이 높은 것은 영재의 판별과 교육에 창의성이 중요함을 연구자들이 공감하고 있음을 반영한 결과로 볼 수 있다.

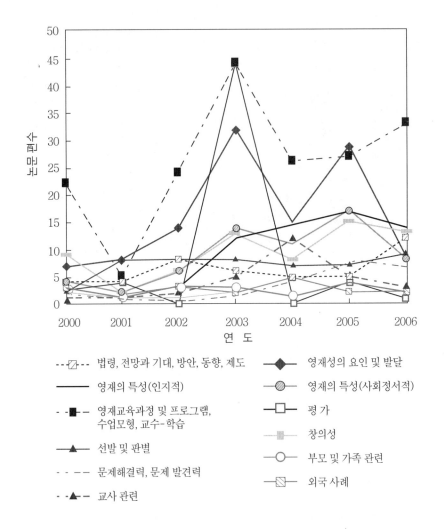

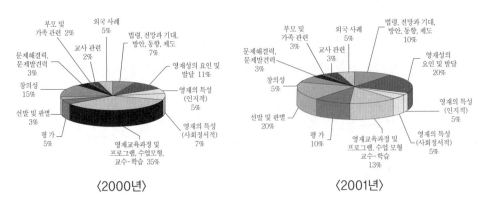

〈2000년〉   〈2001년〉

한국영재교육의 새로운 지평

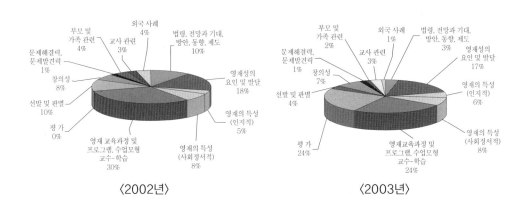

〈2002년〉 〈2003년〉

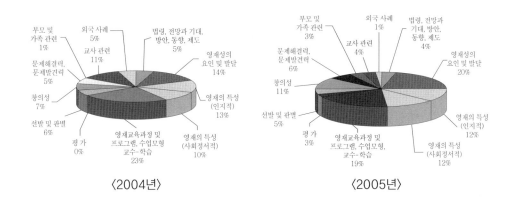

〈2004년〉 〈2005년〉

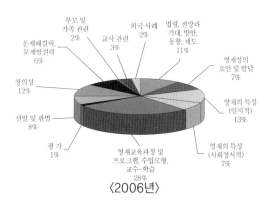

〈2006년〉

[그림 9-2] 2000~2006년 연구 주제와 연도별 흐름

2001년도의 영재교육 연구 주제와 관련한 특이사항은 2000년 영재교육 진흥법의 발효와 2001년 개정에 따라 영재교육 법령, 전망과 기대, 방안이나 동향에 대한 연구가 10%로 2000년(7%)보다 다소 증가된 것으로 나타났으나, 선발 및 판별, 영재성의 요인 및 교육과정과 프로그램에 대한 연구가 전체의 53%를 차지할 정도로 많았다는 점이다.

2002년에도 여전히 영재교육과정 및 프로그램(30%)이 가장 많이 연구되었고 영재성의 요인 및 발달(18%)에 대한 연구가 많다. 그 다음으로 영재의 특성(인지, 사회, 정서)이 12%, 영재 관련 법령 및 제도와 관련한 연구(10%)와 선발 및 판별에 관한 연구(10%)가 상대적으로 많이 연구된 주제다.

2003년도에는 다른 연도에 비해서 특히 평가(24%)에 관련된 연구 주제가 많았는데, 한국과학교육학회에서 '과학영재 평가 체제의 구축'이란 주제로 학술대회를 개최하여서 이와 관련한 연구물이 많이 나왔기 때문인 것으로 보인다. 그 다음으로는 여전히 영재교육과정 및 프로그램(24%)에 대한 연구가 많았지만, 2000년도와 비교하였을 때 점차적으로 하나의 주제에 국한되지 않고 영재 및 영재교육에 대해 폭넓은 주제가 다뤄지기 시작한 시기라고 볼 수 있다.

2004년도 역시 영재교육과정 및 프로그램(23%)이 가장 많이 연구되었고 그 외에 영재의 인지적(13%) 또는 사회정서적(10%)인 특성에 대한 연구가 활발히 진행되고 있음을 알 수 있다. 또한 영재성의 요인 및 발달(14%)에 대한 연구도 꾸준히 연구되고 있다. 그러나 부모 및 가족 관련 연구, 교사 관련 연구 및 창의성과 관련된 연구들은 계속해서 그다지 활발히 연구되지 않아 이러한 영역의 연구에 대한 관심이 요구되고 있음을 알 수 있다.

2005년도의 경우 영재성의 요인 및 발달(20%)과 영재들의 인지적, 사회정서적 특성(24%)이 대부분을 차지하고 있음을 알 수 있다. 영재교육 초창기에는 영재아들을 실제적으로 지도하기 위해 요구되었던 영재교육과정 및 프로그램에 대한 높은 관심이 점차적으로 영재아, 즉 영재란 과연 어떤 사람인지에 대한 연구로 옮겨지고 있음을 알 수 있다. 또한 창의성(11%)과 문제해결력 및 발견력(6%)에 대한 연구도 이 시기에 증가했음을 알 수 있다.

2006년은 영재교육이 본격적으로 시작된 지 8년이 되는 시점으로, 영재교육이 잘 이뤄지고 있는가에 대한 의문이 들면서 영재교육과정 및 프로그램(28%)에 대한 논문과 영재교육의 앞으로의 전망과 동향(11%)에 대한 논문이 많이 게재되었다.

연구대상

영재성 영역　연도별 영재성 영역의 변화 추이를 살펴보면, 연구대상은 2000~2006년 사이에 걸쳐 지속적으로 수학/과학 영역(82%)이 압도적으로 많았으며, 그 외의 영역은 미진하지만 꾸준히 증가하고 있음을 알 수 있다. 영재성 영역에 대한 연도별 변화 추이를 보다 구체적으로 살펴보면([그림 9-3] 참조), 1998년 우리나라 영재교육이 수학/과학영재를 대상으로 시작하였기에 2000년도에는 영재 연구의 거의 모든 논문이 수학/과학영재를 대상으로만 연구하여 발표된 것으로 나타났다. 따라서 언어와 예술 등 다른 영역의 영재에 대한 관심이 이 시기에 거의 부재하였고, 영재교육의 초창기인 만큼 미성취나 소외 영재 등에 대한 인식 또한 많이 부재하였던 시기라고 여겨진다. 2000년과 다르게 2001년부터는 수학/과학영재(83%)뿐만 아니라 미약하나마 언어(4%)와 예술영재(13%)에 대한 관심이 시작되었다. 2002년도에 가장 주목할 만한 사항은 그동안 관심의 대상이 되지 못했던 소외/장애영재(6%)에 대한 부분과 미성취 영재(3%)에 대한 연구가 시작되었다는 점이라 할 수 있으나, 여전히 수학/과학영재(79%)에 대한 연구가 가장 활발히 진행되고 있음을 알 수 있다. 2004년도에는 언어영재에 대한 연구가 16%로 언어영재에 대한 관심이 한층 높아졌음을 알 수 있다. 예술 및 체육영재와 미성취 영재에 대한 연구도 간간이 수행되고는 있으나 수학/과학 영역과 비교하여 여전히 매우 적게 연구되고 있음을 알 수 있다. 2005년도에는 ADHD 및 미성취 영재(14%)에 대한 관심이 높았으며, 예술영재(9%)와 언어영재

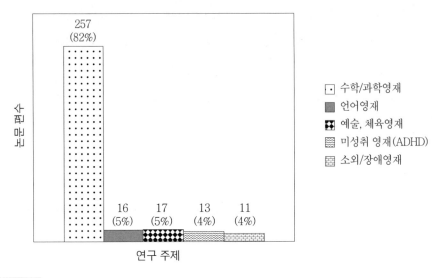

257
(82%)

□˙ 수학/과학영재
■ 언어영재
▨ 예술, 체육영재
▨ 미성취 영재(ADHD)
▨ 소외/장애영재

16   17   13   11
(5%)   (5%)   (4%)   (4%)

연구 주제

[그림 9-3] 2000~2006년 국내 영재교육 연구의 연구 주제

(3%)도 충분치는 않으나 지속적인 관심을 받고 있음을 알 수 있다. 2006년도에는 영재교육의 대상이 확대되면서 영재교육에서 소외될 수 있는 예로써 지방, 시골, 부모의 사회경제적(SES) 능력이 떨어지는 소외/장애 영재(18%)에 대한 관심이 대폭 높아졌음을 알 수 있다. 또한 언어영재(6%), 예술영재(6%)에 대한 논문도 꾸준히 게재되었으나 여전히 수학, 과학영재를 대상으로 하는 연구가 많이 수행되고 있음을 알 수 있다.

이러한 결과는 현재의 영재교육이 수학과 과학을 중심으로 이루어지고 있음을 감안할 때 예측 가능한 결과이지만 바람직한 것은 아니라고 생각한다. 특히 언어, 인문사회, 예술 등 수학이나 과학이 아닌 다른 영역에서의 영재교육이 2004~2005년부터 각 시·도 교육청을 중심으로 시작되고 있음을 고려할 때 현존하는 이 영역의 연구 자료는 극히 부족함을 알 수 있다. 따라서 다양한 영역에서의 영재교육 연구가 활성화되는 것은 매우 시급한 과제라 할 수 있다. 또한 소외 영재의 영재교육도 2005~2006년부터 몇몇 시·도 교육청을 중심으로 시작되고 있으나, 소외 영재의 정의나 판별에 대

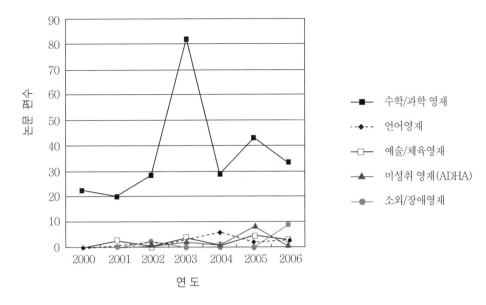

[그림 9-4] 2000~2006년 영재성 영역의 연도별 흐름

한 기준이 모호하고 일관성이 없다는 지적이 끊이지 않고 있으며, 이들을 대상으로 하는 교육과정 역시 기존의 영재교육 프로그램과 차별화되지 못하고 있는 실정이다. 이러한 문제의 원인으로는 여러 가지 이유를 찾을 수 있으나 가장 적절하고 필요한 해결책은 소외 영재의 정의, 판별, 교육과정에 이르기까지 국내외의 사례를 철저하게 분석한 실증적 연구의 뒷받침이라고 생각한다.

　연령 및 학년　2000~2006년 국내 영재교육 연구에서 연령 및 학년과 관련하여 변화 추이를 살펴보면, 지난 7년에 걸쳐 초등학생(54%)에 대한 연구가 가장 많았고, 그 다음으로는 중·고등학생(30%)을 다룬 연구가 많았으며, 유아(15%)의 경우는 2004년을 기점으로 대폭 증가하였음을 알 수 있다. 2004년도에 들어 유아 영재를 대상으로 하는 연구가 전체 연구의 35%로 급격히 증가하였음을 알 수 있고, 이에 조기 영재교육에 대한 관심이 점차적으로 증가하고 있음을 유추할 수 있다. 현장에서는 유아 영재교육의 필요성을 절감하여 유아 영재 관련 연구도 지속적으로 증가하고 있으나, 공교육상에서 유아 영재교육에 대한 정책적 지원과 관심이 부재한 것은 연구와 실제가 연결되지 못하고 이분화된 한 양상이라고 볼 수 있다. 2006년도에 가장 주목할 만한 부분은 영재교육 초창기에 교육을 받았던 학생들이 이제 대학생이 되어 있는 시점에서 영재교육이 과연 그 학생들에게 진로나 성취 부분에 얼마만큼의 도움이 되었는지 지난 8년간의 영재교육의 효과를 돌아보기 시작하였다는 것이다. 이러한 맥락에서 대학생이 된 영재교육 수료생을 대상으로 하는 연구가 전체 연구의 8%로 그 위치가 상대적으로 높아졌다고 할 수 있다.

영재교육 연구의 연령 및 학년별 분석에서 문제점으로 지적될 사항 중 하나는 이들 연구의 대부분이 특정 시점을 한시적으로 연구한 것이 대부분이고, 유아, 초등, 중등으로 연계되어 이들의 발달적 특성을 분석한 연구는 거의 부재하다는 것이다. 이러한 맥락에서 영재의 특성이나 성향 등이 여러 발달단계를 거쳐 어떻게 이루어지고 또 변화하는지를 종단적, 횡단적으로 분석하는 연구는 영재성의 체계적 이해를 위해 매우 중요하다. 이와 함께 영재교육 수료생들을 대상으로 영재교육의 효과나 의미 등을 분석하는 연구 역

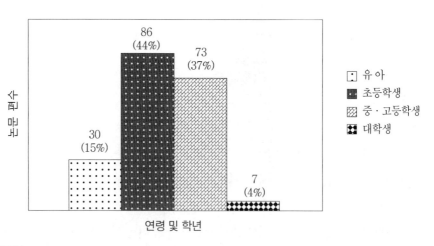

[그림 9-5] 2000~2006년 국내 영재교육 연구의 연령 및 학년

한국영재교육의 새로운 지평

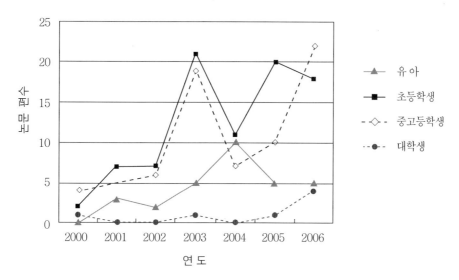

[그림 9-6] 2000~2006년 연령 및 학년의 연도별 흐름

시 극히 소수 존재하기는 하지만 아직까지 이 부분의 연구가 거의 부재한 실정이다. 이러한 연구는 영재교육의 현 상황을 진단하고 그 효과를 추론하며 향후 영재교육의 방향 설정을 위해 매우 필요하다.

연구 방법

2000~2006년 영재교육에서의 연구방법은 문헌 고찰적 성격의 연구 (43%)가 점차 감소하고는 있으나 단연 다수를 차지하고 있으며, 그 다음으로 조사연구(실태 및 인식조사와 특성조사)와 실험연구가 많은 부분을 차지하였다. 지난 7년에 걸쳐 교육과정 및 프로그램 관련 주제의 연구가 많았음에도 불구하고 개발연구의 비중이 상대적으로 매우 적은 것은 교육과정 및 프로그램 관련 주제를 다룬 연구들의 대부분이 영재교육과정 관련 이론 제시나 모형분석 등의 문헌 고찰적 연구방법으로 이루어졌기 때문으로 보인다.

이러한 연구결과는 문헌 고찰적 성격의 연구들이 연구의 비용과 노력적 측면에서 연구를 수행하기가 더 용이한 것으로 보이며, 영재라는 소수의 특정 집단에서 실험 및 조사 연구 등을 위한 기초 자료를 구하기가 쉽지 않은 점도 다소 영향이 있을 것이다. 실제로 영재교육의 대상이 극소수이고 개개 학생의 개인차가 매우 커 일반화하기가 어려운 특성이 있다. 따라서 영재교육의 현상과 그 내부의 학생과 교사들의 문제의식을 질적으로 접근하려는 시도가 외국에서는 최근 들어 종종 시도되고 있으나 이 역시 타 학문 분야와 비교해 보면 여전히 제한적이다(Barone, 2003). [그림 9-7]에 나타나 있듯이 국내에서는 영재나 영재교육에 대한 질적인 접근이 거의 전무한 형편이다. 질적 연구는 양적 연구와는 다른 맥락에서 영재성과 영재교육에 대해 의미 있는 자료를 제공할 수 있으므로, 영재교육에서 거의 부재한 질적 연구 방법은 영재교육 연구의 방법론적 다양화를 위해 활성화되어야 할 하나의 과제다.

개발연구는 영재교육의 특성상 검사도구, 교육과정, 교수-학습 자료의 개발 등과 같은 현장의 요구를 충족시키기 위해 2000년부터 꾸준히 수행되고 있으며, 이는 논문화되지 않은 교육개발원의 영재교육 도구 및 프로그램 관련 자료를 포함한다면 양적으로는 더 증가된 수치를 보일 것이다. 그러나 개발연구와 관련하여 방법론상의 한계점은 개발된 도구나 프로그램, 교수-학습 자료들의 내용이 기술되는 수준으로 보고되고 있으며 적용에 대한 타당성 검증이나 효과성 분석은 거의 이루어지지 못하고 있다는 점이다. 개발된 도구나 프로그램의 타당성이나 효과성 검증의 부재는 개발된 자료의 수정, 보완, 그리고 앞으로 개발될 도구나 프로그램들의 기초 자료로서 매우 긴요한 연구 자료라 평가된다. 따라서 모든 개발연구들이 그 타당성과 효과성을 검증할 수는 없지만, 이러한 연구들이 부분적으로나마 이루어지기를 기대해 본다. 현재 몇몇 프로그램 개발연구들에서 그 효과를 평가하고 있으나 그 방법이 참여한 학생들의 프로그램 참여에 대한 소감을 특별한 분석 없이 기술하는 수준이기 때문에 이 부분에 대한 방법론상의 고급화도 요구된다. 또한 영재교육은 그 성격상 응용학적 성격이 강하므로 실제로 영재교육을 실시하면서 다양한 변인에 대해 자료를 수집하고 그 변인들이 영재교육 결과에 미치는 영향을 평가하는 연구들의 수행 역시 매우 중요할 것이다.

또한 방법론적인 측면과 관련하여 실험이나 상관연구들에서도 비교집단 없이 영재 집단만을 대상으로 이루어진 연구들이 다수를 차지하고 있기 때문에, 인과관계를 규명하거나 영재 집단과 비교집단 간의 영재 관련 변인의 요인을 분석하는 것 등이 체계적으로 이루어지기 어려웠다. 덧붙여 말하면, 실험연구들의 경우 엄밀한 의미의 실험연구라고 보기 어려운 연구들이 다수 포함되었다고 판단되는데, 이는 관련 변인들의 엄밀한 통제가 어려웠고 영재들의 특성상 비교집단을 구하기 어려운 이유로 실험을 통해 비교집단과 실험집단 간의 비교를 통한 사전-사후의 효과성을 도출하기보다는, 실험집단 내에서의 사전-사후 비교에 그치는 연구들이 많기 때문이다. 통계분석적인 측면에서도 물론 연구방법에 적절한 통계분석을 활용하는 것이

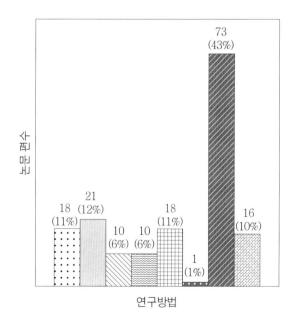

[그림 9-7] 2000~2006년 국내 영재교육 연구의 연구방법

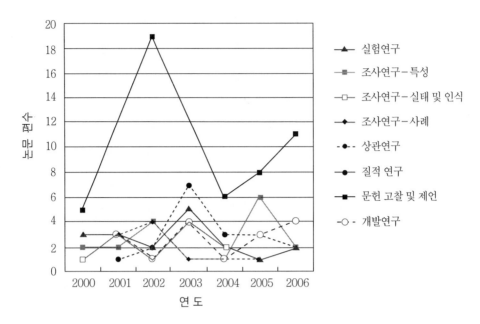

[그림 9-8] 2000~2006년 연구방법의 연도별 흐름

가장 바람직하겠지만, 단순 집단 비교나 상관 분석 등에 대부분 치우쳐 있으며 요인, 판별, 회귀, 경로 분석 등의 통계 처리는 매우 부족한 실정이다.

실제로 영재학자들은 영재교육이 새롭거나 대안적인 연구 철학이나 방법을 선택하는 데 다른 학문 분야와 비교하여 뒤처져 있음을 날카롭게 지적하였다(Coleman, Sanders, & Cross, 1997; Cross et al., 2003). 이는 국내의 영재교육에서도 분명 예외가 아니며 국내외를 불문하고 영재교육 연구의 방법론적인 측면의 선진화가 영재교육의 발전을 위해 시급히 해결되어야 할 과제임을 시사한다.

결론 및 논의

지난 7년간의 국내 영재교육에 대한 논문을 분석함으로써 최근 영재교육

한국영재교육의 새로운 지평

의 경향과 흐름에 대하여 살펴보았다. 영재 연구 주제의 경우 초기에 영재교육과정 및 프로그램과 인지적인 특성에 집중하여 연구되었던 것이 영재의 성향이나 사회정서적 분야, 부모, 교사 변인 등 점차적으로 주제가 다양화되고 다각적인 관점으로 연구가 이루어지고 있음을 알 수 있었다. 연구대상 또한 수학/과학영재에 국한되었지만 점차 언어, 예술, 미성취, 소외 영재 등 대상이 확대되고 있으며 연령 및 학년의 경우도 중·고등학년에서 점차적으로 초등, 유아로 확산되고 있다. 전체적으로 영재교육 연구가 초기에 비해 확산, 확대되는 방향으로 이루어지면서 다양한 접근과 다각적인 관점으로 발전되고 있음을 알 수 있었다. 영재교육 연구가 양적으로 많은 성과를 보였음은 부인할 수 없는 사실이지만 연구방법과 질적인 측면에서 아직까지 많은 한계점과 아쉬움을 내재하고 있음과 동시에 앞으로 많은 발전의 여지가 있음을 확인할 수 있었다.

이제 영재교육이 초창기를 넘어 과도기를 지나고 있고, 이러한 시점에서 영재교육 관련 연구도 영재성의 진정한 이해와 영재교육의 효과성과 효율성 추구의 명분하에서 더 본격적으로 이루어질 수 있는 사회적 분위기가 조성되었다. 앞으로 이루어지기를 기대하는 영재교육 연구의 몇 가지 방향과 주제를 제시하면 다음과 같다.

첫째, **다각적인 접근방법에 따른 연구**다. 연구 분석결과를 보면 점차 다양하고, 다각적인 접근방법이 이루어지고 있는 추세이긴 하나 여전히 연구 주제는 영재교육과정 및 프로그램의 이론적 고찰과 영재의 특성 분석에, 연구대상은 수학/과학영재에 집중되어 있다. 영재교육 연구가 주제 및 대상, 영역에 이르기까지 다각도로 다양해져서 영재와 영재교육과 관련한 연구의 폭과 범위가 넓어져야 하며 동시에 연구방법상에서의 다양화와 고급화로 보다 심도 깊은 영재교육 연구의 결과들이 도출되어야 할 것이다.

둘째, **장기적 종단 연구 수행**이다. 세계적으로 손꼽히는 종단 연구가 몇 가지 있다. Terman의 연구와 Bloom의 연구가 그것이다. 우리나라에서도 한국교육개발원을 중심으로 영재교육 효과성 분석을 위한 종단 연구가 시작되었으나, 영재 연구 전체를 놓고 보았을 때는 거의 희박한 수준이라고 볼 수 있으며 그나마 이 연구에 대한 연구비 지원이 지속적으로 이루어지지 못하고 중단된 실정이다. 영재교육이 시작된 지 8년, 영재교육에 대한 국가적이고 범국민적인 관심과 기대가 커지고 있는 만큼 그동안의 영재교육에 대한 반성과 고찰, 전망, 그리고 영재성 발달의 체계적 이해를 위한 종단 연구가 수행될 수 있기를 기대한다. 그러나 이런 연구는 연구자의 관심만으로 이루어질 수 없다. 조석희(2002)는 정부의 전폭적인 지원, 연구결과가 나올 때까지 기다려 주는 인내, 장기적인 연구의 필요성에 대한 확신 등이 병행될 때만 이루어질 수 있다고 지적한다. 한국과학영재학교가 2003년에 우리나라 첫 영재학교로 개교한 만큼 이 학교 졸업생에 대해 장기적인 종단 연구를 체계적으로 설계하고 시작하는 것도 필요하다고 생각된다.

셋째, **영재교육 효과성 분석 연구**다. 우리나라에서 영재교육이 본격적으로 운영된 지 8년차를 맞이하고 있으나 영재교육이 소기의 목적을 달성하고 있는가의 문제는 여전히 의문으로 남아 있다. 영재교육이 그 소기의 목적대로 창의적인 학생들을 선발하여 그들의 창의성 계발에 기여하고 있는가를 장, 단기적인 분석을 통하여 살펴보아야 함은 두말할 나위 없다. 영재교육은 과연 일반교육과 어떻게 차별화되고 있으며, 영재학생, 교사, 학부모가 인식하는 영재교육의 효과와 문제점은 무엇인가? 영재교육의 양적, 질적 효과가 담보될 때 앞으로 계속될 영재교육의 방향 모색은 보다 의미 있을 것이다. 최근 미국에서 발표된 VanTassel-Baska(2006)의 20개 영재교육 프로그램 평가에 관한 연구, Landrum과 Shaklee(1998)의 취학 전부터 고등학교까지의 영재교육 프로그램의 기준에 관한 연구, 그리고 Delcourt(1994a, 1994b)의 다양한 영재교육 학습방법의 효과에 관한 양적, 질적 연구 등은 이러한 맥락에서 우리가 참고할 좋은 선행연구 자료가 될 수 있다.

넷째, **교사의 전문성 신장 방안에 관한 연구**다. 영재교육의 성공을 위해 무엇보다 중요한 변인은 교사임에도 불구하고 영재교사와 관련된 연구는 거의 이루어지지 않고 있음이 이 연구를 통해 제시되었다. 선진국의 영재교육 성공 사례들은 교사가 영재교육의 중심이 되어야 함을 강조하고 있고 연구 및 실제에서도 영재교사의 전문성 신장이 매우 중요하게 간주되고 있다. 미국, 이스라엘, 싱가포르 등 다른 나라와 비교하여 우리나라 영재교사의 자격 요건 및 제도적 장치는 아직 잘 정비되지 않았으며, 이들을 위한 연수 및 재교육의 기준 및 적절성도 체계적으로 검토되지 못하고 있다. 영재교사들을 위한 자격증 제도 도입과 승진가산점 부여 등 제도적인 주제를 포함하여 영재교사 연수의 효과성 및 효율성 분석, 유능한 영재교사 변인의 분석, 영재교사의 전문성 신장 방안의 탐색 등 영재교사와 관련하여 많은 연구과제가 수행되기를 기대해 본다.

다섯째, **영재교육과 일반교육의 연계 방안에 관한 연구**다. 미국의 경우 일반학교 내에서 영재교육이 활발하게 이루어지고 있음에도 불구하고 일반학교에서 영재아를 효과적으로 학습시킬 수 있는 방안에 대하여 집단편성, 교육과정, 교수-학습 등의 측면에서 여전히 연구가 꾸준하게 이루어지고 있다. 그러나 우리의 경우 영재교육이 대학 부설 및 시·도 교육청 영재교육원과 영재학급의 형태로 분리되어 운영되고 있는 실정이다. 그럼에도 불구하고 일반학교와 영재교육의 연계를 위한 타당성과 구체적 방안에 대한 연구가 거의 전무한 실정이며, 심지어 이 부분에 대한 논의조차 부재한 상황이다. 영재교육이 현재와 같이 일반교육과 분리된 시스템으로 운영되는 방안과 함께 일반교육 내에서 영재교육이 성공적으로 구현될 수 있는 방안 역시 향후 집중적으로 연구되어야 할 주제다.

여섯째, **영재교육과정과 프로그램의 이론적 모형 개발 연구**다. 영재교육 운영에서 무엇보다 중요한 요소 중 하나가 영재들을 위한 차별화 전략을 어떻게 모색하느냐이며 이를 위해 차별화된 프로그램이나 교수–학습 모형의 역할은 매우 중요하다. 현재 영재교육과정이나 프로그램의 개발에 사용되는 이론적 모형이나 틀을 살펴보면, Renzulli의 삼부심화학습모형이나 Bloom의 교육목표분류(taxanomy, of Edncational objectives), George Betts의 자기주도적 학습모형, VanTassel-Baska의 통합적 교육과정 모형(ICM) 등에 기반을 두고 있는데, 이 중 Renzulli의 모형이 가장 많이 활용되고 있다. 물론 문화적인 차이가 존재할 수 있겠지만 이러한 이론적 틀이나 모형은 문화와 학문 영역을 초월하여 적용될 여지가 있다. 그러나 여기서 지적하고 싶은 것은 우리의 교육적 상황, 교실환경과 우리 영재학생들의 특성과 정서에 보다 적합한 프로그램 모형이나 이론적 틀을 개발하고 연구하려는 노력과 투자가 적고 이에 대한 문제의식이 부재함을 지적하고자 하는 것이다.

끝으로, 무엇보다 중요한 것이 **영재성의 정의와 개념에 관한 기초연구**다. 영재성의 정의와 개념에 대한 논의들은 여전히 많은 의문과 연구과제를 남기고 있다. 예를 들어, Renzulli(2002)는 영재성의 세 고리 개념을 발전시켜 최근에 조작적인 하운즈투스(Operation Houndstooth) 이론을 제시하였는데, 영재아의 낙관주의와 도덕적 용기, 인간문제에 대한 감응, 최상의 호기심과 내적 동기, 앞날에 대한 명확한 비전 같은 비인지적, 비학문적 측면이 더해져야 영재성이 최적으로 발현된다고 지적하였다. Lubinski와 Benbow(2000) 역시 성인들의 지적 능력 발달에 대한 Ackerman의 PPIK(Intelligence as Process, Personality, Interests, Knowledge : 과정으로써의 지능, 흥미, 지식) 이론을 제시하면서 아동들의 경우도 유사하게 인성과 흥미 요인이 그들의 영재성 발달에 결정적인 역할을 함을 제시하였다. 그렇다면 영재성 발달에 영향을 주는 비인지적 요인 중 가장 결정적인 요인들은 어떠한 것이며, 이러한 비인지적 요인은 생득적인 측면과 습득적인 측면 중 어느 것이 더 중요한가? 영재성의 정의 및 개념과 관련하여 몇 가지 핵심적인 의문점을 제시하면 다음과 같다. 영재성의 영역 특수적 접근이 최근 연구의 경향임에도 불구하고 영역별 영재성의 정의에 대한 언급은 여전히 부재하다. 영재성의 정의와 개념은 영역적 고려 없이 영역 일반적으로 이루어지는 것이 보다 타당한 접근인가? 혹은 영재성의 정의가 지금의 거시적 접근에서 보다 구체적으로 개념화될 수 있는가? 왜 유사한 유전적 배경과 환경적 경험을 갖고서도 아동들의 학습 동기, 창의성 등에 뚜렷한 차이가 존재하며 그 이유는 무엇인가? 왜 영재교육을 받고도 평범해지는 아동이 다수 있는 반면, 어떤 아동들은 영재교육의 경험 없이도 뛰어난 성취를 이루는가? 조숙성은 영재성이 발현되는 데 필수적 요인인가? 창의적 혹은 생산적 행위는 모든 영재성의 필수요소인가? 혹은 이는 그 자체로 일종의 영재성으로 인식되어야 하는가? 적절한 교육적 개입 없이 영재성은 사라지는 것인가? 혹은 내재적으로 잠재되어 궁극적으로 실현되는 것인가? 미성취 아동은 영재아동으로 인식되어야 하는가? 혹은 가시적으로 영재성을 드러내는 아동들만을 영재아동으로 인식하여야 하는가? 과연 몇 퍼센트의 아동을 영재아동으로 판별하는 것이 바람직한가?

어느 시대와 사회이건 영재성의 정의는 그 시대와 사회의 철학과 변화상을 동시에 반영하여야 한다. 또한 영재성과 관련하여 일반적인 진리와 사실에서 벗어나지 않되, 그 사회의 특수한 교육문화적 상황에 기반한 연구결과를 반영하여야 한다. 미국영재학회는 영재성 개념과 정의만을 연구하는 분과(Conceptual foundation division)를 둘 정도로 영재성의 개념과 정의에 대하여 많은 관심을 보이고 있고 그에 대한 연구도 계속하고 있다. 한 예로 미국 영재교육의 대표적인 저널 중 하나인 『Roeper Review』는 2006년 28호를 영재성의 개념적 토대 구축에 관한 특별호로 꾸몄다. 영재성의 개념적 토대 구축은 영재성의 이론적, 개념적, 철학적, 역사적 측면을 공고히 하며 영재교육의 정체성 확립 및 현재와 향후의 방향 설정에 지대한 영향을 미친다. 이러한 맥락에서 살펴볼 때 상대적으로 우리의 경우는 영재성의 개념 및 정의에 대한 반성적 고찰에 대한 연구가 거의 이루어지지 않는 실정이라고 볼 수 있다. 영재교육의 출발은 영재에 대한 개념화에 있다. 우리나라 영재교육진흥법에 나타난 영재교육 대상자는 '지도력' 등의 개념이 빠지기는 하였으나 미국 교육부의 영재의 개념과 큰 차이가 없고, 최근의 영재교육에 관한 논의에서 일반적으로 받아들여지고 있는 개념에 상당히 접근되어 있다고 볼 수 있다. 특히 신체적 재능, 기타 특별한 재능의 항목을 영재의 개념 속에 포함시킨 것은 단선적인 개념에서 복합적인 특성화 개념으로의 진일보라고 할 수 있다. 아직 일반 지능, 특수학문 적성, 창의적 사고력 등등의 단순한 나열보다는 제시된 개념들이 어떤 내적 타당성을 갖는지에 대한 논의가 과제로 남아 있는 듯하다. 영재에 대한 개념이 좀 더 구체적으로 명료화될 때 한국에서의 영재교육의 방향은 더욱 분명해질 것이다. 영재교육진흥법에 제시되어 있는 우리의 영재아에 대한 정의 및 영재성의 기본적 개념과 정의에 대한 지속적인 고찰, 수정, 보완 작업을 통해 영재성의 보편적 토대 위에 우리의 고유한 교육문화적 특수성이 반영된, 우리의 다양한 영재성의 정의와 체계적인 연구들을 통해 보다 활발히 연구되기를 기대한다.

지금까지 2000년 이후 국내 영재교육 연구의 경향과 흐름에 대해 살펴보았고, 앞으로 이루어지기를 기대하는 몇 가지 연구의 방향에 대하여도 제시해 보았다. 이러한 연구가 활성화되기 위해서는 개인의 노력도 중요하지만, 정부 차원에서 영재교육 연구를 위한 지원이 전폭적으로 이루어질 때 보다 장기적이고 종합적이며 체계적인 연구가 가능할 수 있다. 미국은 영재교육법안(The Jacaob K. Javits Gifted and Talented Students Education Act, 1988)을 통해 27개 주에서 46개의 영재교육 관련 연구를 위한 프로젝트를 집중적으로 지원하였고, 이와 유사한 대규모의 영재교육 기초연구를 위한 지원이 지속되고 있다. 미국의 국립영재연구소(National Research Center on the Gifted and Talented)도 이 Javits 연구기금의 지원으로 설립된 것이었다. Javits 연구기금으로 영재교육 관련 기초연구, 교사의 전문성 신장을 위한 사업, 선발 모형 개발, 프로그램 개발 등의 사업들이 3년 동안의 프로젝트로 진행된 것도 수개월, 길어야 1년 단위의 정부지원 연구 프로젝트들이 대부분인 우리의 상황에 시사하는 점이 크다고 본다. 연구가 체계적으로 기획되고 진행되며 문제점을 도출하고 도출된 문제를 보완하고 성과를 이끌어 내기 위해서 중장기적인 정부 차원의 행정적·재정적인 지원 의지가 중요하며, 또한 이러한 정부의 지원 의지를 이끌어 낼 여러 개인 연구자들의 영재교육 기초연구 활성화를 위한 노력 역시 중요할 것이다. 이 연구의 마지막에서는 지난 7년간의 영재교육 관련 연구에 대하여 살펴보았다. 앞으로 7년 후의 영재교육 관련 연구는 영재교육 영역의 두 전문학술지인『영재교육연구』와『영재와 영재교육』의 한국학술진흥재단 등재후보지 선정, 영재교육 연구를 위한 전문 인력의 양적 확대와 질적 성장, 영재교육 전공 대학원의 활성화, 영재교육 기초연구를 위한 인식 및 지원 확대 등으로 그 내용과 방법론상에서 괄목할 만한 성장을 거둘 것으로 기대한다.

참고문헌

조석희(2002). 우리나라 영재교육의 현황과 필요성. 인천대학교 과학영재교육연구소 개소식 발표자료집.

Barone, D. (2003). Turning the looking glass inside out: A gifted student in an at-risk setting. *Gifted Child Quarterly, 47*(4), 259-271.

Brody, L. E. (Ed.). (2004). *Grouping and acceleration practices in gifted education.* Thousand Oaks, CA: Corwin Press.

Coleman, L., Sanders, M., & Cross, T. (1997). Perennial debates and tacit assumptions in the education of gifted children. *Gifted Child Quarterly, 41*, 105-111.

Cross, T., Stewart, R., & Coleman, L. (2003). Phenomenology and its implications for gifted studies research. *Journal for the Education of the Gifted, 26*(3), 201-220.

Delcourt, M. A. (1994a). *Evaluation of the effects of programming arrangements on student learning outcomes*(Research Monograph 94108). Storrs, CT: The University of Connecticut, The National

Research Center on the Gifted and Talented.

Delcourt, M. A. (1994b). *Qualitative extension of the learning outcomes study*(Research Monograph 94110). Storrs, CT: The University of Connecticut, The National Research Center on the Gifted and Talented.

Landrum, M. S., & Shaklee, B. (Eds.). (1998). *Pre-K-12 gifted program standards*. Washington DC: National Association for Gifted Children.

Lubinski, D., & Benbow, C. P. (2000). States of excellence. *American Psychologist, 55*, 137-150.

Reis, S. (Ed.). (2004). *Essential readings in gifted education*(series introduction). Thousand Oaks, CA: Corwin Press.

Renzulli, J. S. (2002). Expanding the conception of giftedness to include co-cognitive traits and promote social capital. *Phi Delta Kappan, 84*(1), 33-58.

VanTassel-Baska, J. (2006). A content analysis of evaluation findings across 20 gifted programs: A clarion call for enhanced gifted program development. *Gifted Child Quarterly, 50*(3), 199-215.

10

과학영재교육원을 통해서 본 영재교육의 가능성과 한계[1]

서 론

> 영재란 거의 모든 아이가 알고 있는 것, 당연한 것부터 생소한 것까지 캐묻고 알고자 하는 흥미와 의욕을 가지고 그것을 붙들고 늘어질 수 있는 능력이다. 나는 영재라 하기엔 지나치게 사회에 잘 적응하였다. '예술가의 넓이, 학자의 지식, 철학자의 깊이' 이 모든 것이 열정 안에 어우러지는 순간, 또는 이것을 추구하는 순간 그 사람은 영재다.
>
> ―지구과학 심화반 경미[2]의 노트에서[3]―

    교육은 흔히 사람을 만드는 일이라고 한다. 그 말은 분명 사람의 모습으로 태어나지만 교육을 통해 '사람다운 사람' '더 나은 사람'이 된다는 뜻일 것이다. 그렇다면 영재교육은 교육을 통해서 영재를 '영재다운 영재' '더 영재성이 심화된 영재' '더 나은 영재'로 만들 때 그 목적을 달성하는 것이다. 영재에 대한 명확한 합의조차 이루어지지 않은 시점에서 혹자는 '누가 영재

---

1) 한기순(2006), 과학영재교육원을 통해서 본 영재교육의 가능성과 한계, 교육인류학연구, 9(1), 123-151의 내용을 일부 수정하여 수록하였음.

2) 논문에 실린 기관명과 인명은 모두 가명을 사용하였음.

3) 영재교육원생의 노트와 연구일지는 교육원과 영재원생의 허락을 얻어 연구에 참조하였음.

다운 영재'이며 '무엇이 영재교육다운 것인가'라는 의문을 제기할 수도 있겠지만, 문헌과 전문가들의 목소리를 통해 공통된 상을 찾아볼 수 있으며, 영재교육 현장에 종사하는 사람의 목소리를 통한 가늠도 가능할 것이라고 생각한다.

영재교육은 21세기 교육의 새로운 관심 영역으로 부상하고 있고 과학기술부와 교육인적자원부로부터 수백 억 원이라는 막대한 예산이 영재교육 관련 사업에 지원되면서 우리 사회에서는 영재교육이 활발하게 이루어지고 있으며 앞으로 더 확대될 것이다. 2002년 영재교육진흥법의 통과로 과학영재학교가 설립되었고, 1998년에 7개로 시작한 대학 부설 과학영재교육원이 2005년에는 25개로 확대되었으며, 각 시·도 교육청별로 영재학급과 영재학교 등을 운영하여 영재교육이 본격적으로 시행되고 있다. 이러한 시점에서 진정한 영재교육이 무엇인가에 대한 논의가 영재교육이라는 명칭으로 수행되는 교육이 일류 대학을 목적으로 하는 또 하나의 입시 전쟁이 되지 않기 위해 매우 절실함에도 불구하고 이에 대한 고찰은 매우 부족한 형편이다(김태련, 김정휘, 조석희, 2004; 조석희, 2004).

실제로 영재교육은 우리가 인식하는 것에 비해 그 역사가 짧지 않다. 우리나라에서 영재교육에 관심을 갖기 시작한 것은 1974년 고등학교 평준화 정책을 실시한 지 7년이 경과된 1980년대 초반이라고 볼 수 있다(박성익 외, 2003). 1980년대 시작된 영재교육 기초연구와 정책개발연구를 토대로 과학고등학교 및 일반 고등학교에 영재반이 설치·운영되었다. 과거에도 현재에도 영재교육의 목적은 학생의 개인차를 고려한 프로그램 제공에 기본 취지를 두고 있다. 이러한 교육의 기본 취지에 따라서 영재에게 그들의 잠재력과 재능을 최대로 계발시켜 줄 영재교육 프로그램을 제공하는 것이 영재교육기관의 최대 목적이며 동시에 난제다.

이러한 영재교육의 난제는 우리나라 교육 체제의 최대의 난제와 밀접한 관련이 있는데, 이는 무엇보다 성적이나 점수가 지배하고 지위 획득을 목적으로 하는 교육 현실의 극복이라 할 수 있다. 우리나라에도 상당수의 인재가 있으나 현재의 교육 내용과 방법은 그들의 능력을 사장시키고 있다는 지적이 적지 않다(김재은, 1994). 실제로 OECD의 2000년 '학업성취도 국제 비교연구(PISA)'에 따르면 27개 회원국 중 우리나라가 과학 소양 조사에서 1위를 차지하였다. 그러나 국가별 상위 5% 집단의 점수를 비교한 결과에서, 우리나라는 5위를 차지해 다른 나라에 비해 최상위권 학생의 수준이 상대적으로 뒤처져 있음을 보여 주었다. 이러한 사실은 우리나라의 과학영재교육의 문제점을 보여 주는 것이며, 난점 극복의 대안으로 최근 영재교육의 중요성이 새롭게 인식되고 있는 것이다. 참영재교육이 실현되기 위해서는 영재가 학업성적이 우수한 수재와는 다르다는 인식에서 출발하여야 하며 그들에게 맞는 교육환경의 조성이 무엇보다 중요하다는 데 뜻을 함께하여야 한다(Hertzog, 2003). 영재교육이 영재성 '확인'에 필요한 것이 아니라 영재성 '계발'에 필요한 것이라는 데 의식을 같이한다면 진정한 의미의 영재교육 실현을 앞당길 수 있을 것이다.

  그렇다면 현재 영재교육이라는 명칭 아래 활발하게 이루어지고 있는 교육은 어떻게 수행되고 있는가? 영재교육은 어떠한 의미를 가지며 어떠한 모습과 형태로 차별화되고 있는가? 이 연구는 이러한 문제의식에서 출발하였다. 영재교육이 실제로 어떻게 이루어지고 있는지 그 안을 들여다보는 것은 실로 중요한 작업이다. 사실 전국 대부분의 영재교육기관이 베일에 싸여 있다 해도 과언이 아닐 정도로 영재교육이 어떻게 이루어지고 있는가에 관한 보고는 거의 전무하다. 영재교육기관의 교육 내용, 수업방식, 가르치는 사람과 배우는 사람의 생각과 의견은 거의 공개되지 않아 때로는 지나친 기대를, 때로는 오해를 불러일으킨다. 지금까지 우리나라의 영재교육은 법을 제정하고 기관을 선정하는 등 외형적 형태를 갖추는 하드웨어의 구축에 집중해 왔다. 따라서 다양한 형태로 이루어지는 영재교육의 내부를 들여다볼 여유를 갖지 못한 채 앞만 보고 달려 온 것이다. 또한 영재교육에 관한 연구의 대부분은 정책 및 체제 개발, 프로그램 개발 등 영재교육의 단면을 밝히는데 치중해 왔으며, 영재교육의 현장에서 인식되는 영재교육의 교육적 의미와 기능이 심층적으로 체계적이고 종합적으로 연구되지 못하였다. 특히 질적인 접근을 통하여 그 내면의 실상을 면밀히 탐색해 보려는 시도가 거의 전무하다. 외국의 경우 영재아와 영재교육에 대한 질적 접근을 통해 영재교육 현장의 내면을 심층적으로 이해하려는 노력이 증가하고 있으나(Cross, Stewart, & Coleman, 2003; Hertzog, 2003; Mendaglio, 2003; Neumeister & Hebert, 2003; Peine, 2003), 우리나라는 영재교육에 대한 질적 연구가 거의 전무하다. 새로운 교육적 실험이 이루어질 때마다 그 가능성과 한계에 대한 활발한 연구가 뒤를 잇는 선진국 교육학계의 풍토에 비추어 보면 이는 매우 특이한 현상이라 할 수 있다(예, Woods, 1996).

이제 한국 사회에서 다양한 모습과 형태로 펼쳐지고 있는 영재교육의 내부를 심층적으로 점검해 보고 이것을 토대로 본격적으로 이루어질 영재교육에 운영의 묘를 더할 필요가 있다. 이 연구는 바로 이러한 문제의식에 입각하여 영재교육의 그 가능성과 한계에 관한 문화기술적 연구를 수행하였다. 이 연구에서는 영재교육의 이름하에 어떠한 사람이 어떠한 사람을 어떠한 방식으로 가르치고 있는가에 주목하였다. 무엇보다 영재교육이 표방하는 일반교육과의 차별성에 주목하여 영재교육의 논리, 실제, 가능성 그리고 그 한계점까지 심층적으로 살피려고 하였다.

연구방법

영재학자들은 영재교육이 다른 학문 분야와 비교하여 상대적으로 새롭거나 대안적인 연구 철학이나 방법을 선택하는 데 뒤처져 있음을 날카롭게 지적한다(Coleman, Sanders, & Cross, 1997; Cross et al., 2003). 영재교육의 대상이 극소수이고 학생의 개인차가 매우 커서 일반화하기가 어려운 특성상, 영재교육의 현상과 그 내부의 학생과 교사의 문제의식을 질적으로 접근하려는 시도가 외국에서는 최근에 종종 시도되고 있으나 타 분야와 비교해 보면 여전히 제한적이다(Barone, 2003). 국내에서는 영재나 영재교육에 대한 질적 접근이 거의 전무한 형편이다. 영재교육을 질적 연구 측면으로 접근한 외국 연구의 예를 살펴보면, 영재교육 대상자 50명에 대한 집중적인 면담을 통해 영재교육의 효과성을 진단하거나(Hertzog, 2003), 3명의 영재교사를 대상으로 효과적인 영재교사의 특성을 파악하거나(Han, 2002), 교육 현장의 관찰을 통해 영재교육이 어떠한 모습으로 이루어지고 있는가(Delcourt, 1994)를 이해하려는 움직임 등이 있어 왔다. 그러나 이러한 영재교육 현장 내부의 현상에 대한 이해가 외국 연구에만 치중해 있다 보니 한국이라는 독특한 교육적 상황에 적용 가능성이 극히 제한적이었다.

어떠한 현상을 효과적으로 이해하기 위한 한 가지 방법은 현상 속에 들어가 장기적으로 참여하고 관찰하고 그 내부의 사람과 그들이 생각하는 것과 인식하는 문제를 의사소통하는 것이다. 이것을 전제로 하여 이 연구는 문화기술적 방법(ethnographic method)에 의존한다. 이 연구에서 다루는 문제는 그 성격상 사변적 논의와 통계적 분석보다는 사람의 일상적인 언어와 행동을 최대한 그들의 관점에서 읽고 해석하는 접근을 요청한다(조용환, 2003). 문화기술적 연구의 가장 큰 특징은 연구하려는 현상을 연구자가 직접 보고, 듣고, 느끼는 체험을 통해 연구의 일부분이 되어 연구하는 데 있다. 그리고 현상을 조작적으로 분리하여 변수화하지 않고 총체적으로, 그리고 구체적인 맥락 속에서 최대한 '있는 그대로'를 다룬다.

이 연구에서는 영재교육이 활발하게 전개되고 있는 A 대학 부설 과학영재교육원(이하 A 영재교육원)을 선정하여 일정 기간 참여 관찰하고 그 기관의 교수, 교사 및 영재교육원생 등의 구성원과 심층적으로 면담하는 방법을 채택하였다. 이 연구에서는 관찰하려는 영재교육기관의 특성이 그 기관 구성원들 특유의 사고방식, 생활방식, 교육방식을 통해서 드러난다고 전제한다. 영재란 이름으로 선발된 학생과 그들을 지도하는 사람의 실제 목소리를 통해서 영재학생의 영재성과 영재교육의 의미를 모색하려는 것이 이 연구의 최대 목적이자 이유다. 따라서 이 연구에서는 영재교육의 참여자인 영재교육원생과 교육원 참여 교수의 심층 면담을 인용하여 요점을 설명하려고 노력하였다. 현 영재교육을 가장 잘 이해하려면 가르치고 배우는 사람에게 묻는 수밖에 없다는 취지이기도 하다. 이 연구는 엄밀한 비교 기준을 설정하여 일반교육과 영재교육의 차이점을 비교 분석하지 않았다. 이 연구의 관찰은 영재교육에 국한되어 이루어질 예정이지만 영재교육기관 교사나 영재원생의 말과 행동 안에 내포된 일반교육의 시각과 해석을 고려한다면 어느 정도 비교교육학적인 가치를 내포하고 있다고 볼 수 있을 것이다.

A 영재교육원은 졸업생의 상당수가 과학고등학교나 과학영재학교로 진학하고 있다. A 영재교육원에서는 수학, 물리, 화학, 생물, 지구과학, 정보 등의 6개 분과에서 기초 과정과 심화 과정, 그리고 사사 과정 원생을 포함하여 약 300여 명의 중학교 1, 2, 3학년생이 교육을 받고 있다. 이들은 매주 토요일 방과 후 3~5시에 A 대학에서 영재교육을 받고 있다. 이들을 지도하는 사람은 대부분이 이 대학의 교수이고 인근 지역 중·고등학교 교사도 영재 수업에 참가하고 있다.

이 연구는 A 영재교육원의 사례를 중심으로 다루었지만 사례의 특수성보다는 영재교육을 총체적으로 이해하는 데 더 초점을 두었다. 이 연구에서는 각 분과별로 이루어지는 교육원의 프로그램을 2004년 1학기 교육기간인 5~7월의 12주 동안과 2학기 교육기간 중 9~12월 중순의 14주 동안(총 26주) 22차례에 걸쳐 참여 관찰하였다. 참여 관찰의 기간과 방식은 분과의 사정에 따라 차이가 있었다. 수학, 물리, 화학, 생물, 지학 분과에서는 각각 4차례씩(총 20차례), 그리고 정보 분과는 2차례에 걸쳐 참여 관찰이 이루어졌다. 참여 관찰은 주로 수업시간에 집중적으로 이루어졌으며, 이 밖에도 하계 캠프, 운영위원회, 학부모 모임 등에 참석하여 자료를 수집하였다. 참여 관찰과 함께 같은 기간에 교육원의 교수와 원생을 대상으로 설문과 공식적, 비공식적 면담을 병행하였다. A 영재교육원에서 활발하게 교육에 참여하고 있는 10명의 교수를 면담하였고 50명의 영재원생을 심층 면담하였다. 그중에는 두 번 이상 만난 사람도 있다. 공식적 면담은 주로 수업 전후에 개별 약속으로 이루어졌으며 나의 연구실과 교실, 교육원 회의실에서 실시되었다. 대부분의 공식적 면담은 개인 면담의 형태로 이루어졌으나 원생 면담의 경우 원생의 여러 가지 사정으로 2~3명씩의 집단 면담이 실시되기도 하였다. 10명의 교수와 30명의 원생을 직접 면담을 하였으며 나머지 면담은 훈련을 받은 대학원생과 연구보조원이 책임 연구자의 감독 아래 실시하였다. 각 면담은 30분에서 2시간 정도 걸렸다. 비공식적 면담은 교육원과 관련한 다양한 문제에 관하여 교수, 원생 그리고 학부모와의 가벼운 대화 형태로 진행되었다. 면담의 내용은 오디오테이프로 녹음한 다음 문자로 옮겨 분석 자료로 삼았다. 그들의 이야기에서 불필요한 내용이나 반복적인 내용은 삭제하였고, 원생의 양해를 받아 문장을 정리하여 논점을 명확히 만들기도 하였다. 관찰과 면담 외에 교육원의 교육과정, 교재, 교수-학습 자료, 안내문, 홈페이지, 소식지 등이 분석 자료에 포함되었다.

연구결과

영재교육원의 가능성 – '영재교육다움'에 대하여

저도 제일 처음에 영재센터에 지원서를 내면서 '도대체 영재가 뭘까?' 하는 의문을 많이 가졌어요. 그리고 꼭 수학, 과학 정보 쪽에만 영재가 있는 것도 아닌데 왜 이쪽만 영재를 뽑는 건지, '영재'라는 타이틀을 달 만한 실력이란 게 과연 어느 정도인지 의문을 가지던 중, 어느 날 갑자기 '너 영재센터 와'라는 말을 들었어요. 그 당시 전 분명히 제가 영재라고는 믿지 않았습니다. 저보다 뛰어난 사람이 한둘이 아니라는 걸 알고 있었기 때문이지요. 처음 면접날 저와 새로운 친구가 될 물리 '영재'가 모였습니다. 물론 큰 학원을 전혀 안다닌 저로서는 모두가 새로운 얼굴이었습니다. 그들과 토요일마다, 그리고 방학마다, 어느 한자리에 모여서 무언가 실험하고 토론하며 저와 같은 '영재반' 친구들은 하나둘 변해 가고 있었습니다. 겉으로 드러나지는 않았지만 그들의 머리는 혼자서 하는 건지 학원에 의존해 있는 건지는 몰라도 분명히 보다 '과학적'이 되어 가고 있었습니다. 실험하며 서로 토론하는 사이 그 토론하는 말투가 조금씩 논리적으로 변해 가고 과학적 지식이 오고 가고 심지어는 친구의 인생 철학까지도 조금씩 들을 수 있었습니다. 그래서 이 영재센터를 수료할 즈음 상당수의 친구들이 새로운 현상에 대해 새로운 해결책을 단숨에 제공해 낼 정도로 달라져 있었습니다. 이는 물론 영재센터의 프로그램 교육을 받으며 달라진 머리도 있었지만 무엇보다도 중요한 것은 충분히 영재가 될 수 있는 학생끼리의 집단에서 자신의 위치가 어느 정도인지 알고 거기서 열등감과 우등감을 느끼며 밤마다 고민하고 울고 뒹굴고 '나도 저들을 뛰어넘을 수 있다'는 희박한 자신감에 사로잡혀 밤을 새던 날이 그렇게 1년을 보내게 만들어 주었던 것입니다. 그렇게 1년이 지나 수료를 하고 저희는 중3이 되었습니다. 분명히 그 친구들은 달라졌습니다. 영재가 아니었던 친구도 그 친구들과 함께 토론하며 자신도 모르게 '영재'에 가까워졌습니다. 저 또한 그랬습니다. 그들과 어깨를 나란히 하고 싶은 허황된 욕심에 저도 모르게 제 손엔 하이탑 물리2와 일반물리학, 그리고 수2 정석이 잡혀 있었습니다. 그 '영재' 친구들은 서로 약속이라도 한 듯이 수많은 수학과 과학 경시대회에서 금상, 은상, 심지어는 대상에 이름을 새겨 넣었습니다. 저도 대항이라도 하듯이 같은 명단에 제 이름을 넣어 갔습니다. 비록 그들보다 좋은 색깔은 아니었지만…. 아직도 저는 '영재'가 과연 무엇인지 정확히 설명해 낼 수 없습니다. 하지만 한 가지 확신시켜 드릴 수 있는 것은 여기서 같이 실험하고 탐구하고 같이 놀았던 친구들 모두가 '영재'라는 것입니다. 그토록 언론들이 다루어 왔던 나이에 걸맞지 않은 뛰어난 실력을 지닌 '영재'가 아니라(물론 그런 친구들도 있습니다) (중간 생략) '영재'가 과연 무엇일까? 나도 과연 '영재'인가? 나도 '영재'가 될 수 있을까? 그리고 여기 친구들은 다 '영재'인가? 이런 물음을 끝없이 달래며 낮에는 친구들과 함께 탐구하고 때로는 같이 놀고 밤에는 친구들보다 더 뛰어난 '영재'가 되고 싶은 욕심에 책을 잡아도 열등감에 사로잡혀 흐느껴 대는 그때 그 물리반 친구들이(아마 모든 영재반 친구들이) 모두 '아름다운 영재'라는 것을….

—A 영재교육원 홈페이지 한 원생의 글 중에서—

생각을 키우는 교육 Whitehead(1967)는 박식함에 그치는 인간은 이 지상에서 가장 쓸모없는 인간이라고 지적하였다. 그는 교육의 목적이 학생의 자기 능력 계발을 북돋아 주고 이끌어 주는 데 있으며, 죽은 지식, 즉 생기 없는 관념(inert ideas)은 아무런 값어치가 없다고 하였다. 그가 강조하는 교육받은 인간은 관념을 반성적으로 음미할 줄 알고, 구체적 상황에서 응용할 수 있으며, 생활과 경험의 많은 영역에서 서로 연관시킬 줄 아는 인간이다. 또한 자기가 배운 것을 단순히 반복하지 않으며, 관념을 재배열하여 무엇인가를 창조해 낼 수 있는 인간이다. Whitehead가 추구하는 교육의 목적은 모든 교육 현장에 해당될 수 있지만 A 영재교육원의 교육 목표와 정확하게 일치한다. 학교교육이 무너졌다는 것이 이 나라의 상식이 되어 버린 현실에서, Whitehead가 말한 것처럼 교육은 하되 "아무것도 뒤따라 나오는 것이 없다."라는 것이 실상이 되지 않기 위해, A 영재교육원은 '사고하는 힘, 지식을 익히는 것이 아니라 활용하는 방법을 체득케 함'을 최고의 교육 목표로 삼고 있다.

영재교육원에서는 답을 알려 주지 않고 실험을 통해 결과를 보고 그것을 통해서 원생 스스로가 유추해 내는 방식으로 수업을 진행한다.[4] 이곳에서는 정답이란 것이 거의 없다. 생각을 하지 않으면 수업에 참여할 수 없다. 이곳의 수업은 생각하는 것으로 진행되며 학생은 생각하는 방법을 배운다. 정답을 제시하지 않고 실험의 방법과 절차도 알려 주지 않으며 나름대로 실험을 진행하여 스스로 이끌어 낸 결론을 토대로 생각하여 보고서를 작성하게 하므로 수업의 처음부터 끝까지 스스로 생각하지 않을 수가 없다. 원생은 한마디로 '깊이 파고드는 수업'을 하였다고 이야기하고 이것이 학교나 학원 수업과의 가장 커다란 차이점이라고 덧붙인다. 본인 수업의 특징이 무엇이냐는 질문에 물리반 박 교수는 "뭔가를 '안다'는 것은 잡다한 지식을 많이 가지고 있는 것과는 구별되는 것이며 안이하게 알고 있다는 것은 실상은 아무것도 모르는 것과 유사한 것이나 우리는 모르며 '알고 있다'고 생각하는 오류를

---

4) 실제 영재교육원의 수업내용과 방식에 대한 자세한 묘사와 진술은 이 논문의 범위를 넘어섬. 이에 대한 자세한 내용은 Han, K. S. (2004). Why & how we apply PBL in science-gifted education? 아태영재학회 발표 논문 참조.

너무 자주 저지르고 있다."라고 말하였다. 그는 수업을 통해 원생이 진실로 아는 것은 무엇을 의미하는지, 지식과 상식은 어떻게 구분되는지, 진정한 과학적 태도란 무엇인지에 관해 이해할 수 있도록 하는 것이 자신의 수업에서 가장 중요한 목표라고 말하면서 하지만 그것이 쉽지 않다고 덧붙였다. 다음은 수업 후 원생들과의 자유토론 시간의 대화 내용이다.

연구자: 교육원 수업은 어떻게 도움이 된다고 생각하나요?

정규: 솔직히 많은 도움이 됐죠. 사고력을 키우는 것이 좋았어요. 어떠한 사물을 봤을 때 깊게 생각하고 여러 가지 생각을 많이 하게 된 것 같아요. 시험을 보더라도 추론을 하면서 시험을 볼 수 있어요.

현주: 이곳에서는 학교 선생님이 지시한 대로 무작정하는 것이 아니라 스스로 생각하여 실험방법을 찾아내야 해요. 학교수업과는 다르죠. 주제 있고 깊이 있는 학습이 이루어진다고 할 수 있지요. 끊임없이 생각하는 습관이 생겼어요.

양미: 여기서 수업을 받으면서 구체적으로 공부를 할 수 있게 되었어요. 뭘 해야 되는지 파악이 된다고 할까요?

성해: 현상에 대하여 단계별 접근하는 능력이 길러졌고 한 현상의 다른 면을 보는 시각이 생겼어요.

윤철: 생각하는 방법을 배웠어요. 여기서는 평상시에는 생각하지 않았던 것을 생각하게 해 주어요.

원생들은 영재교육원을 통해 가장 발전된 부분으로 단연 사고력과 창의력, 그리고 과학적 탐구 능력의 향상을 꼽았다. 이곳에서의 수업은 원생들이 심도 깊은 문제와 평소에 생각해 본 적이 없는 것을 생각할 수 있게 해 줌으로써 이러한 능력의 향상을 꾀한다. 이론적으로만 생각하던 것을 다양한 상황에서 직접 적용하고 검증하는 일련의 활동이 원생의 생각하는 폭을 넓혀 주는 것이다. 교사는 수업을 통해 한 가지 관점이 아닌 다양한 관점으로 사물을 바라볼 것을 끊임없이 요구하며, 다양한 방법으로 문제를 해결할 수 있다는 것과 그것이 더 효과적이라는 것을 일깨워 준다. 수업시간 내내 물리반 박 교수는 "왜 그렇게 생각하니?" "뭐 다른 방법은 없을까?" "이렇게 생각해 보는 것은 어떨까?"라는 질문을 반복한다. 끊임없이 주어지는 질문과 좀 더 깊이 생각해 보라는 요구에 원생은 사소한 것부터 복잡한 것까지 많이, 그리고 깊이 생각하는 습관을 기르게 되었다. 이곳의 원생은 평소에도 집중력이 매우 뛰어난 학생이라고 할 수 있는데, 이곳에 와서는 집중을 넘어 소위 '몰입'의 즐거움을 느끼고 더 깊이 몰입할 수 있게 되었다고 이야기한다.

물론 이러한 변화가 교육원의 모든 원생에게 나타나는 것은 아니다. 그러나 일부라 하더라도 생각하는 능력의 향상, 특히 창의적으로 생각하고 과학적으로 생각하는 능력의 향상은 매우 주목할 만하다. 창의적으로 생각하고 문제를 해결하는 능력을 계발시켜 주는 것은 영재교육이 추구하고 지향하는 가장 중요한 목표다(Han & Marvin, 2002; Han, 2003, 2004; Borland, 2004). 그러나 현재의 영재교육이 그 면밀한 실체가 가려진 채, 지식 위주로 편협하게 이루어지고 창의성의 계발에는 적절하지 않다는 세인들의 피상적 평가와 판단을 고려할 때 이러한 영재원생들의 목소리는 괄목할 만하다.

차별화된 교육 영재교육원의 교육이 원생이 접하고 있는 기존의 다양한 형태의 교육과 차별화되는 측면은 여러 가지로 볼 수 있다. 교수자, 학습자, 교육 내용, 학습환경 등등에서 확연한 차별성이 나타나는 변인이 바로 학습환경이다. 영재교육을 대학에서 실시하는 가장 큰 이유도 이 때문이다. 학교에서는 하기 힘든 다양한 실험을 할 수 있는 대학의 좋은 시설과 대학의 우수 인력을 활용할 수 있다는 사실은 교육원 영재교육을 가장 차별화시키는 측면이고, 이는 교육청의 영재교육원과 대학 부설 영재교육원이 가장 차별화되는 점이라는 데 별다른 이견이 없다. 원생도 단연 이 점을 영재교육원이 학교나 학원과 가장 차별화되는 점으로 들고 있다. 이곳에서는 과학을 좋아하지만 여러 가지 현실적인 요건으로 평소에 과학 실험에 목말라 있던 학생에게 실컷 실험할 수 있는 기회를 제공해 준다. 교육원에는 학교나 학원에서 책으로만 배운, 평소에 보기 어렵거나 구하기 어려운 실험 도구가 있고 이러한 도구를 사용하여 실험을 일상적으로 할 수 있다. 쉽게 접할 수 없는 고가의 장비를 직접 작동해 보고 실험에 활용하며 최신 과학 이론을 다룬다. 이곳은 원생 수가 적어 실험 기회가 골고루 주어지고 관심 분야의 궁금한 점에 대하여 실험을 통하여 해결할 수 있어 실험을 좋아하는 미래의 과학자에게는 더할 나위 없이 흥미로운 곳이다. 이러한 환경 조성은 과학을 눈으로만 보고 머리로만 생각하는 것이 아니라 손으로 느끼고 체험하며 작지만 실제적 성취를 경험하게 해 주므로 원생이 관련 분야에 자연스레 익숙해질 수 있는 계기를 마련해 준다.

A 영재교육원은 이제 개원 8년차를 맞이하면서 영재 수업에 노하우를 쌓은 교수가 많다. 영재교육에서 가장 중요한 세 가지 요건을 판별, 교육과정, 교사 변인으로 꼽는데 이 중에서도 교사 변인은 가장 중요하게 인식된다(박성익 외, 2003; 조석희, 2004). 풍부한 지식과 지적 경험, 과학적 사고방식을 지닌 교수와 원생과의 상호작용은 지식의 전달, 사고하는 방법의 습득을 넘어 하나의 역할모델로 작용할 수 있기 때문에 더욱 중요하다. 이와 관련하여 물리반 김 교수의 말을 들어 보자.

> 소프트웨어, 즉 교수의 참여가 크다는 것이 우리 교육원의 가장 큰 장점입니다. 다른 교육원과 '비교우위'가 중요하다고 봅니다. 우리 교육원의 경우 교수의 참여를 통해 운영의 묘를 꾀하려는 부분이 상대적으로 크지요. 교재가 아무리 좋아도 소프트웨어가 안 좋으면 효과가 없다고 봅니다. 그런 면에서 우리 교육원의 높은 교수 참여 비율과 그동안의 노하우의 축적은 매우 바람직하다고 봅니다.

환경이 이렇다 보니 당연히 학교와는 다른 형식의 수업이 진행된다. 틀에 박힌 수업이 아니라 친구, 조교, 교수와 한 가지 주제를 가지고 실험하고 동시에 활발히 토론하며 수업이 진행된다. '지나치게 많은 것을 가르치지 마라.' '가르쳐야 할 것은 철저히 가르쳐라.' 이 두 가지는 교육원 교수 간의 수업을 진행하는 암묵적 원칙이며 약속이다.

그러나 교육원 수업이 학교의 수업과 내용이나 방식 면에서 매우 다르다 보니 학교 성적 향상에는 직접적인 도움이 되지 않는다는 것이 대부분 원생의 의견이다. 실제로 교육원의 수업이 학교 성적이나 입시에 도움이 되지 않고 통학 시간이 길어 오고 가는 일로 오히려 학교 성적에 방해가 된다는(학교 시험기간에는 더욱 그렇다) 이유로 교육원을 자퇴하는 원생도 가끔 있다.

어느 교육원에서는 자퇴율이 상당히 높아 신문상에서도 한때 떠들썩한 적이 있기도 하였다.[5] 학부모나 교육원생 중 일부는 교육원의 수업이 실제 수업이나 입시에 도움이 될 수 있도록 조정을 요청하거나 그러한 방향으로 가기를 바라는 경우도 있지만 교육원 교수의 생각은 완강하다. 영재교육원 수학반 최 교수는 현행 영재교육이 '고급 과외'로 전락하지 않기 위해서나 지식 위주의 현 입시 체제를 중장기적으로 변화시키기 위해서는 교육원의 이러한 입장을 고수해야 한다고 주장한다. 학교 성적에는 그다지 영향을 주지 못하지만 원생도 교육원의 수업이 공식을 유추해 내고 방향을 설정하고 큰 그림을 볼 수 있도록 자신을 이끌어 준다고 말하면서 현행 방식의 유익성을 지적한다. 다음은 물리반 현성이의 면담 내용이다.

> 솔직히 교육원 수업은 학교수업이나 성적엔 별로 도움이 안 되요. 하지만 수업 외에는 도움이 되요. 물리는 공식이 있잖아요, 공식을 유추해 내는 데 미리 알고 있으니까 어떻게 유추해야 될지 방향을 잡을 수 있어요. 또 학교수업은 한 가지의 주제를 깊게 들어갈 수 없으니까 내용을 쓰고 정리하면 이해하는 것에서 끝나는데, 여기서는 이해하고 활용하고 그걸 친구들과 얘기하면서 한 가지에 대해 깊게 들어가니까 그런 점이 좋아요.

---

5) '과학영재교육이 흔들리고 있다'라는 매일신문 2003년 5월 9일 기사는 과학영재교육원이 창의성 계발에 목표를 두고 있으나 일부 학부모가 입시에 도움이 되지 않는다는 이유로 교육원을 중도에 포기하는 경우가 증가한다는 내용임.

자신감을 키우는 교육 사람이 살아가면서 자신에 대해 자신감을 갖는 것은 무엇보다 중요하다. 영재학자들은 영재아동의 낮은 자기효능감을 지적하면서 이들을 위한 사회, 정서 프로그램 제공의 중요성을 강조한다(Freeman, 2004). 낮은 자기효능감은 영재아동이 일반교육 내에서 영재성을 인정받지 못하여 지적으로 도전받지 못하는 경우, 이러한 문제에서 파생되는 우울감이나 거친 행동 때문에 문제아 취급을 받는 경우, 또는 자신의 능력보다 성취가 매우 낮게 나타나는 미성취 영재일 경우 특히 문제가 될 수 있다(한기순, 2003).

이러한 측면에서 영재교육원이 원생에게 제공하는 것은 지적인 도전만이 아니다. 이곳에서 아이는 자신감을 얻어 간다. 생물 심화반의 효경이는 교육원이 자신에게 준 가장 큰 선물이 자신감이라고 자신 있게 이야기한다.

> 자신감이요. 내가 교수님이랑 수업을 했고 똑똑한 교수님이 질문한 것에 내가 대답을 했다는 사실이 제게 자신감을 줘요. 우리 반에서 아니, 우리 학교에서 나 혼자 영재교육원에 오잖아요. 천여 명이 못한 것을 나 혼자 했다는 사실도 뿌듯하고요. 학교의 친구들은 바라보는 데가 다 틀린데, 여기의 친구들은 공감대가 형성되는 것 같아요. 나도 과학을 되게 좋아한다고 생각했는데 여기 오면 저보다 훨씬 잘하는 애들이 엄청 많고요, 가끔 애들과 얘기할 시간이 있으면 한 분야에 대해 깊이 얘기할 수 있으니까 좋아요. 그리고 서로 경시대회를 준비하면서 만나잖아요. 학교 애들은 이런 기분 모르는데 여기 애들은 서로 힘들다는 것을 알고 이해하니까 서로 도움이 되요. 공감대가 엄청 커요. KYST 가서 애들이 밤에 물리 문제 하나를 가지고 얘기를 하는데, 답이 틀리거나 말거나 자기 주장을 막 내세우면서 밤새도록 토론을 했는데 그런 것이 엄청 좋았어요.

교육원을 통해 원생은 내가 누구인가에 대해 좀 더 깊이 고민하게 되고, 나의 가치에 대해 긍정적으로 생각하는 계기를 마련하며, 나는 할 수 있다는 자신감을 부가적으로 얻는다. 학교에서 자신이 최고이고 전교 일등이라고 자부하던 학생만 모이다 보니 자만감으로 뭉쳐 있던 학생도 이곳에서 자신의 한계와 열등감을 경험하면서 겸허함을 배우기도 한다.

실제로 지역사회에서 서로 돕고 봉사할 줄 아는 겸손한 지도자의 양성은 교육원이 추구하는 중요한 목표이기도 하다. 온전한 자기 이해와 미래의 지도자로서의 자질 형성을 위해 교육원은 자연체험 활동, 개인 및 집단 상담 프로그램, 그리고 가정에서의 연계 교육을 위한 학부모 교육을 정기적으로 실시하고 있다. 원생은 교육원에 와서 지적으로 배우는 것도 크지만 교육원 활동의 대부분이 조별 활동으로 이루어져서 조원들끼리 합의된 의견을 도출해 내고 상호작용하는 과정에서 참을성과 협동심도 자연스럽게 배울 수도 있다고 말한다. 물론 이곳에서도 원생 간의 개인차가 있지만 학교에 비해 상대적으로 비슷한 수준의 학생끼리 모여 서로 실험하고, 경쟁하고, 성취하고, 실패를 거듭하면서 학교에서와는 다른 희열을 경험한다. "나와 비슷하거나 나보다 잘난 친구가 실패한 실험에 성공할 때, 이들과 함께 경시대회나 토론대회에 나가 함께 경쟁할 때, 이러한 대회를 위해 이들과 밤새 토론하며 과제를 해결할 때……. 이러한 일련의 경험들이 저 자신을 돌아보게 하고, 보다 긍정적인 자신을 찾게 하고, 저의 가치에 보다 건강한 의미를 부여하게 하는 것 같아요."라고 화학반 승희는 말한다. 원생의 이러한 자기이해와 자기발견을 통한 자신감 찾기가 영재교육원에서 받는 단편적인 지식의 전수보다 이들이 삶을 살아갈 때 어쩌면 더욱 소중한 무형의 지침돌이 될 것이라고 생각한다.

만남의 교육 영재교육원에 다니면서 원생이 느끼는 커다란 수확 중 하나는 단연 '인맥의 형성'이다. 비슷한 능력을 가진 친구를 만나 사귈 수 있고 이들을 통한 정보의 공유나 공부 방법의 터득, 그리고 눈에 보이지 않는 경쟁과 자극은 영재교육원을 통해 이들이 얻는 무엇보다 큰 도움이 된다. 영재학생에게는 교수와 수업하면서 얻는 도움이나 자극보다 오히려 또래 간에 상호작용하면서 느끼는 자극과 경쟁심이 이들의 영재성 계발에 더 큰 추진력이 되기도 한다. Hertzog(2003)도 영재교육이 기여하는 가장 큰 역할

중 하나가 교육을 통해 학생이 자신과 유사한 지적 능력과 흥미를 가진 동료를 만나는 것이라고 지적하였다.

자신과 비슷하거나 더 높은 수준의 친구를 만나서 함께 실험한 것, 이들과 토론하고 협력하여 문제를 해결한 과정 자체가 바로 희열이고 과학하는 과정임을 알게 되었다고 말한다. 또한 비슷한 꿈을 가진 친구와의 만남으로 고민을 교환하고 공감대를 형성하게 되는 것이 더 큰 교육이 되고 있는 것이다. 친구뿐 아니라 자신이 관심 있거나 전공할 분야에 대하여 정보를 제공해 줄 수 있고, 자문을 구할 교수와 대학생, 대학원생을 알고 있다는 것도 이들만이 향유할 수 있는 대단히 소중한 특권이다. 원생은 이곳에서 만난 교수와 친구들과 일회적인 인적 네트워크를 형성하는 것이 아니라 지속적으로 관심사와 정보를 공유할 인적 인프라를 구축하고 있는 것이다. 지구과학 기초반의 규상이는 이와 관련하여 다음과 같이 표현하였다.

내가 모르는 문제를 다른 아이들이 종종 가르쳐 주어 지식에 도움이 되었어요. 사실 내가 모르는 것을 다른 아이는 알고 있다는 것이 제겐 더 큰 자극이 되는 것 같아요. KYST 결과는 눈물이 날 정도로 슬펐지만 인맥 관계가 제일 넓어지게 된 계기가 되고요. 과학고에 들어간 친구들 중 반 이상이 거의 다 아는 친구이고 이 분야에 대해서 전문 교수님도 알게 되어 앞으로 많은 도움이 될 것 같아요.

진로와 방향을 설정하는 교육 교육원 영재학생과 면담을 하면서 여기의 학생과 일반학생의 가장 커다란 차이점이 '내가 누구인가' '내가 앞으로 무엇을 해야 하는가'라는 고민을 심도 깊게 하고 자신이 이루려는 것을 위해 아주 일찍부터 철저하게 준비하고 있다는 점이라고 느꼈다.

원생은 교육원 기초 과정에서 다양한 수업내용을 접하고, 심화 과정에서 자신의 전공 분야에 속한 좀 더 심도 깊은 내용을 경험하고, 사사 과정에서 교수의 보조 연구원이 되어 실제 프로젝트에 참가하면서 점차 자신에게 맞는 분야나 전공이 무엇인가 고민하는 과정을 겪는다. 부모의 요구로 시험을 치르고 이곳에 와 있는 원생이나 자신의 흥미와 의지로 시험을 치른 원생들 모두에게 자신이 과학의 적성과 능력이 있는지, 혹은 과학보다는 다른 영역 이 자신에게 어울리는지 탐색하고 결정하는 계기를 마련해 준다. 자신이 이 분야를 선택해 앞으로 어떠한 위치에서 어떠한 일을 하게 될까 혹은 할 수 있을까를 결정하는 데는 원생과 함께 상호작용하는 교수의 역할도 크다. 원 생은 자신이 관심 있는 영역의 교수와 함께 수업하고 연구하면서 장차 자신 이 이 분야를 전공하게 된다면 20년 후의 자신의 모습도 그렇지 않을까 하 고 생각한다. 사실 과학자가 되려는 원생에게 실제 과학자인 교수의 역할모 델(role model)은 이 학생이 과학으로 진로를 결정하게 되는 결정적인 촉매 제가 된다. 물리반 민규는 다음과 같이 말하였다.

> 같은 관심을 가진 친구와 이야기하고 실험하면서, 또 교수님들을 보면서 '나 도 이 사람처럼 되고 싶다' '이런 쪽의 일하고 싶다' 라는 생각을 하고 준비하 게 되죠. 그래서 과학고로 진학도 했고요. 이곳에 다니면서 앞으로 무엇을 할 것인가가 명확해졌어요.

요컨대 이곳에서의 교육이 원생에게는 꼭 영재성의 계발이라는 명목이 아니더라도 과학에 대한 흥미 유발이라는 측면에는 좋은 영향을 끼친다. 여 기서 과학에 대해 더 알게 되었고 과학이 더욱 재미있어졌고 과학에 흥미를 더욱 갖게 되었다고 말한다. 이러한 흥미의 변화나 심화가 과학 과목에 접 근하는 태도를 변화시키고 과학을 보다 진지하게 생각하게 한다. 교육원에 서의 수업은 영재성을 이끌어 내기보다는 영재성이 있는가를 평가하는 것 에 가깝다는 날카로운 지적도 있지만(Sapon-Shevin, 1994), 수학과 과학 영역 에서 자신의 영재성 탐색의 계기를 마련해 준다는 데는 많은 원생이 동의하고 있다. 과학영재교육원의 주요 목적 중의 하나가 이공계로의 진학 유도와 진로 지도라는 측면임을 감안할 때 이러한 측면의 지도가 가시적으로 이루어지지 는 않지만 암묵적으로 행해지고 있음을 알 수 있다.

나에게 정말 수학적 영재성이 있나 탐색해 볼 수 있었어요. 전 욕심이 많아서 하고 싶은 것도 많고 이것도 하고 싶고 저것도 하고 싶고…. 그러다 보니 오히려 점점 꿈이 없어져서 고민이었어요. 그런데 여기서 수업하면서 내가 정말 잘하고 또 하고 싶은 것이 무엇인지, 내가 정말 영재라면 내 영재성이 과연 어디에 있는지 깊이 생각해 보게 되었던 것 같아요.

―수학반 신양이의 면담 내용 중―

교육원의 생물반 이 교수는 수업 중이나 원생과의 대화 중에 불광불급(不狂不及)이라는 말을 자주 강조한다. 미치지 않으면 미치지 못한다는 말이다. "남이 미치지 못한 경지에 도달하려면 미치지 않고는 안 된다. 미치려면(及) 미쳐라(狂). 미쳐야 미친다. 세상은 만만하지 않다. 그저 대충해서 이룰 수 있는 일은 어디에도 없을 것이다." 이것은 A 과학영재교육원이 추구하는 인재상의 화두이기도 하다. 날마다 홍수처럼 쏟아지는 정보 속에서 무엇이 옳고 그른 것인지 식견과 통찰력을 가지고 판단하며, 무엇이 내가 진정 미치도록 하고 싶은 일인가를 선택하고, 여기에 미치도록 매진할 수 있는 광기 서린 열정과 몰두는 어쩌면 교육원의 최종 목적지인지도 모른다.

'백(back)'과 가산점의 교육   영재라는 꼬리표는 부담이기도 하지만 굉장히 커다란 자부심이요, '뒷배경'이며 가산점이 되고 있다. 이곳의 원생은 '영재'라는 조건으로 학교 내 과학행사 및 경시대회 참가가 자유롭다. 영재교육원에 다닌다는 이유로 다양한 대회 출전의 자격이 주어지기 때문이다. 한마디로 '영재'라는 꼬리표는 이들에게 과학계의 든든한 '백(back)'이 되어 주고 있다. 학생이 계속 여기에 다니고 싶은 데는 바로 이 '백(back)'이 역할을 톡톡히 하기 때문이기도 하다. 영재교육원을 수료하였다는 이 화려한 경력의 혜택은 여기서 멈추지 않는다. 영재교육원을 수료한 원생에게는 과학고 진학 시 5점의 가산점이 부여된다. 점수와 입시에 민감한 똑똑한 우리나라 학생에게 이 가산점 5점은 지나칠 수 없는 유혹이다. 교육원 수업이 학교의 수업이나 입시에 도움이 되지 않아 교육원 수료를 포기하고 싶은 원생도 과학고 진학 시 받을 수 있는 가산점 5점 때문에 쉽게 포기하지 못하는 경우도 종종 있다. 화학반 선영이는 자신의 경험을 다음과 같이 이야기한다.

> 영재교육이라는 특별한 수업을 받을 수 있어서 좋았죠. 많은 친구를 사귈 수 있어서 좋았고요. 그렇지만 무엇보다 여기에 다니기 때문에 학교 과학 행사나 과학에 관련된 모든 일, 그리고 다른 여러 방면에서 다른 사람들보다 우대를 받았던 것이 가장 좋았던 것 같아요.

그러나 이러한 영재 꼬리표의 화려한 현상 이면에는 선행연구 (Coleman & Cross, 2001; Colangelo & Brower, 1987; Cross, Coleman, & Stewart, 1993; Hershey & Oliver, 1988; Kerr, Colangelo, & Gaeth, 1988)가 일관되게 지적해 왔듯이, 사회적 고립(social isolation)이나 소외(social handicap) 등 영재 꼬리표가 아동에게 미치는 부정적인 측면이 내재해 있다. 이러한 외국의 선행연구는 영재 꼬리표가 아동을 사회적으로 고립시키거나 낙인시키는 역할을 하면서 아동이 학교에서 자신의 우수한 지적 능력을 숨기거나 일반아동과 유사한 경험을 하기 위해 의도적으로 실패하는 경험을 하기도 한다고 지적한다. 이것은 이미 18세기 홍길주(1786~1841)가 독보적인 천문학자 김영을 두고 "세상은 재주 있는 자를 결코 사랑하지 않는다."라고 말한 것과 일맥상통한 연구결과라고 할 수 있다. 영재원생은 학교에서의 자신의 모습과 교육원에서의 자신의 모습과 태도는 매우 다르다고 말한다. 학교에서 영재 꼬리표는 그들에게 선물인 동시에 커다란 혹이요, 짐이기도 하다. 반면 교육원에서는 동일한 짐과 혹을 단 아이들의 집단이기 때문에 말이며 행동이 한결 편안하다고 털어놓는다. 영재 꼬리표가 아동에게 사회적·정서적으로 어떠한 긍정적이거나 부정적인 영향을 미치는가에 관한 국내 연구는 아직 부재하다. 영재교육이 이루어지는 방법과 상황이 다르고 영재를 바라보는 사회적·문화적 정서가 상이하므로 외국의 선행연구를 우리 상황에 그대로 적용하는 것은 무리가 있다. 어떠한 상이한 결과가 나올지 궁금하다.

영재교육원의 한계: 반 걸음 전진을 위한 고언

영재교육원의 한계를 지적하기는 매우 조심스럽다. 가능성에서 드러난 주제가 교육원의 모든 교수, 원생, 교육에 적용되지 않듯이 한계 역시 그렇다. 면담과 설문 중 몇몇 교수와 몇몇 원생이 지적한 문제점을 기술하는 것뿐이고 교육원의 대표성은 띠지 못한다고 말할 수 있다. 또한 여기에 제시된 한계가 진퇴양난의 아이러니나 불가피한 한계의 노출인 경우라기보다는 노력과 합의 여하에 따라 선택과 조절이 가능한 한계임을 밝힌다.

참여자의 의지와 적극성의 한계: 연구와 영재 관련 업무 사이의 갈등 영재교육에서 가장 중요한 것이 교사 변인이라고 앞서 말하였다. 성공적인 영재교육을 위해서 무엇보다 중요한 것은 참여 교수의 적극적인 의지다. 그러나 실제로 몇몇 교수는 이러한 의지의 퇴색을 염려하고 있다. 교수의 참여 의지가 모든 것을 대표할 수는 없지만, 교육원에서 하는 업무에 교수의 공감을 얻지 못한다면 효과적인 사업의 진행이 어려운 것은 두말할 나위가 없다. 교육원 화학반 김 교수는 이러한 문제점을 다음과 같이 지적한다.

> 모두 그런 것은 아니지만 몇몇 수업의 내용은 전문성이 떨어집니다. 가르치는 사람의 능력이 부족한 것이 아니라, 애정을 갖고 집중적으로 수업을 해야 문제점을 발견하고 개선안을 생각해서 다음에 보완하고 이런 보완된 내용이 다음 영재 수업에 반영되어야 하는데, 이러한 측면에서 영재 수업에 몰입할 수 있고 또 몰입하려는 사람이 적다는 것이지요. 솔직히 그냥 한 번 수업하면 된다는 인식을 가지는 것은 바람직하지 않다고 봅니다. 적극적인 교수의 자세가 필요하다는 것이지요.

영재 관련 일이 교수의 본업과는 상충되는 면이 있어 교수의 의지나 적극성을 저하시키는 것은 사실이다. 면담에서 이들은 가족, 교육, 연구가 그들이 하는 시간 투자의 모두는 아니지만 대부분이라고 말한다. 문제는 영재에 대한 일은 이 중 어디에도 포함되지 않는다는 것이다. 업적에 반영되는 교육도 아니고 연구도 아니다. 게다가 참여 교수의 전공이 영재교육도 아니므로 그 부담은 더 클 수밖에 없다.

특히 교육원 수업이 토요일에 있어 주말에 나와서 수업을 해야 한다는 것은 더더욱 부담이 아닐 수 없다. 교육원 집행부는 교수가 연구와 영재 관련 일을 병행해야 함을 이해하고 이에 대한 적극적인 배려가 필요하다고 말한다. 토요일에 나오는 것, 자신의 연구에 도움이 안 되는 데도 불구하고 시간 투자가 필요하다는 것, 그러나 돌아오는 게 너무 제한적이라는 사실은 교수의 의지와 적극성을 유도하는 데 커다란 제한점이다. 교육원의 양적 팽창은 이러한 상황을 점점 힘들게 한다. 교수는 교육원이 양적으로 팽창하기보다는 이러한 현실을 고려해서 소수로 내실을 기하는 것이 더 바람직하다고 여기며 교육 부분으로의 현실적인 예산 지원도 반드시 이루어져야 할 부분이라고 지적한다. 참여 교수가 애정과 열정으로 교육에 참여하려는 동기를 유발하는 것은 성공적인 영재교육을 위해 무엇보다 우선되어야 할 선수 과제다. 이와 관련하여 화학반 조 교수의 말이 인상 깊다.

교육원이 출발할 때의 순수한 마음으로 교육하는 사람을 가장 중요한 사람으로 인정하고 그들이 '진짜 영웅' 소리를 들어야 한다고 봅니다. 교육자의 노력은 돈이나 다른 세상적 가치로 보상받는 것이 아닙니다. 이런 요소가 빠지면 능력을 갖추고 소신 있는 사람이 실망하게 되는 법이지요. 교육의 중심은 결국 일선 교육자의 손으로 이루어지는 것이므로 그들의 열의가 약화되면 그만큼 교육의 질도 약화되지 않을까요?

'너무 쉽거나 혹은 너무 어렵거나': 원생의 개인차 다른 장에서도 예를 들었지만, 1, 2, 3을 아는 아이에게 100을 가르치면 어려워 포기할 것이고 1을 반복해서 가르치면 지겨워 포기할 것이다. 1, 2, 3을 아는 아이가 4, 5를 익히는 것은 쉽고 재미있다. 그러나 이제 1, 2, 3을 아는 아이에게 훌쩍 뛰어넘어 100을 가르치는 것은 아닌가 숙고해 볼 필요가 있다. 영재라는 꼬리표는 같지만 그 속에서 원생 간의 개인차는 과히 주목할 만하다. 동일한 수업을 마친 원생 간의 수업내용에 대한 반응은 매우 차별화된다.

연구자: 오늘 수업에 대해 말해 줄래요?

은세: 매우 만족했으며 실험도 유익했어요. 하지만 난이도가 좀 더 올라갔 으면 좋겠어요. 개인적으로 기대하기는, 좀 더 어렵고 생소한 내용 을 다룰 것으로 생각했어요. 그래야 더 도전적이기도 하고요.

규상: 실험이나 수업이 확실히 전문성이 있어요. 그러나 교수님들께선 아직 우리가 어느 정도의 지식을 갖고 있는지 모르신 것 같아요. 그 때문에 수업이 너무 어려워서 전혀 이해가 안 되는 부분이 있어요. 아니, 많아요.

기특하게도 영재교육원생은 나름대로 이러한 어려운 수업에 대해 해결 책을 제시해 보기도 한다. 이론과 실험을 분리하기보다는 동시에 진행을 하 는 것이 좋겠다는 의견도 있고, 교재에 대한 설명을 보다 자세하게 보완할 필요가 있다는 지적도 있었다. 또 과제를 해 가면 이에 대한 해답을 명확히 제시해 주고 또 자세히 설명해 주는 것, 그리고 문제기반학습(problem-based learning: PBL)식의 수업을 진행하면 여러 아이의 수업에서의 개인차 를 극복할 수 있다는 원생의 조언도 있다.

원생의 관심이나 능력이 수업내용이나 방식에 좀 더 적극적으로 고려되 지 못하고 있는 사실을 보면서 공교육의 문제가 여기서도 그대로 드러나고 있는 것 같아 안타깝기도 하다. 이 문제에 대한 원인은 몇 가지로 생각해 볼 수 있다. 원생을 선발할 당시 교육원의 교육 수준을 고려해서 선발하지 못 한 점, 중학교 학생들의 지적 수준이나 영재교육과정에 대한 교수의 이해 부 족, 영재학생 간의 개인차에 대한 문제를 고려해서 수업이 개별화되지 못하 는 점 등이다. 각각의 원인이 나름의 합리성을 띠지만 문제에 대한 해결 방 안까지 제공할 수 있다는 측면에서 세 번째 이유를 강조하고 싶다.

수업은 무엇보다 재미있어야 한다. 그러나 수업이 너무 어렵거나 너무 쉬

우면 학생은 재미를 찾을 수 없다. 교사는 흥미 있는 수업을 하기 위해 학생들에게 적합한 것이 무엇인가 지속적으로 생각해야 한다. 영재학생이라도 그 수준이 천차만별이다 보니 개인의 수준을 다 맞출 수는 없다. 그러나 아직까지는 이에 대한 인식이 부족한 것이 더 큰 문제라고 생각된다. 즉, '영재이니 다 비슷하겠지' '영재교육 자체가 나름대로의 개별화라고 할 수 있는데 이 안에서 또 무슨 개별화를 말하는 것인가'라는 인식이 팽배해 있다. 전문가들은 영재교실 안에서 교육적 소외를 당하는 아이가 생기지 않도록 적극적인 관심과 아이디어 제시가 필요하다고 말한다(Tomlinson, 2002).

평가를 위한 증거 찾기: 관료주의적 운영 전국의 모든 교육원은 매년 그 성과 및 업적에 대하여 평가를 받는다. 정부가 예산을 지원하므로 그 예산이 적절하게 쓰이고 있는가, 투자한 만큼의 효과가 있는가에 대한 평가를 받는 것은 당연하다. 그러나 평가의 기준이 획일화되고 수량화되어 교육원이 이러한 잣대에 맞추다 보니 양적인 팽창만을 지나치게 고려해서 질적인 성장에는 소모적이라는 지적이 전문가와 참여 교수로부터 제기되고 있다. 교육원 화학반 조 교수는 다음과 같이 표현한다.

> 우리 사회의 다른 곳에서처럼 여기서도 영재교육은 영재교육의 논리로 풀어야 하는데 너무 관료적, 대중적, 그리고 심하게 말해 정치적 요소들이 많이 작용한다고 봅니다. 이건 순전히 개인적인 생각입니다. 한마디로 관료적 요소 등을 과감히 감축하고 교육자 중심으로 돌아가야 한다고 봅니다.

영재교육원은 기존 학교 체제의 모순 극복에 기여하고자 설립되었다. 소기의 목적을 달성하기 위해서 어느 정도 기존 교육 체제의 제도적 · 인습적 한계에서 자유로울 수 있어야 하는데, 교육원을 관리하는 당국의 간섭, 이에 대응하기 위한 많은 행정 잡무와 서류 작업, 원생과 학부모의 교육에 대한 인습적 기대 등은 영재교육원의 창의적이고 혁신적인 운영에 걸림돌이 되고 있다. 현실적으로 수학, 물리, 화학, 생물, 지학, 정보의 6개 분과 운영이 대학 현실과 사정을 고려할 때 매우 어려움에도 불구하고 획일적으로 운영되는 것, 교육원의 성과가 상급 학교의 진학률이나 수상 경력으로 평가되는 것, 소수로 내실을 기하기보다는 가급적 많은 수의 학생을 교육하는 것이 바람직하다는 인식 등은 성공적인 영재교육 운영을 위하여 어느 정도 도움이 될지 의문이다.

반복되는 공교육의 문제: 영재원생의 참여와 열의의 부족　새로운 지식과 새로운 문제해결방법, 영재교육원의 교육은 이 두 마리 토끼를 모두 잡아야겠지만 둘 중 하나에 초점을 두어야 한다면 새로운 지식보다는 새로운 문제해결방법을 추구해야 할 것이다. 그러나 실제로 영재교육원의 몇몇 분과의 수업은 새로운 지식에 더 치중하는 측면이 있다. 교수는 일부 원생의 생각하지 않으려는 태도와 열의 부족 등이 목표에 맞는 교육이나 자기주도적인 수업을 어렵게 하므로 지식 전수의 수업이 되어 버릴 수밖에 없다고 지적한다. 일부 교수는 이런 원생을 중도에 탈락시키고 열의가 있는 학생으로 보완하는 방향으로 운영되어야 교육의 효율성과 효과성을 담보할 수 있다고 말하기도 한다. 몇몇 원생들의 이러한 참여와 열의 부족에는 교육원의 수업 내용이 내신이나 입시에 도움이 되지 않는 이유가 크다고 원생들은 말한다.

경수: 토요일에 시간을 너무 낭비하는 것 같아요. 일단 거리가 집에서 멀잖아요. 오고 가는 데 2시간 정도 소요되니까 토요일은 거의 다른 활동을 못하죠. 다른 애들 공부하고 있을 때 저는 이런 수업 받고 있으니까 좀 불안하죠. 솔직히 교육원 수업은 입시에 도움이 되지 않아요. 나중에 도움이 된다고 하더라도 당장은 불안한 거죠.

앞서도 언급되었지만 영재교육도 일반 공교육과 유사한 문제를 안고 있다. 교실 붕괴까지는 아니지만 예전에 비해 전반적으로 원생의 열의가 저조한 것은 부인할 수 없는 사실이다.

화학반 정 교수: 도면을 주고 상자를 만들어 오라는 과제가 있다고 합시다. 초기에는 12명 중 10명이 해 왔는데 지금은 16명 중 3~5명 정도가 해 옵니다. 다음 시간에 이것으로 수업을 한다고 해도 학생의 열의가 점점 부족해지고 있습니다. 입시 때문에 학원에 점점 매이고 학원으로 가는 아이도 늘고 있습니다. 내신에 도움이 되지 않는 교육원에는 자연히 소홀해는 거지요. 아이가 이러한 태도를 보이면 의욕을 가지고 가르칠 만한 대상이 아니라는 생각이 들어요. 정말 어려운 시간을 내서 가르치는 것인데 학생과 학부모가 이를 모르니 참으로 답답해요.

영재원생의 이러한 동기 저하 및 참여와 열의 부족을 해결하기 위해서는 우리나라의 입시 문제가 먼저 해결되어야 할 것이다. 이러한 문제는 우리 교육의 구조적인 문제와 너무나 밀접한 관련이 있어 쉽게 풀 수 있는 과제가 아니다. 교육이 창의적이더라도 입시가 이를 반영하지 못하면 학생은 교육에 집중하지 못하는 현실이 발생하기 때문이다.

원생의 동기 저하에는 여러 가지 이유가 있지만 원생이 영재교육원을 일종의 부가적인 일이라고 생각하는 것이 그 하나다. 이를 방지하기 위해 교육원의 수업을 학교의 수업과 연계시키는 방안을 고려할 필요가 있다. 수업 일수를 늘리는 것도 하나의 대안이 될 수 있고, 토요일이 아닌 주중의 수업을 통해 원생의 참여와 흥미 유발을 시도하는 것도 대안이 될 수 있다. 영재교육원의 수업내용 결정에 가급적 원생의 의견을 수렴하는 것도 이들의 동기를 유발하는 데 바람직하다. 좀 더 현실적인 해결책으로, 원생과 교수는 입을 모아 원생의 참여를 적극적으로 유도하고 창의성을 살리는 수업을 하기 위해서 지금보다 더 전면적인 프로젝트 형식으로 수업이 이루어져야 한다고 주장한다. 프로젝트 형식의 수업은 학생이 과제 내용을 쉽게 조정할 수 있도록 제작되어 배경지식이 부족한 학생이나 풍부한 학생이 뒤처지거나 지루하지 않게 수업내용을 이해할 수 있기 때문에 원생의 개인차 문제도 어느 정도 해소될 것으로 생각한다. 실제적이고 홍미로운 주제로 접근하기 때문에 학생의 홍미와 동기유발에도 효과적이고, 한 주제를 가지고 프로젝트 형식으로 수업을 이끌게 되면 수업의 일관성도 강화된다고 전문가들은 평가한다(Han, 2004).

공부 외의 어울림 부족 교육원의 원생 관계는 꽤나 서먹한 편이다. 같은 분과 사이에서도 그렇고, 다른 분과의 친구나 선배는 얼굴도 모르고 지나치는 경우가 대부분이다. 수업이 상호작용을 통해 진행되어야 하는데 관계가 가깝지 못하여 원생 간에 적극적인 상호작용을 기대하기 어려운 것이다. 공부하는 것 이외의 만남이 교육원에는 없다. 이곳에서의 모든 만남은 학습을 목적으로 한다. 교육원의 아동들은 영재이기 전에 어린이다. 이곳에 와서 수업을 목적으로 묵묵히 두 시간 앉아 있다가 또 그렇게 묵묵히 학원으로 집으로 돌아간다면 교육원은 원생에게 재미없는 곳일 수밖에 없다. 영재원생이 공부 이외의 목적으로 친밀하게 교류할 수 있는 시간과 공간이 필요하다. 원생과 교수 간에도 서먹하기는 마찬가지다. 원생을 잘 집중시키려면 원생과 적극적인 상호작용이 필요하다. 영재원생과 교육자 간의 접촉을 강화할 수 있는 행사나 프로그램을 도입하는 것도 필요하다. 영재원생들은 친구들과 사귀는 것이 공부하는 것만큼 어렵다고 하면서 교육원에서 아이들이 자연스럽게 친해질 수 있는 계기를 마련해 주는 것이 필요하다고 말한다. 교수도 공부를 목적으로 하지 않는 보다 자유스러운 만남의 중요성을 강조한다. 특히 이러한 만남을 통해 원생의 인성이나 리더십 등이 키워질 수 있다면 더 바람직하다고 지적한다.

이곳의 교수는 성공한 영재나 기억에 남는 영재는 대개 반듯하고 친밀도가 있는 원생이며, 영재성이 아무리 높더라도 인성이 결여되면 영재성을 발휘하기가 힘들다고 말하면서 인성교육의 중요성을 강조한다. 공부와 인성교육은 분리되어 다뤄져서는 안 된다. 사실 인성교육 담론의 가장 큰 문제점은 '공부'와 '인성교육'을 별개의 것으로 인식하는 데 있다(조용환, 2000).

공부 자체가 문제가 아니라 공부시키는 방식이 문제일 수도 있다. 인성교육은 교육원의 모든 분과의 교육을 통해서 자연스럽게 실천되어야 한다. 현재 그러한 측면의 인성교육이 이루어지지 않는다는 것은 아니다. 수업을 통해 자연사랑, 착한 마음, 예절, 지식인의 윤리, 지도자로서의 자질 등 암묵적으로 가르친다. 그러나 주 1회의 교육이기 때문에 솔직히 제한적일 수밖에 없다. 이 학생이 영재다운 영재, 더 나은 영재로 성장하기 위해서는 공부를 목적으로 한 만남과 함께 공부 외의 어울림을 목적으로 한 만남이 마련되어야 한다. 원생과 원생이, 원생과 교수가 서로 더 다가가고 친밀해질 수 있으며 이를 통해 자연스럽게 인성과 감수성을 키우는 교육을 기대해 본다.

결 론

세상에는 여러 종류의 사람이 있다. 한 번 척 보고 다 아는 사람도 있고, 죽도록 애써도 도무지 진전이 없는 사람도 있다. 정말 갸륵한 이는 진전이 없는데도 노력을 그치지 않는 사람일 것이다(정민, 2004). 부족한 사람은 있어도 부족한 재능은 없다는 말이 있다. 부족해도 부단히 노력하면 어느 순간 길이 열린다는 뜻이다. 조선시대 이서우가 쓴 『백곡집서(柏谷集序)』에서도 나타나듯이 어려서 깨달아 기억을 잘한 사람은 세상에 적지 않다. 날마다 천 마디 말을 외워 입만 열면 사람을 놀래키고, 훌륭한 말을 민첩하게 쏟아 내니 재주가 몹시 아름답다 하겠지만 스스로를 저버려 게으름을 부리다가 늙어서도 세상에서의 들림이 없는 사람이 된다. 이서우는 노둔하지만 포기하지 않고 한 권의 책을 읽기를 억 번, 만 번에 이르고도 그만두지 않고 뜻을 이룬 김득신과 같은 사람이 참영재라 칭송한다. 지금도 세상을 놀래키는 천재는 있다. 그러나 기웃대지 않고 자기 자리를 묵묵히 지키는 성실한 영재는 흔치 않다. A 영재교육원이 지향하는 영재상은 후자에 견주어 설명된다.

영재교육원에는 실제로 가능성이 있는 학생이 온다. 그 가능성이 어떠한 것인가에는 논란이 있을 수 있지만 이것은 부인할 수 없는 사실이다. 가능성이 타고난 영재성인지 길러진 공부 습관인지는 구분하기 어렵다. 어쩌면 구분하는 것이 그다지 중요하지 않을 수도 있다. 중요한 것은 그러한 가능성이 교육원을 통해 잘 다듬어져야 한다는 것이다. 무엇보다 강조되어야 할 것은 교육원이 영재성을 평가하는 곳이 아니라 영재성을 다듬고 끌어내야 하는 곳이어야 한다는 점이다. 현재 '영재의 인증'인 영재교육원에서의 선발이 '자신의 영재성에 대한 보다 심화된 탐색의 통로'를 제공해 줄 때 영재교육의 의미가 더욱 부각될 수 있을 것이다.

영재교육원의 가능성은 제시된 가능성 그 이상이다. 교육원을 통해 무엇이 변하였는가의 연구자의 질문에 상당수의 원생은 "글쎄요…. 뭔지는 잘 모르겠는데…." "어떻게 설명해야 할지는 잘 모르겠지만…."이라고 말하면서도 무언가 자신 안에 자연스러운 어떠한 변화가 있다고 지적한다. 명확하게 말할 수 있는 성질의 것은 아니어서 말로 형용하기는 어렵지만, 교육원에서의 경험과 학습을 통해 그 무엇이 자신의 것으로 체화되어 변화를 유발하고 어느새 의미를 부여하고 있었다. 어쩌면 그 무엇은 Polanyi가 말하는 소위 인격적 지식인지도 모르겠다. Polanyi에 따르면, 인격적 지식 속에는 이처럼 명료화할 수 없는 암묵적 차원이 있다. "여기서 수업을 받으면서, 와! 배우는 것이 이런 거구나. 내가 정말로 뭘 배우고 가는구나 하고 느낄 때가 많아요." 이렇게 말하는 원생을 만나면서 한편으로는 학교에서 '교육 소외' (조용환, 1996)를 경험하고 있는 원생의 심정을 보았고, 다른 한편으로는 말로 명확히 표현할 수는 없으나 더 크고 명확한 영재교육의 가능성을 보았다. 교육 소외는 학교에서 학생이 학업에 흥미를 느끼지 못하고 교육의 본연에서 동떨어진 길을 걷고 있는 현상을 말한다. 배은주(2004)는 청소년학습센터에서 오랜 시간을 보내는 탈학교 청소년의 교육 소외 현상을 제시하면서, 청소년학습센터가 대안적으로 이들이 인격적 지식을 형성해 나가는 하나의 장이 되고 있으며 인격적 지식을 생성하지 못하는 학습은 교육 소외 현상을 초래할 가능성이 높다고 지적하였다. 우리나라에서는 공교육과 평준화의 문제로 교육 소외가 교육 대상의 다양한 범주에 걸쳐 나타남을 인식할 수 있다. 영재교육원이 영재라 불리는 아이에게 교육 소외의 대안으로, 혹은 돌파구로 작용할 수 있을지 더 많은 관심으로 지켜보아야 한다.

조용환(2000)은 일반학교와 대안학교의 차이를 설명하면서 이론적인 면보다 실천적인 면을 강조한다. 이론적 차이란 어느 쪽이 더 교육다운 교육인가는 관점에 따라 차이가 있지만, 실천적 차이는 교육을 행하는 조건과 방식과 의지의 차이다. 이러한 해석은 현재의 영재교육 상황에도 적절히 들어맞는다. 현재 교육원의 경쟁력은 참여자의 의지와 용기의 결실이라고 말할 수 있다. 영재교육원이 초기의 창의적 대안성이 소멸되고 입시를 위한 제도권 속의 평범한 교육으로 전락하거나 또 하나의 사교육을 유발하지 않도록 '초심 회복의 실천을 통한 경쟁력 강화'가 중요하다. 이것이 가능할 때 앞서 제시한 영재교육원의 한계는 자연히 해소될 것이다.

지금까지 이 연구는 우리 영재교육의 상황과 첨예한 문제에 대해 관찰하고 영재교육 내부 참여자와의 면담을 통해 영재교육의 실상을 진단하고 나아갈 방향을 모색해 보고자 하였다. 교육원 교수와 원생과의 면담은 하나의 텍스트가 다른 텍스트를 상상하게 하고, 또 텍스트끼리의 유기적 보완성과 관련성으로 이 연구를 하면서 우리 영재교육의 실상에 대해 많이 생각하게 하였다. 이 즈음에 영재교육원을 졸업한 학생의 추적 연구가 절실하다. 졸업한 원생이 어떻게 되어 있는가? 그 원생이 과학자가 되어 있다면 영재교육원에서의 수업을 어떻게 평가하고 있는가? 이것이 A 영재교육원에 대한 근원적인 평가의 근거가 될 수 있을 것이다.

참고문헌

김재은(1994). 천재, 그 창조성의 비밀. 서울: 교보문고

김태련, 김정휘, 조석희(2004). 영재교육. 서울: 이화여대출판부.

박성익 외(2003). 영재교육학원론. 서울: 교육과학사

배은주(2004). 청소년센터 학습의 교육적 가능성과 한계. 교육인류학연구, 7(2),
    1-28.

정민(2004). 미쳐야 미친다: 조선지식인의 내면읽기. 서울: 푸른역사.

조석희, 박성익, 정태희(2001). 한국교육개발원 수탁연구 CR 2001-35, 영재교육 실
    천방안. 서울: 한국교육개발원.

조석희(2004). 연구자료 RM 2004-64, 영재교육백서 2004. 서울: 한국교육개발원.

조용환(1996). 학생의 삶과 갈등. 고형일 외 12인 공저. 신교육사회학, pp. 237-
    258. 서울: 학지사.

조용환(2000). '교실붕괴'의 교육인류학적 분석. 교육인류학연구, 3(2): 43-66. 서
    울: 한국교육인류학회.

조용환(2003). 질적연구: 방법과 사례. 서울: 교육과학사

한기순(2003). 미성취, 여성, 장애 영재. 영재교육학원론, pp. 431-481. 서울: 교육
    과학사.

Barone, D. (2003). Turning the looking glass inside out: A gifted student in an
    at-risk setting. *Gifted Child Quarterly, 47*(4), 259-271.

Boring, E. (1923). Intelligence as the tests test it. *The New Republic, 34*, 35-36.

Borland, J. H. (2004). *Rethinking gifted education.* New York: Teachers
    College Press.

Colangelo, N., & Brower, P. (1987). Gifted youngsters and their siblings:
    Long-term impact of labeling on their academic and personal self-
    concepts. *Roeper Review, 10*, 101-103.

Coleman, L., Sanders, M., & Cross, T. (1997). Perennial debates and tacit
    assumptions in the education of gifted children. *Gifted Child Quarterly,
    41*, 105-111.

Coleman, L., & Cross, T. (2001). Being gifted in school: *An introduction to development, guidance, and teaching.* Waco, TX: Prufrock Press.

Cross, T., Coleman, L., & Stewart, R. (1993). The school-based social cognition of gifted adolescents: An exploration of the stigma of the giftedness paradigm. *Roeper Review, 16*, 37-40.

Cross, T., Stewart, R., & Coleman, L. (2003). Phenomenology and its implications for gifted studies research. *Journal for the Education of the Gifted, 26*(3), 201-220.

Delcourt, M. (1994). Qualitative extension of the learning outcomes study. Research Monograph 94110.

Freeman, J. (2004). Out of school education for the gifted and talented around the world. Paper presented at the 8th Asia-Pacific Conference on giftedness. Dajeon, Korea.

Gallagher, J. (1979). Issues in education for the gifted. In A. H. Passow (Ed.). *The Gifted and the Talented*, pp. 28-45. Chicago: University of Chicago Press.

Han, K. S. (2002). Four teachers' beliefs and strategies in teaching gifted students. *The NU Journal of Educational Research, 12*, 199-229.

Han, K. S. (2003). Domain-specificity of creativity in young children: How quantitative and qualitative data support it. *Journal of Creative Behavior, 37*(2).

Han, K. S. (2004). Why & how we apply PBL in science-gifted education? Paper presented at the 8th Asia-Pacific Conference on giftedness. Dajeon, Korea.

Han, K. S., & Marvin, C. (2002). Multiple creativities?: Investigating domain-specificity of creativity in young children. *Gifted Child Quarterly, 46*(2), 98-109.

Hershey, M., & Oliver, E. (1988). The effects of the label gifted on students identified for gifted programs. *Roeper Review, 11*, 33-34.

Hertzog, N. (2003). Impact of gifted programs from the students' perspectives. *Gifted Child Quarterly, 47*(2), 131-143.

Hollingworth, L. (1942). Children above 180 I.Q. Stanford-Binet. New York: The World Book Company.

Kerr, B., Colangelo, N., & Gaeth, J. (1988). Gifted adolescents' attitudes toward their giftedenss. *Gifted Child Quarterly, 32*, 245-247.

Khoury, T., & Appel, M. (1977). Gifted children: Current trends and issues. *Journal of Clinical Child Psychology, 6*, 13-20.

Mendaglio, S. (2003). Qualitative case study in gifted education. *Journal for the Education of the Gifted, 26*(3), 163-183.

Neumeister, K., & Hebert, T. (2003). Underachievement versus selective achievement. *Journal for the Education of the Gifted, 26*(3), 221-238.

Peine, M. (2003). Doing grounded theory research with gifted students. *Journal for the Education of the Gifted, 26*(3), 184-200.

Renzulli, J. (1978). What makes giftedness? Reexamining a definition. *Phi Delta Kappan, 60*, 180-184.

Sapon-Shevin, M. (1994). *Playing favorites.* New York: SUNY.

Tannenbaum, A. (1983). *Gifted children: Psychology and educational perspectives.* New York: Teachers College Press.

Terman, L. (1924). The physical and mental traits of gifted children. In G.M. Whipple (Ed.), *Report of the Society's Committee on the Education of Gifted Children*, pp. 155-167. Bloomington, ID: Public School Publishing Co.

Tomlinson, C. (2002). *The parallel curriculum.* Thousand Oak, CA: Corwin Press.

Whitehead, A. (1967). *The aims of education and other essays.* New York: The Free Press.

Witty, P. (1958). Who are the gifted? In N. B. Henry (Ed.), *Education of the gifted. The Fifty-seventh Yearbook of the National Society for the Study of Education*, pp. 41-63. Chicago: University of Chicago Press.

Woods, P. (1996). Critical students: Breakthroughs in learning. In P. Woods(Ed.), *Contemporary issues in teaching and learning.* London: Routledge.

한국영재교육의 전망과 과제

또다시 문을 열며

• 학생이 어떻게 학습하는지에 대하여 알고 이를 위해 인지심리에 관한 연구방법과 결과를 영재교육에 활용할 것

• 영재교육 프로그램과 서비스에 관한 연구결과에 대하여 알고 연구에 기반한 영재교육 프로그램과 서비스를 제공할 것

• 영재를 위해 교육과정 내용을 차별화할 것

• 사회경제적으로 열악한 환경에 처한 잠재적 영재를 대상으로 이들의 역량을 계발시킬 서비스를 제공할 것

• 학생이 올바른 질문을 하도록 가르칠 것

• 학문적 영역과 예술적 영역을 통합적으로 접근할 것

• 학생을 세계화 시대에 대비하여 준비시킬 것

• 양질의 수업을 제공하도록 교육자를 준비시킬 것

• 영재학생을 K~12학년에 이르기까지 연계적이고 체계적으로 선발하고 교육할 수 있는 제도적 시스템을 창안할 것

• 영재의 학습 커뮤니티 조성을 위해 영재교육 분야 안팎의 여러 관련자들의 협조를 이끌어 낼 것

VanTassel-Baska(2006)는 미국영재학회(National Association for the Gifted Children) 회장 취임사에서 향후 미국 영재교육의 발전을 위해 무엇보다 중요하고 시급한 10가지 과제를 위와 같이 제시하였다. 위에 제시한 10가지 과제는 우리보다 먼저 영재교육을 실시한 나라의 경험과 노하우를 시행착오를 덜 겪고 배울 수 있다는 점에서 우리에게 시사하는 점이 크다.

지난 8년간 숨 가쁘게 달려온 우리의 영재교육을 돌아본다. 영재교육진흥법의 제정과 공포를 위한 영재교육 전문가, 교육행정가, 교사 및 관련자의 노력, 영재교육의 올바른 운영과 정착, 그리고 영재교육의 효과 확산을 위한 대학 부설 및 시·도 교육청 과학영재교육원 관련자의 노력과 정성은 이 땅에 영재교육을 정착시키려는 한마음으로 모아졌다. 대학 부설 과학영재교육원은 1998년부터 지금까지 공교육 영재교육기관으로서 영재교육의 불모지인 우리나라에서 과학영재교육을 이끌어 왔다고 해도 과언이 아니며, 시·도마다 차이가 있으나 2003년부터 본격적으로 설립되기 시작한 시·도 교육청 산하의 영재교육원은 다수의 영재학생을 선발하여 교육하기 시작하는 발판 역할을 성실히 수행해 오고 있다. 그러나 대학 부설 과학영재교육원을 비롯한 지금의 영재교육기관이 영재교육의 시범적 운영이라는 한계 속에서 영재교육의 질적 수준의 제고에 매진하기보다는 당장 시급한 양적 팽창에 더 주안점을 두었던 것도 사실이다.

과도기로 접어든 우리의 영재교육은 그동안의 역할과 기능에서 변화된 환경에 걸맞게 좀 더 발전되고 성숙된 모습으로 변화하려는 다각적인 노력이 필요하며, 영재아동이 최적의 교육환경을 경험하고 최상의 교육적 결과를 도출하도록 가능한 모든 지원을 아끼지 말아야 한다.

이를 위해 우리가 발달단계별로 영재아의 이해를 위해 더 알아야 하는 것은 무엇인가? 영재학습자를 적절히 교육하기 위해 기존의 자원을 어떻게 효과적이고 효율적으로 활용할 수 있는가? 영재학생이 뒤처지거나 등한시되지 않도록 교육정책과 실행을 어떻게 이끌어 갈 것인가? 영재교육 진행에서 핵심적인 질문에 대해 지속적인 기초연구 및 정책연구를 실시하여 영재교육 연구가 이루어질 수 있도록 하여야 한다. 특히 영재교육의 기초연구와 관련하여 기존의 외국 자료에 의존하는 방식에서 탈피하여 우리나라 영재 아동을 대상으로 다양한 연구가 이루어지도록 하여야 한다.

기존의 대학 부설과 시·도 교육청 산하의 영재교육원이나 2003년 설립된 과학영재학교 위주의 극소수 영재를 위한 협의의 영재교육에서 탈피하여, 영재교육의 기회와 대상의 확대를 시도하여 좀 더 넓은 의미의 영재교육으로 전환해야 하며 이미 발현된 영재성의 교육과 함께 잠재된 영재성의 판별 및 발현을 위한 교육을 시도하여야 한다. 학업성취 위주의 영재 판별에서 벗어나 창의적인 문제해결력 및 문제발견력을 겸비한 영재아동의 선발 및 판별을 위한 구체적인 방안이 수립되어야 한다. 이론이나 영재교육과정의 모형에 기초하지 않은 기존의 영재교육 프로그램의 질을 향상시키고, 전문적이고 체계적이며 효과성 높은 영재교육 프로그램을 개발하여 운영하여야 하며, 이에 따른 전문인력의 양성도 체계적으로 준비하여야 한다.

영재교육의 장밋빛 전망

- 우수 인적 자원 개발에 대한 국가적 차원의 인식 및 필요성 증가
- 개인 수준에 맞는 교육 실현에 대한 요구
- 정부 및 지방자치단체의 영재교육에 대한 인식의 긍정적 변화
- 경제 사회의 변화로 창의성 및 사고력 계발에 대한 중요도 상승
- 정부 차원의 이공계 인력 육성 필요성 제기
- 학부모의 영재교육에 대한 관심 및 참여 요구 증가
- 평준화 정책을 비롯해 지속적인 교육정책의 실패와 해결 방안 탐색
- 새로운, 색다른, 더 나은 교육에 대한 요구

정부는 2010년까지 영재교육의 대상자를 1%까지 확대할 것이라고 공표

하였다. 현재 영재교육의 대상자는 시·도마다 그 차이가 있으나 평균 .52%로 앞으로 지속적으로 영재교육의 대상자가 확대될 예정이고 이들을 교육시킬 영재교사에 대한 요구도 급증할 것이다. 또한 영재교육의 효율적 운영을 위해 관련 행정인력에 대한 요구도 늘어날 것이며 영재교육의 이론적 기초를 세우고, 선발 도구와 프로그램을 제공하고, 영재교육 관련 전문인력을 양성할 전문인력도 더 많이 필요하고 양성될 것이다. 또한 이들을 양성할 수 있는 대학원이나 전문 연구기관 등의 설치 및 설립도 더 활성화될 것이다. 이를 위한 정부 차원의 행정적, 재정적 지원은 덤으로 오는 것이 아니라 영재교육 관련자와 영재교육의 활성화를 염원하는 학생, 교사, 학부모의 간절한 소망과 노력이 있을 때 가능하다.

영재교육의 활성화와 발전을 전망하는 데는 대학 부설 영재교육기관을 비롯한 현 영재교육기관의 역량과 그동안의 성과에 대한 기대치가 이를 뒷받침한다고 볼 수 있다. 각 영재교육기관은 물론 기관 간의 편차가 존재하지만 다음과 같은 교육적 성과를 보여 주고 있다.

- 교육적 요구에 대응하고자 하는 지역사회의 의지와 역량 보유
- 최우수 수준의 영재아의 판별과 교육이 가능함을 시사
- 대학의 브랜드 가치를 통한 영재교육 프로그램의 전문성과 특화성을 위한 다양한 노력 경주
- 영재교육 운영을 위한 합리적 운영 시스템 구축
- 전문성을 갖춘 우수 전문인력 보유, 우수 교육시설 및 실험 자재 보유 등으로 학습자로부터의 교육에 대한 신뢰성 확립
- 영재교육이 목표에 부합하여 과학자적 심리 형성 및 탐구 능력 계발에 기여하며 이를 통해 학생의 진로 형성에 이바지

그러나 이러한 성과에 대한 평가는 모든 영재교육기관에 걸쳐 전체적이지 못하고 그 운영 및 효과에 대한 평가 역시 부정적인 측면이 적지 않음을

고려할 때 제고할 여지가 있다. 기존의 영재교육원이 효과적이고 효율적으로 기능과 역할을 수행하기 위해서는 극복해야 할 많은 한계와 문제점이 그 가능성과 함께 상존하고 있다.

영재교육원이 극복해야 할 몇 가지 문제점과 한계를 거시적인 측면에서 제시하면 다음과 같다.

- 대학 부설 영재교육원과 교육청 영재교육원과의 교육 내용 및 방법 중복과 경쟁이 극심하다.
- 재정적 안정성이 미흡하고 예산의 불충분성이 심각하다.
- 영재 선발 시 학부모 과열 현상이 심각하고 이를 위한 사교육 열풍의 문제점도 지적되었다.
- 영재교육원 간의 특성화 시도나 차세대 영재교육 시스템 구축을 위한 노력도 부족하다.
- 영재교육 담당자의 영재교육에 대한 전문성이 부족하다.
- 영재교육 담당 교수 및 교사에 대한 보수 및 인센티브 체제가 미흡하다.
- 현재의 시스템으로는 초등-중등-고등으로의 영재교육 연계성이 부재하다.
- 영재교육기관 간의 연계 및 협조 체계가 미흡하다.

또한 미시적인 측면에서 보면 다음과 같다.

- 교육 프로그램에 대한 품질 관리(평가, 모니터링)가 미흡하다.
- 영재 선발 및 교육, 프로그램 연구 개발에 대한 투자가 부족하다.
- 인지적 측면 외에 인성, 진로 등 프로그램의 다양성이 확보되지 못하고 있다.
- 영재교육기관의 연구 기능이 부재하다.
- 영재교육 내 학생의 개인차에 대한 고려 역시 거의 부재하다.

이와 함께 지원 부처에서의 영재교육 전담 부서 및 전담 인력이 부재하며, 영재교육에 대한 정책적 일관성 및 체계성이 부족한 것도 영재교육이 극복해야 할 문제점이다. 또한 사회적으로 영재교육에 대한 부정적 인식도 여전히 상존하며, 따라서 영재교육이 입시를 위한 고급 과외로 인식되거나 전락되지 않기 위해서 기존 영재교육원의 역할이 막중하다.

제시된 기존 영재교육기관의 긍정적 성과와 문제점을 강점-약점-기회-위기 요인(Strength-Weakness-Opportunity-Threat: SWOT)의 틀에서 전략적 대안을 모색하고 정리해 보면 〈표 11-1〉과 같다.

표 11-1 SWOT 틀을 활용한 영재교육원의 전략적 대안 탐색

	강점 요인(S)	약점 요인(W)
기회 요인 (O)	• 사고력 및 창의성 계발을 위한 전문화된 영재교육 프로그램의 개발 • 사사 중심의 교육 프로그램 확대 • 일반학교 프로그램 및 타 영재교육 프로그램과의 차별화 전략 강구 • 학습 성과에 대한 홍보 전략 강화 • 교육 프로그램의 전문성과 다양성 추진 • 선발 및 프로그램 관련 연구 개발에의 투자 확대 • 우수 영재교육 프로그램의 공개, 확산 및 홍보 확대 • 장기적 영재교육 비전과 목표 수립	• 교사 · 강사의 사기, 전문성, 소속감 강화를 위한 노력 • 전문성 향상을 위한 연수 및 교육 기회 제공 • 교육 프로그램의 품질 관리 체제 수립 • 영재교육기관 내 영재교육 전담 전문인력 배치 • 교육원 간 프로그램 공동 개발 및 운영 • 교육 프로그램의 다양화 • 맞춤식 영재교육의 확대 • 학습자의 요구 조사 확대
위기 요인 (T)	• 개별 영재교육원의 차별화 및 특성화 전략 강구 • 영재교육 시스템과 일반교육 시스템을 연계할 수 있는 방안 강구 • 영재교육의 연계성 강화를 위한 정책 수립 • 관련 기관과의 전략적 협조를 위한 전략 수립 • 차세대 영재교육 시스템 구축을 위한 준비	• 영재교육원 전담 강사 및 전문인력 확보를 위한 법적 근거 확보를 위한 전략적 대안 모색 • 정부 및 지방자치단체의 제도적 · 재정적 지원 확대를 위한 노력 • 재정적 자립을 위한 다양한 전략 강구 • 영재교육 전담 지원 부서 설치를 위한 요구

열 가지 희망, 열 가지 과제

지금까지의 현재의 영재교육이 극복해야 할 몇 가지 문제점을 짚어 보았다. 이제 우리 영재교육의 회복과 성장을 위해 무엇보다 시급히 해결되어야 할 과제를 나열해 보고자 한다. 이것은 지극히 주관적이고 시야가 좁은 사견이며 그동안 영재교육을 운영, 경험하면서 가장 안타까운 부분에 대한 토로이기도 하다. 문화와 역사가 달라도 영재교육이라는 공통 분모로 제시되는 많은 과제가 이 장을 열며 정리하였던 VanTassel-Baska(2006)의 의견과 대동소이한 부분에 대하여는 독자의 양해를 구한다.

첫째, 정부 차원의 중장기적 영재교육 종합 발전 방안 수립 및 향후 영재교육의 방향 및 운영에 대한 청사진 제공이 필요하다.

둘째, 학업성취 위주의 영재 선발에서 창의성을 겸비한 영재 선발을 지향해야 하며, 이를 위한 적절한 영재성 판별도구를 개발하고, 현재의 수학·과학 위주의 영재교육에서 언어, 예술 등 다양한 영역에서의 영재 판별과 교육이 이루어져야 한다.

셋째, 영재교육 실시 주체인 영재교사의 전문성 신장 확보를 위해 자격증 제도를 도입하고, 영재교사 연수의 질적 관리를 철저히 하며, 영재교사의 전문성 신장을 위한 다양한 재교육 프로그램을 개발하여야 한다.

넷째, 이론과 모형에 기초해서 전문성 있는 영재를 위한 차별화된 프로그램이 개발되어야 하며 제공되는 프로그램들에 대한 효과성이 검증되어야 한다.

다섯째, 현재 초등학교 고학년에서 시작하는 영재교육이 유아와 초등학교 저학년으로 그 대상과 시기를 낮춰야 하며 유아-초등-중등-고등으로 연계되는 연계성과 일관성이 있는 전주기적 영재교육 시스템이 제도적으로 구축되어야 한다.

여섯째, 사회경제적 지위가 낮거나 장애를 가진 영재, 문화적으로 소외된 영재가 영재교육에서 소외되지 않도록 이들의 판별과 교육을 위한 별도의 영재교육 프로그램이 개발되어야 하며, 이들을 위한 선발 도구와 프로그램 개발을 위한 기초연구가 이루어져야 한다.

일곱째, 정부 및 시·도 교육청 차원의 영재교육 전담 부서 및 전담 인력의 배치를 통해 영재교육의 중요성이 각인되고 영재교육의 효율성이 담보되어야 한다.

여덟째, 대학 부설 및 시·도 교육청 차원의 영재교육원처럼 일반학교와 분리된 영재교육 시스템과 일반학교에서 통합적으로 이루어질 수 있는 영재교육 프로그램이 활성화되어야 하며 일반아동들을 대상으로 하는 다양한 재능 계발 프로그램들이 개발·적용되어야 한다.

아홉째, 영재교육 평가 체제를 재정비할 수 있는 기초연구를 실시함으로써 현재의 양적이고 경직된 평가 체제에서 융통성 있고 질적인 평가 체제로의 전환을 꾀한다. 또한 합리적인 평가에 기초하여 지속적으로 수정, 보완, 발전되는 영재교육 체제 구축과 이를 통한 가시적, 잠재적 성과 구축을 모색하여야 한다.

열째, 영재교육의 연구 기능 활성화를 위한 지원을 강화한다. 한국영재교육의 가장 취약한 부분은 영재교육의 이론적 토대가 약하고 연구 기능을 위한 제도적·재정적 지원이 열악하다는 것이다. 영재교육의 연구 기능 활성화는 위에 제시한 아홉 가지 과제에 직접적이고도 밀접한 연관성을 가진다. 이와 함께 정책, 선발, 교육과정, 교사 등에 걸쳐 상삭선에서 논의되고 수행되어 오던 관행을 지양하고 이론에 기반한 영재교육 실현을 이루기 위하여 무엇보다 중요한 선수과제라고 할 수 있다.

끝으로, 교육이 바로 서야 나라가 바로 선다는 말이 있듯이 올바른 영재교육의 실현은 우리 교육을 바로 세우고 국가 경쟁력을 강화시키는 데 주도적인 역할을 할 것이다. 사실 대부분의 나라에서 일찍이 시행되어 온 영재교육이 우리나라에서만은 평준화 교육의 논리로 시행될 수 없었던 것은 참으로 안타까운 일이다. 이러한 점에서 늦기는 하였지만 영재교육이 제도적인 틀 안에서 빠른 발전을 거듭하고 있는 것은 매우 다행한 일이다. 여기에 제시한 열 가지의 과제의 '수행'과 이를 위한 '준비'는 지속적이고 성공적인 영재교육의 발전을 앞당기는 데 충분하지는 않지만 필요조건이라고 생각한다. 지금의 교육환경과 시대 상황은 평준화의 벽을 넘어 새로운 돌파구를 찾아야 하는 단계다. 혹자는 '교육에는 개혁이 없다. 단지 준비한 만큼 변화할 뿐'이라고 한다. 철저한 준비와 치밀한 계획으로 성공적인 영재교육이 일어날 수 있기를 기대해 본다. 앞으로 한국영재교육에 신선한 바람이 불어올 것이다.

📝 참고문헌

VanTassel-Baska, J. (2006). Leadership for the future in gifted education: Presidential address, NAGC 2006. *Gifted Child Quarterly, 51*(1), 5-10.

Brendwein, P. 133
Brody, L. 200, 228
Brower, P. 271

Callahan, C. M. 118, 193
Carter, K. R. 193, 197, 203
Cattell 61
Семенов И.Н. 161, 185, 271
Coleman, L. 144, 197, 244, 256, 271
Collangelo, N. 192
Cornell, D. G. 191, 196
Cross, T. 144, 244, 256, 271, 256
Csiksentmihalyi, M. 150
Curtis, W. J. 217

Davidson, J. E. 92
Davis, G. A. 62, 192
Delcourt, M. A. 191, 196, 247
Diamond, M. 162
Dillon, J. T. 151

Feldhusen, J. F. 48, 95, 147, 150, 197, 203
Festinger, L. 200
Freeman, J. 195, 266

Gaeth, J. 271
Gagné, F. 92, 96, 149
Gallagher, S. A. 139, 193, 203
Galton, F. 61
Gardner, H. 92, 149
Getzels, J. W. 92, 150, 151
Gogul, E. 162
Goldberg, M. D. 191, 196
Greeno, J. G. 150
Guilford, J. P. 92, 100

Hamilton. W. 193, 203
Han, K. S. 181, 184, 263
Harris 197
Hebert, T. 256
Heller, K. A. 200
Hershey, M. 271
Hertzog, N. 195, 255, 256, 257, 268
Hewett, G. 162
Hollingworth, L. S. 48, 60, 64
Hoover, S. M. 150, 162
Hunsaker, S. L. 193

Infeld 136
Ingram 197

Jackson 92
Jesen 61
John Gardner 210
Josepsson, B. 195

Kerr, B. 271
Klauser 115
Kolloff 197

Landrum, M. S. 193, 218, 247
Loyd, B. H. 191, 196
Lubinski, D. 199, 248

Mackworth, N. H. 151
Maker, C. J. 128
Marsh, H. W. 195
Marvin, C. 181, 263
McCamsey, J. 162
Meeker 100
Mendaglio, S. 256

Meyer, A. E. 197, 217

Mills 197

Moore, M. 150

Murdock, M. C. 150

Nemiro, J. 136

Neumeister, K. 256

Newland, T. E. 60

Nielsen 197

Oglesby, K. 193, 203

Olenchak 197

Oliver, E. 271

Parke 197

Passow, K. 143

Peine, M. 256

Perleth, C. 200

Polanyi 280

Porter, L. 181

Reis, S. 194, 228

Renzulli, J. S. 67, 92, 94, 96, 98, 111, 147, 194, 197, 211, 248

Richardson, T. M. 200

Rimm 62

Roberts 197

Runco, M.A. 136, 150

Ryan, J. 199

Sanders, M. 144, 244, 256

Sapon-Shevin, M. 195, 269

Sayler 197

Shaklee, B. 247

Smilansky, J. 151

Stedtmiz 197

Sternberg, R. J. 92, 119, 134, 147

Stewart, R. 256, 271

Stoddard 197

Swiatek, M. 199, 200

SWOT 290

Tannenbaum, A. J. 65, 94, 95

Taylor, C. W. 149

Terman, L. M. 34, 44, 48, 52, 60, 63, 64, 72, 199, 246

Thomas, T. 193, 203

Thorndike 61

Treffinger, D. J. 203

VanTassel-Baska, J. 128, 197, 246, 248, 286

Walden, A. 181

Ward, S. B. 218

Weiss, P. 193, 203

Whitehead, A. 260

Williams, P. 100

Willis 197

Winner, F. E. 44, 48

Woods, P. 256

내 용

 저자 소개

송인섭

공주사범대학교 교육학과 학사
고려대학교 대학원 교육학과 석사
호주 New England 대학교 대학원 철학박사
(현재) 숙명여자대학교 교육심리학과 교수

〈경력〉
한국행동과학연구소 연구원
AERA(American Educational Research Association)의 논문심사위원 및 편집위원 역임
Toronto, Alberta, British Columbia 대학교 등에서 연구 및 강연
California Santa Barbara 대학교 교환교수(Fulbright Awards)
Illinois, Purdue, Columbia, Connecticut 대학교에서 연구 및 논문 발표
미국 Columbia 대학교 TC 연구교수
숙명여자대학교 학생생활상담소 소장 역임
한국교육심리연구회 회장 역임
한국교육평가학회장 역임
숙명여자대학교 사회 · 교육과학연구소 소장 역임
숙명여자대학교 문과대학장 역임
자기주도학습연구소 고문
한국영재교육학회장

〈주요 저서 및 논문〉
인간심리와 자아개념(양서원, 1989)
SPSS 분석방법을 포함한 통계학의 이해(학지사, 1992)
성숙한 자아 의식을 향하여(상조사, 1995)
인간의 자아개념 탐구(학지사, 1998)
영재교육의 이론과 방법(5인과 공저, 2001)
신뢰도: 일반화가능도 중심으로(학지사, 2002)
현장적용을 위한 자기주도학습(학지사, 2006)
송인섭 교수의 공부는 전략이다(팝콘북스, 2007)
한 가지라도 똑 소리 나는 아이로 키워라(팝콘북스, 2007) 외 31권

측정에서의 단일차원요인(한국교육학회소식, 제20권 제3호, 1984. 3)

교육기대변량원의 탐색과 확인(한국교육, 제13권 제2호, 1986. 11)

자아개념의 다면 · 위계적 모형, 교육심리연구(한국교육학회 교육심리연구회, 제8권 제2호, 1994. 12)

일반화 가능도를 통한 자아개념 진단검사의 타당화 연구(교육심리연구, 제11권 2호. 한국교육심리학회, 1997c. 9)

영재교육의 새지평(국제영재교육학회, 제1권 1호, 2002. 3)

영재교육과 창의력, 사회교육연구(숙대 사회교육과학연구소, 제6권 1호, 2002. 8)

한국영재교육의 과제와 전망, 영재와 영재교육(국제영재교육학회, 제3권 제2호, 2004. 12)

21세기 인재육성과 교육심리학의 과제: 지적능력, 교육심리연구(제19권 제2호, pp.544-562, 2005. 6)

유아용 영재판별도구의 타당화 연구영재교육(영재와 영재교육, 제5권 제2호, 2006. 12) 외 108편

한기순 ●

미국 네브라스카 주립대학(University of Nebraska-Lincoln) 철학 박사

현) 인천대학교 대학원 교육학과 교수

인천대학교 영재교육연구소 부소장

인천광역시 영재교육 진흥위원

한국영재학회 및 한국영재교육학회 이사

과학기술부 목적기초연구사업 추진위원

〈주요 저서 및 SSCI 게제 논문〉

영재교육학원론(공저, 교육과학사, 2003)

Multiple creativities?: Investigating domain-specificity of creativity in young children. *Gifted Child Quarterly*, 46호 2권(2002).

Domain-specificity of creativity in young children: How quantitative and qualitative data support it. *Journal of Creative Behavior*, 37권 2호(2003).

Possibility and limitation of gifted education in Korea. Asia Pacific Education Review(출판중). 외 다수

영재교육필독시리즈 특별호

한국영재교육의 새로운 지평

2008년 1월 8일 1판 1쇄 인쇄
2008년 1월 15일 1판 1쇄 발행
지은이 • 송인섭 · 한기순
펴낸이 • 김진환
펴낸곳 • **학지사**
121-837 서울시 마포구 서교동 352-29 마인드월드빌딩 5층
대표전화 • 02-326-1500   팩스 • 02-324-2345
등록 • 1992년 2월 19일 제2-1329호
홈페이지 www.hakjisa.co.kr
ISBN 978-89-5891-553-9   94370
     978-89-5891-540-9 (전13권)

가격 15,000원

인터넷 학술논문 원문 서비스 뉴논문 www.newnonmun.com